黃冬婭⋯⋯⋯著

政策過程中的
政商關係研究

在體制內遊說

本研究為國家社科基金重大項目（21ZDA041）"優化民營經濟發展環境、
構建親清政商關係研究"的階段性成果
本書由中山大學粵港澳研究院資助出版

目
錄

第一章

從政治影響到政策影響 *

* 本章內容發表於：黃冬婭：《私營企業主與政治發展——關於市場轉型中私營企業主的階級想像及其反思》，《社會》2014 年第 4 期。

在對於當代中國政商關係的研究中，大部分研究仍然主要關注新型社會階層的政治影響。一個特別凸顯的理論關懷是從馬克思和摩爾關於"沒有資產階級，就沒有民主"的理論斷言出發，考察在市場轉型的過程中是否出現了一個自主並和國家權力抗衡的資產階級。在這個理論判斷中，資產階級與民主被緊密地聯繫在一起。一個理論的想像是：在歐洲，資本主義的發展催生了自主的資產階級，它為了階級的利益需要清除專制國家權力的束縛，從而成為政治發展的推動力量；類似地，中國從再分配經濟向市場經濟的轉型，推動了資源控制的權力向市場的轉移，這在一定程度上意味着國家權力的削弱和諸如民營企業家等新興社會階層的新興。在此理論預設下，大量的已有研究着力於分析這種新興的社會階層是否將同樣成為中國政治發展的推動力量。本書認為，對於當代中國企業家的研究應當從"政治影響"的主題轉向"政策影響"的主題，深入揭示企業家如何影響中國的政策過程及其實際影響力。進而，在剖析企業家政策影響力根源的過程中，不僅關注到經濟發展和市場轉型如何使得企業家政策影響力逐步放大，而且，特別關注中國自身經濟轉型和政治制度結構如何塑造了企業家的政策影響力，從而，剖析中國獨特的政治和經濟發展路徑如何深刻地影響了企業家的行動以及中國政商關係發展的軌跡。

第一節　新興社會階層：國家的盟友

雖然許多研究都基於馬克思和摩爾關於"沒有資產階級，就沒有民主"的理論預設，但是，它們卻對當前的中國政商關係得出了一個幾乎一致性的判斷，即中國的市場改革和私營企業家階層的興起帶來的並非是對抗性的政商關係。市場轉型使得中國的企業家獲得了結構性的自主性，但是，這些並沒有轉換為對於國家的壓力[1]。也就是說，在中國，市場轉型並沒有催生自主的資產階級。研究者用各種概念來描述這樣一種政治權力和經濟權力相結合的情況。[2] 在這種政治經濟秩序下，中國的企業家並沒有尋求系統的政治變革，他們可以忍受或者說甚至支持現有的體制[3]。現有研究從國家與企業家的"融合"、"聯盟"和"吸納"三個層面來揭示這種政商關係的發展。

第一，政治權力和經濟權力的融合。在 2004 年中組部和中紀委 2 號文明確禁止任何同時兼任黨政領導和企業負責人的情況下，據全國工商聯 2008 年的"第八次全國私營企業抽樣調查數據分析綜合報告"，全國仍有 205 名民營企業主進入地方各級黨政領導機構，其中擔任省級黨委委員的有 4 人，擔任縣鄉兩級政府副職領導的有 61 人[4]。不過，從總

1　Pearson, Margaret M. 1997. *China's New Business Elite: The Political Consequences of Economic Reform*, Berkeley: University of California Press.

2　Dickson, Bruce J. 2009. "Who Consents to the 'Beijing Consensus'? Crony Communism in China", 'Washington Consensus' versus 'Beijing Consensus' Conference. Yang, Mayfair Mei-hui. 2002. "The Resilience of Guanxi and Its New Deployments: A Critique of Some New Guanxi Scholarship", *The China Quarterly*, Vol.170, No.1; Nee, Victor and Sonja Opper. 2007. "On Politicized Capitalism", in Victor Nee, Richard Swedberg (eds.), *On Capitalism*, Stanford, CA: Stanford University Press; Boisot, Max and John Child. 1996. "From Fiefs to Clans and Network Capitalism: Explaining China's Emerging Economic Order", *Administrative Science Quarterly*, Vol.41, No.4.

3　Wright, Teras. 2010. *Accepting Authoritarianism: State-Society Relations in China's Reform Era*, Stanford: Stanford University Press.

4　全國工商聯：《第八次全國私營企業抽樣調查數據分析綜合報告》。

體情況看，在中國，這種形式上直白的"亦官亦商"的情況並不突出。所以，研究者所討論的"政商融合"主要指的是"幹部政治權力和企業主經濟權力的相互滲透"[1]，更多地指向政治權力的擁有者將政治權力轉化為經濟權力[2]，國家日益與私營部門融為一體[3]，以及企業家與國家的融合[4]。在中國的市場化改革中，"紅色資本家"這個概念無疑特別指明了這種政商融合。狄忠蒲（Bruce J. Dickson）將那些有體制背景的企業家以及那些具有黨員身份、擔任人大代表和政協委員職務的企業家統稱為"紅色資本家"，這既包括國有企業的管理層、下海的幹部，也包括幹部的後代和親戚，還包括被吸收入黨、進入政協和人大的企業家。他認為，在許多問題上，紅色資本家的立場與官員並沒有存在質的差異，他們支持深化改革開放，他們力圖成為國家的夥伴，而非對抗者[5]。

第二，政治權力與經濟權力的聯盟。如果說政商融合指向的是政治精英與企業家在社會身份和社會關係上的"交疊"，那麼，在這兩個群體相對分離的時候，兩者往往也並非對立和對抗。相反，國家與企業家建立了某種"聯盟"。在這種"聯盟"關係下，企業家在處理與政府的關係時，往往並非通過對抗性的方式去實現自身的目標，而是建立與政府官員的"關係"。[6]

在對改革開放前城市國有企業和鄉村集體經濟中，魏昂德（Andrew

1 Choi, Eun Kyong and Kate Xiao Zhou. 2001. "Entrepreneurs and Politics in the Chinese Transitional Economy: Political Connections and Rent-seeking", *The China Review*, Vol.1, No.1.

2 Dickson, Bruce J. 2009. "Who Consents to the 'Beijing Consensus'? Crony Communism in China", 'Washington Consensus' versus 'Beijing Consensus' Conference.

3 Dickson, Bruce J. 2007. "Integrating Wealth and Power in China: The Communist Party's Embrace of the Private Sector", *The China Quarterly*, Vol.192.

4 Solinger, Dorothy J. 2008. "Business Groups: For or Against the Regime?" in Bruce Gilley and Larry Diamond (ed.), *Political Change in China: Comparisons with Taiwan*, Boulder, Colo.: Lynne Rienner Publishers.

5 Dickson, Bruce J. 2003. *Red Capitalists in China: The Party, Private Entrepreneurs, and Prospects for Political Change*, New York: Cambridge University Press.

6 Yang, Mayfair Mei-hui. 2002. "The Resilience of Guanxi and Its New Deployments: A Critique of Some New Guanxi Scholarship", *The China Quarterly*, Vol.170, No.1. Wank, David L. 1995. "Private Business, Bureaucracy, and Political Alliance in a Chinese City", *The Australian Journal of Chinese Affairs*, Vol.33. Tsai, Kellee S. 2008. "China's Complicit Capitalists", *Far Eastern Economic Review*, Vol.171, No.1.

G. Walder）和戴慕珍（Jean C. Oi）的經典研究提出，中國不是極權主義政治，也不是利益集團政治，而是以庇護關係為核心的新傳統主義政治，這種庇護關係建立在國家對於經濟生活的全面控制基礎之上，是由於個體對國家的依附而產生的一種不平等的交換關係 [1]。如果說在魏昂德和戴慕珍的研究中，庇護關係是在國有工廠和鄉鎮企業中存在，那麼，接下來的問題就是，市場化改革催生了新的社會經濟空間，對於新生的社會階層而言，他們是否依然依附於國家並尋求國家的庇護？對於這個問題，許多研究者認為，庇護關係依然在市場轉型中延續下來，並有了新的發展。

在分析中國和東德以及匈牙利等國在八十年代政治轉型的差異性時，魏昂德的學生王達偉（David L. Wank）認為，在東歐國家，民營企業家和其他社會階層結成聯盟，並加強公民社會的力量，從而獲得獨立於國家的自主性，而中國八十年代的經濟發展並沒有導致如同東歐國家一樣的政治後果，這是因為企業家階層與官僚體系的聯繫創造了一種庇護網絡，它既不同於市場關係，也不同於計劃經濟下的指令關係。這種庇護網絡將私營企業家割裂為不同的群體。每一個群體面對不同的機會和束縛，一方面，這使得中國的企業家缺少作為利益集團的統一身份認知；另一方面，也使得他們與國家持有相似的政治立場 [2]。並且，在此後的研究中，王達偉進一步提出了"共生性庇護關係"的概念來描述這種政商關係的新發展。在他看來，在市場改革的轉型期，不再是企業家單向依賴國家的庇護關係，而是企業家與政府相互依賴的共生關係。一方面，政府關於為企業家提供利益和保護；另一方面，企業家也為政府和官員提供財稅、租金和利益。這種庇護關係不是魏昂德所說的新傳統主義下加強了下級對於上級的政策執行的庇護關係，它是瓦解國家基礎權

1　〔美〕魏昂德：《共產黨社會的新傳統主義：中國工業中的工作環境和權力結構》，龔小厚譯，牛津大學出版社 1996 年版。Oi, Jean C. 1985. "Communism and Clientelism: Rural Politics in China", *World Politics*, Vol.37, No.2.

2　Wank, David L. 1995. "Private Business, Bureaucracy, and Political Alliance in a Chinese City", *The Australian Journal of Chinese Affairs*, Vol.33.

力的關係[1]。

　　不過，隨着市場改革的深化，也有研究者提出政商之間的庇護關係正在逐步削弱之中。伽瑟瑞（Douglas Guthrie）就根據上海的經驗調查提出，在中國，與再分配經濟下庇護關係無處不在不同，關係的重要性正在下降。因為市場競爭壓力的存在，完全依靠關係辦事越來越被認為是不恰當，甚至是非法的，因為它與腐敗聯繫在一起，人們越來越依靠法律和規則來辦事[2]。這個觀點很快得到了楊美惠的回應。作為最早提出中國的"關係學"的研究者，楊美惠認為，中國的關係並沒有隨着發展而日漸衰弱，它仍然在不斷適應並塑造新的社會制度和結構，展現了關係學的韌性和新的運作方式。在她看來，這種關係網絡並非與新的法律和制度結構相衝突，相反，人際關係網絡是市場轉型的功能性需要[3]。類似地，一些經濟學家也提出，中國的市場化改革並不一定帶來的是成熟的市場經濟。在他們看來，中國的市場轉型使得市場信息傳播和資源配置不再完全依靠等級式的官僚體系，但是也並非完全依靠市場，信息傳播和資源配置依靠個人化的渠道和方式來實現，各種社會關係扮演了重要作用[4]。

　　同時，有的研究者也試圖去分析，隨着企業的強大和企業家力量的崛起，企業家是否開始通過利益集團遊說而非原子化的庇護關係去影響政府的政策？對於中國企業的調研發現，雖然企業的遊說越來越成為地方和國家政策過程的一部分，各種商會的數量不斷增加，但是，與西方

1　Wank, David L. 1995. "Bureaucratic Patronage and Private Business: Changing Networks of Power in Urban China", in Andrew G. Walder (ed.), *The Waning of the Communist State: Economic Origin of Political Decline in China and Hungary*, Berkeley: University of California Press.

2　Guthrie, Douglas. 1998. "The Declining Significance of Guanxi in China's Transition", *The China Quarterly*, Vol.154. Guthrie, Douglas. 2001. *Dragon in a Three-Piece Suit: The Emergence of Capitalism in China*, Princeton：Princeton University Press.

3　Yang, Mayfair Mei-hui. 2002. "The Resilience of Guanxi and Its New Deployments: A Critique of Some New Guanxi Scholarship", *The China Quarterly*, Vol.170, No.1.〔美〕楊美惠：《禮物、關係學與國家：中國人際關係與主體性建構》，趙旭東、孫珉譯，江蘇人民出版社 2009 年版。

4　Boisot, Max and John Child. 1996. "From Fiefs to Clans and Network Capitalism: Explaining China's Emerging Economic Order", *Administrative Science Quarterly*, Vol.41, No.4.

不同，中國企業不在正式的場合向官員提供信息，也不參與聽證和委員會調查項目，也不提供具有立場性的報告，它們也不試圖就相關政策影響媒體報道；比較而言，它們傾向於消極地與官員打交道、反映公司具體的問題。在這個過程中，關係仍然是最為重要的遊說手段[1]。對於企業而言，他們仍然往往是在圍繞地方政府的關係網絡中運營，旨在建立與政府良好關係的"非市場"策略是企業重要的發展方式。在這種策略中，關係和互惠是政商關係的主要特點。由於中國政府在諸如土地、資金和補貼等資源分配上具有重要的權力，這為企業建立與政府良好關係的緩衝策略提供了足夠的激勵；企業積極為獲得更有利的政府政策而進行遊說，爭取成為政協委員和人大代表，為公共事業捐贈等[2]。根據 1995 年對 2870 個中國民營企業家的全國性調查數據，中國的民營企業家大都積極地為政府發起的慈善項目捐款以換取政府的承認和政治影響途徑[3]。

第三，政治權力對於經濟權力的吸納。國家不僅在市場轉型中維繫了原有的權力，而且還通過多種方式滲透到新的社會經濟體之中，政府對於新興社會階層積極進行吸納和統合。行業協會、工商聯、政協委員、人大代表和黨代表等，這些國家所賦予的"政治身份"都是國家吸納經濟權力的重要形式，它使得中國的企業家呈現出很強的"政治嵌入性"[4]。正是這些國家的"吸納"策略，使得中國的私營企業家通過政策和制度網絡與國家捆綁在一起[5]，幹部和企業家之間形成了一個鬆散

1　Gao, Yongqiang. 2006. "Corporate Political Action in China and America: A Comparative Perspective", *Journal of Public Affairs*, Vol.6, No.2. Gao, Yongqiang and Tian Zhilong. 2006. "How Firms Influence the Government Policy Decision-making in China", Singapore *Management Review*, Vol.28, No.1.

2　He, Yuanqiong, Zhilong Tian and Yun Chen. 2007. "Performance Implications of Nonmarket Strategy in China", *Asia Pacific Journal of Manage*, Vol.24.

3　Ma, Dali and William L. Parish. 2006. "Tocquevillian Moments: Charitable Contributions by Chinese Private Entrepreneurs", *Social Forces*, Vol.85, No.2.

4　McNally, Christopher A. and Teresa Wright. 2010. "Sources of Social Support for China's Current Political Order: The 'Thick Embeddedness' of Private Capital Holders", *Communist and Post-Communist Studies*, Vol.43, No.2.

5　Perry, Elizabeth J. 2007. "Studying Chinese Politics: Farewell to Revolution?" *The China Journal*, Vol.57.

的 "聯盟"[1]。因此，市場轉型並不會帶來反對國家權力的企業家階層的興起。

在分析大陸與台灣經濟發展所帶來後果的差異時，蘇黛瑞（Dorothy J. Solinger）認為，大陸新興的企業家階層則是在政權的培育下成長起來，並被收編到政權之中，這種 "收編" 使得新興的企業家階層成為國家的支持者而非反對者[2]。同樣，狄忠蒲也認為，中國政權體制的穩定性在相當大程度上根源於政黨的 "適應性"，而這種適應性正是體現在市場轉型過程中政黨對於企業家階層的吸納和統合。雖然狄忠蒲認為，這種對於經濟精英的政治吸納是一把雙刃劍，蘊含了讓政治反對力量進入政權推動 "內部革命" 的風險，但是，它卻也是現有政權鞏固統治、加強對於新興社會精英掌控的重要方式[3]。

除了吸納私營企業家之外，國家還統合相關社團，發展出了包括個私協和工商聯等在內的各種制度化聯繫，以求推進經濟發展和加強與社會群體的聯繫[4]。在對現有官辦社團的研究中，研究者發現，個體勞動者協會和私營企業協會這樣的企業家社團並不代表能夠抵禦國家力量的公民社會的成長[5]，它們並未如有的學者所預測的那樣能夠代表會員的利益來反對國家[6]；國家推動個私協成立的初衷也不過是幫助國家實現其在市場領域社會控制的目標，而非利益的表達和聚集，並且，個私協在實踐

1 Choi, Eun Kyong and Kate Xiao Zhou. 2001. "Entrepreneurs and Politics in the Chinese Transitional Economy: Political Connections and Rent-seeking", *The China Review*, Vol.1, No.1.

2 Solinger, Dorothy J. 2008. "Business Groups: For or Against the Regime?" in Bruce Gilley and Larry Diamond (ed.), *Political Change in China: Comparisons with Taiwan*, Boulder, Colo.: Lynne Rienner Publishers.

3 Dickson, Bruce J. 2000. "Cooptation and Corporatism in China: The Logic of Party Adaptation", *Political Science Quarterly*, Vol.115, No.4.

4 Dickson, Bruce J. 2003. *Red Capitalists in China: The Party, Private Entrepreneurs, and Prospects for Political Change*, New York: Cambridge University Press.

5 White, Gordon, Jude Howell, and Shang Xiaoyuan. 1996. *In Search of Civil Society, Market Reform and Social Change in Contemporary*, Oxford: Oxford University Press.

6 Parris, Kristen. 1999. "The Rise of Private Business Interests," in Merle Goldman and Roderick MacFarquhar (eds.) The *Paradox of China's Post-Mao Reforms*, Cambridge: Harvard University Press. Kennedy, Scott. 2001. "In the Company of Market: The Transformation of China's Political Economy", Ph.D Dissertation, George Washington University.

中已日益變成了相關部門謀取預算外資金的工具[1]。福斯特（Kenneth W. Foster）對於煙台個私協的研究[2]、南威特（Christopher E. Nevitt）對天津市級和區級個私協的研究[3]，以及安戈（Jonathan Unger）對於北京市朝陽區個私協的研究[4]，都認為從私協的運行並不能夠看到自主的公民社會的成長。此外，國家推動行業協會的發展實際上也只不過是一種政府控制下的"利益契合"[5]；國家也缺少動力解決商會所存在的國家主導性和自主性兩者之間的張力問題[6]。對於溫州商會的研究也發現，溫州商會的發展的重要經驗在於，商會與地方政府之間建立起了良性互動關係[7]。對全國工商聯第一至第十屆共 204 人的高層人士變化進行的跨時段比較也發現，工商聯並沒有真正的民營企業家擔任領導職務，在副職民營企業家所佔比例也不高，民營企業家的政治影響力仍然較低[8]。總的來說，"國家領導的公民社會"被用來形容這種國家對於社團組織的干預和控制[9]。

這種國家對企業家的"吸納"和對商會的統合瓦解了企業家之間的橫向聯繫，企業家往往並不通過內部合作或者與其他社會群體成員合作來追求目標的實現，而是通過與更高地位和權力的個人對於忠誠的交換

---

1 黃冬婭：《轉變中的工商所：1949 年後國家基礎權力的演變及其邏輯》，中央編譯出版社 2008 年版。

2 Foster, Kenneth W. 2002. "Embedded within State Agencies: Business Associations in Yantai", *The China Journal*, Vol.47.

3 Nevitt, Christopher E. 1996. "Private Business Associations in China: Evidence of Civil Society or Local State Power", *The China Journal*, Vol.36.

4 Unger, Jonathan. 1996. "'Bridges': Private Business, the Chinese Government and the Rise of New Associations", *The China Quarterly*, Vol.147.

5 江華、張建民、周瑩：《利益契合：轉型期中國國家與社會關係的一個分析框架——以行業組織政策參與為案例》，《社會學研究》2011 年第 3 期。

6 Pearson, Margaret M. 1994. "The Janus Face of Business Associations in China: Socialist Corporatism in Foreign Enterprises", *The Australian Journal of Chinese Affairs*, Vol.31.

7 陳剩勇、馬斌：《溫州民間商會：自主治理的制度分析——溫州服裝商會的典型研究》，《管理世界》2004 年第 12 期。郁建興、江華、周俊：《在參與中成長的中國公民社會：基於浙江溫州商會的研究》，浙江大學出版社 2008 年版。

8 楊穎超：《中國大陸新興民營企業家政治地位的初探：政治組織席次角度的分析》，《中國大陸研究》第 54 卷，2010 年第 1 期。

9 Frolic, Michael. 1997. "State-led Civil Society", in Timothy Brook and B. Michael Frolic (eds.), *Civil Society in China*, Armonk, NY: M. E. Sharpe. pp.47-67.

來追求個人目標[1]。結果是，國家和企業家之間的密切關係瓦解了企業家階層內部任何橫向組織聯合的傾向。相反，是一個等級分明的階層的形成[2]。在這樣的情況下，企業家的自主的橫向組織發展非常的遲緩。

第二節　企業家與國家：共享利益和共享價值

從以上文獻評述中可以看到，與關於資產階級在政治發展進程中作用的預測不同，在對中國政商關係的研究中，研究者認為，經濟發展並沒有帶來自主並與國家力量抗衡、從而推動政治發展的資產階級的出現。相反，出現的是國家與企業家的合作而非對抗。那為什麼政商之間形成了這種共謀關係？

在已有研究中，政商關係的這種共謀建立在兩個基礎之上，即共享價值和共享利益。企業家對於現有政權和體制的認同奠定了他們政治行動的基礎；共享利益則在於政商之間緊密的利益關聯：一方面，國家權力的維繫是企業家依附於國家的根源；另一方面，發展型地方政府下對於經濟增長的追求和官員本身的利益驅動則使得國家在一定程度上對於企業和企業家產生了依賴。這兩者都將政商兩者的利益捆綁在一起，構築了它們共謀的利益基礎。

第一，共享價值。現有的數據顯示，較之於黨員身份和與政府的關係這兩個因素，民營企業家的主觀價值對於他們的政治支持影響更大[3]。根據一些問卷調查的發現，民營企業家之所以沒有成為自主並與國家抗衡的力量，很重要的根源在於他們對於現有政權和制度的政治認可，不同的抽樣調查也都同樣地顯示了中國民營企業家對於民主價值的保留態度。

1　Zhou, Xueguang. 1993. "Unorganized Interests and Collective Action in Communist China", *American Sociological Review*, Vol.58.

2　Bruun, Ole. 1995. "Political Hierarchy and Private Entrepreneurship in a Chinese Neighborhood", in Andrew G. Walder (ed.), *The Waning of the Communist State: Economic Origins of Political Decline in China and Hungary*, Berkeley: University of California Press.

3　Chen, Jie and Bruce J. Dickson. 2008. "Allies of the State: Democratic Support and Regime Support among China's Private Entrepreneurs", *The China Quarterly*, Vol.196, No.4.

1999—2005 年，8 個縣和縣級市民營企業家的調查數據顯示，共產黨員與民營企業家在政治、社會和經濟問題上的立場基本相似，他們對於對經濟改革速度和政治改革速度的滿意度都很高，大多認為速度正好，他們傾向於維持現存秩序[1]。並且，根據 2006—2007 年 5 個沿海省份民營企業家的抽樣調查，數據表明，中國的民營企業家傾向於支持現有政權和既有體制。其中，民主價值、生活滿意度、對於政府政策績效的評價以及對於官員腐敗的感知，都是決定民營企業家是否支持現政權的重要影響因素[2]。

也有研究者對企業家階層進行了內部的劃分，陳安就將中國的企業家分為寄生型和白手起家型。他認為，不是所有的資產階級都是支持自由民主的，當資產階級從自由市場競爭中獲利的時候，他們支持自由民主，但是，資產階級總是希望進入國家權力中心，當他們的位置被確保的時候，很少為了政治參與的進一步擴展而鬥爭。他們本質上是腐敗和不受限制的國家權力的寄生依附品，有強大的利益驅動去維持現存政權。比較而言，白手起家的資產階級有可能發展支持自由民主的力量。然而，對於中國的這部分企業家的訪談卻顯示，他們支持法治，卻對法治之外的民主沒有要求，他們並不是民主的支持者。總的說來，中國的企業家階層依附於國家，他們並未將他們的利益與民主化聯繫起來[3]。此外，郎友興對於浙江民營企業家的問卷調查和訪談也證實，"無論入黨，當選人大代表，還是參與村委會競選，基本上屬自我保護型的政治活動"，他們的政治參與，不是對抗政治，他們並沒有共同的要求和希望[4]。

1 Dickson, Bruce J. 2007. "Integrating Wealth and Power in China: The Communist Party's Embrace of the Private Sector", *The China Quarterly*, Vol.192.

2 Chen, Jie and Bruce J. Dickson. 2008. "Allies of the State: Democratic Support and Regime Support among China's Private Entrepreneurs", *The China Quarterly*, Vol.196, No.4.

3 Chen, An. 2002. "Capitalist Development, Entrepreneurial Class, and Democratization in China", *Political Science Quarterly*, Vol.117, No.3.

4 郎友興：《政治追求與政治吸納：浙江先富群體參政議政研究》，浙江大學出版社 2012 年版。

第二，市場轉型與共享利益。除了政治態度之外，政商共謀還來源於政商之間緊密的利益關聯。對企業家而言，他們對於國家的利益依附在相當大程度上是由於市場轉型中國家權力的維繫，國家依然掌有重要的權力，從而使得企業家不得不為了利益的尋求而依附於國家。而對這種國家權力維繫的根源，有兩種不同的觀點。

一種觀點認為，它根源於市場化本身，市場化並沒有削弱原有體制和精英的權力，相反，他們的權力在市場化中延續和轉換。就如市場轉型理論的著名爭論中有的研究者所提出的，在市場轉型中，一方面，以前的體制內精英利用已有的資源，直接轉換為新的財富擁有者，那些在市場轉型中新生的大企業家往往就是原有體制內的精英，他們仍然佔據社會的上層；另一方面，在市場化中政治權力獲得了新的機會和價值，它在市場上實現了商品化，促成了權力和利益的交換，推動了政商庇護關係的建立。

在與羅納瓊斯（Akos Rona-Tas）對匈牙利市場轉型的研究發現類似 [1]，研究者認為，中國的市場化在原有的政治體制下漸進發展，這使得國家權力因市場化獲得了新的空間和形式。在白威廉（William L. Parish）的 "政治市場化" 觀點看來，在經濟市場自由的同時，也經歷了政治市場的自由化；在政治市場中，權力和利益的交換得以達成，這使得政府官員在交換關係中維繫了權力。正如許多發展中國家，市場化並沒有使得庇護關係消失，而只是從傳統形式轉向現代形式。這種現代形式不再是世襲（Patrimonial）的傳統庇護關係，而是 "以政府為基礎的政治庇護" [2]。類似的，王達偉提出，在中國，從原有政治秩序孕育的市場經濟催生的是 "制度的商品化"，它指向的是地方政府權力的商品

1　Rona-Tas, Akos. 1994. "The First Shall Be Last? Entrepreneurship and Communist Cadres in the Transition from Socialism", *American Journal of Sociology*, Vol.100, No.1.

2　Parish, William L. and Ethan Michelson. 1996. "Politics and Markets: Dual Transformation", *American Journal of Sociology*, Vol.191, No.4.

化。一方面，它意味着國家權力的持續而非撤退；另一方面，也意味着這種權力轉變為可以交易的商品[1]。這種制度的商品化在產權轉制中得到了充分的體現。對中小型國有企業改制的研究就發現，產權改革過程中的內部私有化伴隨着企業家和官員對租金的討價還價、澄清和再分配。因此，在中國的市場轉型中，所有權的轉制過程並非意味着國家權力的退出，相反，它意味着企業家和官員共生關係的一種改變，它們不再是一種傳統的所有制隸屬關係，而是一種深入的合作關係[2]。

另一種觀點則認為，這種國家權力的維繫根源於未充分市場化，即市場化有助於削弱國家的權力，未充分的市場化才使得國家權力仍然保留了控制力。一些研究者認為，中國的市場化並非如蘇聯和東歐那樣是國家權力維繫的根源，相反，中國漸進式改革給草根私營企業的發展提供了資源和空間，使得中國的市場化有助於體制外民營企業家的成長；而使得國家權力維繫和造成企業家依附的根源在於未充分的市場化。

在倪志偉對於市場轉型命題的修正中，一個重要的概念就是"未充分的市場化"。在他看來，之所以市場轉型中國家權力得以維繫，並非如羅納瓊斯等人認為是在於市場化本身提供的機會，而是在於未充分的市場化使得原有的政治精英在市場轉型後仍然享有優勢和權力[3]。在這種未充分市場化下國家權力保留了對於企業的部分控制和微觀干預。在中國，國家與經濟的分野是模糊的，有巨大的混合式活動的中間地帶，它們難以用國家或者市場的特徵來描述[4]。

根據全國民營企業家第二次調查數據分析，李路路同樣認為，市場

1　Wank, David L. 1999. *Commodifying Communism: Business, Trust, and Politics in a Chinese City*, New York: Cambridge University Press.

2　Sun, Pei, Mike Wright.and Kamel Mellahi. 2010. "Is Entrepreneur-Politician Alliance Sustainable During Transition? The Case of Management Buyouts in China", *Management and Organization Review*, Vol.6, No.1.

3　Nee, Victor 2000. "Social inequalities in reforming state socialism: between redistribution and markets in China", *American Sociological Review*, Vol.56, No.3, 1991. Cao, Yang and Victor G. Nee, "Controversies and Evidence in the Market Transition Debate", *American Journal of Sociology*, Vol.105, No.4.

4　Nee, Victor and Sonja Opper. 2007. "On Politicized Capitalism", in Victor Nee, Richard Swedberg (eds.), *On Capitalism*, Stanford, CA: Stanford University Press.

化改革並非是中國國家權力維繫的根源。在他看來，在蘇聯和東歐國家，之所以市場化改革仍然使得原有的政治精英佔據優勢，並迅速轉化為新的經濟財富擁有者，是在於他們推進的是激進式改革，私營企業是由國家主導下的原有公有企業直接轉換股權而來，因此，那些在市場轉型後佔據財富的社會上層往往並非是自下而上成長起來的民營企業家，而仍然是原有的體制精英。相對而言，中國的市場化改革是漸進式改革，它提供了草根私營企業成功發展的空間、資源和機會。因此，通過全國私營企業調查數據可以看到，影響民營企業家成功最重要的因素是在於是否具有體制內的資源而非民營企業家在原體制下的社會地位。這意味着，新興的民營企業家並非如蘇聯和東歐國家那樣直接由原有體制內的精英轉換而來；但同時，由於原有的行政權力和經濟結構仍然得以延續並強化，他們仍然對私營企業的發展產生重大影響。因此，雖然原有的社會地位不具顯著相關性，但是，民營企業家的體制內 "關係" 仍然對私營企業的發展至關重要[1]。

在較新近的一篇論文中，澤林尼（Iván Szelényi）有類似的觀點。他通過分析福布斯富豪榜上中歐國家（以匈牙利為例）、俄羅斯和中國三國富豪的差異性，來考察市場轉型的不同道路如何影響了三國不同的政商關係。在匈牙利，那些最富有的企業家是從以前的社會主義體制下技術精英轉變而來，私人產權得到嚴格的保障和鞏固，這些巨額財富擁有者具有相對的自主性；在俄羅斯，蘇聯長期依靠大型國有企業，通過休克療法推行市場轉型，隨之暴富的富豪，基本上沒有從草根發展而來的，他們往往都要麼是前政府官員，要麼必須獲得政府和官員的庇護，產權不受保障，在政治領導的更迭中，這些人就必須去以忠誠爭取政治支持，否則即意味着財產權的喪失、放逐和囚禁。而在中國，市場經濟轉型是從自下而上發起的，許多財富的擁有者是從小型私人企業做起，

1　李路路：《民營企業家的個人背景與企業 "成功"》，《中國社會科學》1997 年第 2 期。

並逐步發展起來。但是,一旦他們成長起來,現有政治體制的延續使得他們仍然需要政治保護[1]。也就是說,在澤林尼看來,中國的企業家不像匈牙利那樣有相對於國家的自主性,他們仍然依附於國家,尋求政府和官員的庇護;但是,它又不像俄羅斯那樣完全從權力精英直接轉換而來並淪為權力的玩物,他們由許多草根小企業發展壯大而來,只不過由於未充分市場化而仍需要尋求權力的庇護。

在很多研究者看來,這種未充分市場化,使得國家擁有了對於企業巨大的支配權力,從而構成了企業家依附於國家的根源。李寶梁就認為,迄今為止民營企業家還沒有成為一支獨立的政治力量,他們與國家之間並不存在尖銳的利益對抗或是政治分野。其中的重要緣由就在於,在"超經濟強制"的權力支配下,民營企業家為了尋求利益最大化,與官員建立起一種"關係性合意",即政商之間建立的一種非正式的利益關係[2]。對行業准入的研究就發現,民營企業採取政治策略能有效幫助其進入政府管制行業,進而顯著提高企業績效,促進企業發展。也就是說,民營企業與政府的政治關係越好,其進入高壁壘行業的可能性越大,而進入了高壁壘行業及進入程度越大的企業的經濟績效要顯著高於其他企業[3]。也正是由於這種國家權力的維繫,就如有的企業家所言,企業家在處理政商關係的立場往往是"親近政府,遠離政治"。[4]

總的來說,在中國的市場轉型中,不管是市場化本身還是未充分市場化,都使得中國的企業家仍然深深地嵌入到社會網絡和政治權力之中,也就是說"市場改革並沒有加強企業主對於國家的自主性,只不過

---

1 Szelényi, Iván. 2010. "The New Grand Bourgeoisie under Post-Communism: Central Europe, Russia and China Compared", Working Paper No. 2010/63.

2 李寶梁:《從超經濟強制到關係性合意對民營企業家政治參與過程的一種分析》,《社會學研究》2001 年第 1 期。

3 羅黨論、劉曉龍:《政治關係、進入壁壘與企業績效——來自中國民營上市公司的經驗證據》,《管理世界》2009 年第 5 期。

4 參見王健林,"處理政商關係八字訣:親近政府,遠離政治",中國企業家網,2012 年 9 月 20 日。

是產生了新的討價還價和聯盟的形式"。[1]

第三，發展型地方政府與共享利益。市場轉型的研究強調再分配經濟體系下原有的政治精英將已有的信息、資源和優勢轉換為新的經濟財富，或者原有的政治權力與經濟權力進行交換。這種國家權力的維繫與"市場轉型"密切相關，市場經濟秩序從原有的再分配經濟及政治秩序中誕生是國家權力維繫的根源。與之不同，發展型國家的研究則強調國家權力的維繫來源於國家在市場經濟中扮演的獨特角色。與被稱為發展型的東亞國家和地區類似，政府對經濟的深入干預使得政府與資本建立了緊密並可能腐敗的關係。

在西方研究文獻中，長期被忽略的政商關係問題隨着發展型國家的研究而重新進入研究視野。在對於發展型國家的定義中，約翰遜（Chalmers Johnson）早已強調了國家與私營部門的一種特殊關係，在他看來，國家干預經濟的情況很多，美國向來有監管的傳統，國家也深度地干預到經濟生活中，與監管國家或者福利國家不同，這個概念指向的是官僚系統與私人經濟部門的一種特殊關係，在這種關係下，政府與私營部門有密切的合作關係，它通過資金支持、稅收政策和產業政策等來推動私營部門企業發展[2]。同樣，埃文斯（Peter Evans）以"嵌入性"的概念進一步強調了這種特殊的政商關係。埃文斯提出的"嵌入"的概念相對於以前用的"互惠"概念而言是一個發展。"互惠"更多的是短期和特殊的關係。而"嵌入"則更傾向於雙方長期性的關係。互惠是嵌入中包含的一個因素，但是嵌入中也包含了信息交換、靈活性、商議和官僚自主性。比如，在互惠中，信息流動是更多地為了狹隘的利益，而在嵌入性則有利於信息的收集和流動以建立一個充分信息的政策網絡，制

1　Wank, David L. 1999. *Commodifying Communism: Business, Trust, and Politics in a Chinese City*, New York: Cambridge University Press.

2　Johnson, Chalmers. 1982. *MITI and the Japanese Miracle: The Growth of Industrial Policy, 1925-1975*, Stanford: Stanford University Press. Johnson, Chalmers. 1999. "The Developmental State: Odyssey of a Concept", in Meredith Woo-Cumings (ed.), *The Developmental State*, Cornell: Cornell University Press.

定出良好的產業政策[1]。埃文斯還區分了國家對於企業的四種協助角色，即監護人、造物主、助產士和丈夫。這四種角色分別是國家監管企業、創設公有企業、幫助私營企業建立以及成長[2]。

在約翰遜和埃文斯看來，這種緊密政商關係有助於經濟發展。不過，他們也不得不着力於應對這樣一個質疑，即這種政商關係可能淪落為權力的腐化和國家的捕獲。對於這樣一個持久的質疑，約翰遜和埃文斯都強調所謂"自主性"的重要。這個自主性包括了官僚系統的自主性和國家自主性兩個維度，前者是指官僚系統對於政治家的自主性；後者主要是政治精英是否為大的利益集團所捕獲的問題。在他們看來，在韓日等國，國家推行的政商合作是為了獨立地實現民族國家的發展目標，而非為了實現特殊的私人利益。雖然國家也很少與私人財團利益相抵觸[3]。然而，東南亞經濟危機後，發展型國家中這種緊密的國家和企業關係不僅被用來解釋了東亞經濟的騰飛經濟，它也被認為是東南亞經濟危機的重要根源。經濟危機中暴露出來的政府與大財團之間緊密關係所帶來的種種問題，展現了所謂"裙帶資本主義"中蘊含的問題[4]。

在中國，對於政商關係而言，研究者對"發展型地方政府"的觀察首先意味着企業仍然在資源上依賴於政府。在早期鄉鎮企業中，"政府亦即廠商"和"地方政府公司主義"（Local State Corporatism）都從一個側面描述了政府對於企業的深入干預和控制：政府同時作為裁判和球員，直接參與市場運作，並為政府機構和政府官員直接獲得回報。不管

1　Evans, Peter. 1995. *Embedded Autonomy: States and Industrial Transformation*, Princeton, N.J.: Princeton University Press.

2　Evans, Peter B. 1989. "Predatory, Developmental, and Other Apparatuses: A Comparative Political Economy Perspective on the Third World State", *Sociological Forum*, Vol.4, No.3.

3　Johnson, Chalmers. 1985. "Political Institutions and Economic Performance: the Government-business Relationship in Japan, South Korea, and Taiwan", in R. Scalapino, S. Sato, and J. Wanadi (eds.), *Asian Economic Development: Present and Future*, Berkeley: Institute of East Asian Studies, University of California. Evans, Peter. 1995. *Embedded Autonomy: States and Industrial Transformation*, Princeton, N.J.: Princeton University Press.

4　Weder, Beatrice. 1999. *Model, Myth, or Miracle? – Reassessing the Role of Governments in the East Asian Experience*, Tokyo: New York: United Nations University Press.

是為企業提供資金，還是任命管理者和分配利潤等等，這些都幫助他們建立了與附屬企業的庇護關係[1]。這種政府對於企業微觀活動的控制干預不僅體現在改革早期的鄉鎮集體所有制企業中，而且也體現在如今看上去更市場化的私營企業市場活動中。在企業併購研究中，研究者考察了在地方政府干預的背景下不同所有權性質與企業併購決策的關係，研究發現，地方政府干預對企業的併購決策產生了重要的影響：地方政府直接控制的企業更易實施本地併購、更多地實施無關的多元化併購，而中央政府控制的企業則可以突破地方政府設置的障礙，實現跨地區併購[2]。

然而，更重要的是，中國的發展型地方政府還意味着政府和官員也在一定程度上依賴企業和企業家。第一，政府對於經濟增長和財稅增長的過度追求，使得政府在勞動關係、環境保護和市場監管等方面往往對企業採取非常軟弱的立場，甚至與企業完全站在相同的立場上。對於勞動關係的研究就發現，在推動"工資集體協商"中，不僅政治穩定是地方政府的重要考慮，而且，推動勞資雙方博弈勢必會提高企業用工成本，影響投資環境，導致地方經濟受損，因此，地方政府和工會限制工人的力量，使得"集體協商"流於形式[3]。同時，地方政府為了 GDP 的增長和稅收增長，因而往往對市場監督工作直接進行干預，採取放鬆執法、消極對待違規生產的企業甚至偏袒保護這些企業的態度[4]。在環保領域，不管是降低環保門檻招商引資、政府主導擬建大項目的環境影響評估，還是鬆懈對現有企業環保違規查處，政府都與企業和企業家結成了

1　Walder, Andrew G. 1995. "Local Government as Industrial Firms: An Organizational Analysis of China's Transitional Economy", *American Journal of Sociology*, Vol.101. Oi, Jean C. 1995. "The Role of the Local State in China's Transitional Economy", *The China Quarterly*, Vol.144, No.1. Oi, Jean C. 1999. *Rural China Takes Off: Institutional Foundations of Economic Reform*, Berkeley: University of California Press.

2　方軍雄：《政府干預、所有權性質與企業併購》，《管理世界》2008 年第 9 期。

3　吳清軍：《集體協商與"國家主導"下的勞動關係治理——指標管理的策略與實踐》，《社會學研究》2012 年第 3 期。

4　周黎安：《中國地方官員的晉升錦標賽模式研究》，《經濟研究》2007 年第 7 期。

利益同盟[1]。

第二，不僅地方政府為了追求經濟增長而與企業結盟，而且官員本身的利益追求也使得政商之間形成了共謀的關係。在發展型地方政府文獻中，研究者就已經指出，對於政府官員而言，對於經濟增長的追求不僅根源於財政分權體制下的財稅激勵，官員從經濟增長中獲取的權力以及這種權力轉化而來的利益和資源也是重要原因[2]。在很多情況下，裙帶腐敗與發展型國家總是如影隨形，政府對經濟的干預往往使得官員與企業建立了千絲萬縷的聯繫，他們相互依賴，兩者都可以從緊密的關係中獲利。企業搞投資要有回報，而政府官員搞投資更看重政績。在經濟問題意識形態化的過程中，一些企業用"編故事"的方式獲得政府資金和補貼，而官員則從中獲得利益和政績回報。[3]

第三節　政商關係的演進前景

如果說共享的價值和利益是企業家依附於國家並與國家共謀的基礎，那麼，是否政治文化的演進或者成熟的市場經濟的建立會催生一個真正自主的資產階級的出現？對此，不同學者做出了不同的判斷。

大部分研究者都認為，市場化程度越高，原有行政權力的作用在其中的直接影響力就越小，市場化會推動政商之間關係的轉變，企業家將獲得更大的自主性和獨立性[4]。耿曙和陳陸輝的研究就認為，隨着市場化的深入，王達偉所說的政商庇護關係已經日漸式微。他們在山東濟南的田野調查顯示，隨着市場競爭日益激烈，企業家更傾向於提升自身經營

1 Mertha, Andrew. 2009. "Fragmented Authoritarianism 2.0: Political Pluralization in the Chinese Policy Process", *The China Quarterly*, Vol.200. Mertha, Andrew. 2010. "Society in the State: China's Nondemocratic Political Pluralization", in Peter Hays Gries and Stanley Rosen (eds.), *State and Society in 21st Century China: Crisis, Contention and Legitimation*, London; New York: Routledge. 李善同、侯永志、劉雲中、陳波：《中國國內地方保護問題的調查與分析》，《經濟研究》2004 年第 11 期。

2 Oi, Jean C. and Andrew G. Walder. 1999. *Property Rights and Economic Reform in China*, Stanford, CA: Stanford University Press.

3 張文魁等：《重塑政商關係》，《中國改革》，2012 年 7 月 6 日。

4 李路路：《民營企業家的個人背景與企業"成功"》，《中國社會科學》1997 年第 2 期。

能力，強化與市場上商業夥伴往來，交往對象不再局限於政府官員，甚至與官員保持距離，政商之間對等關係逐步發展[1]。即便是那些在金融上依賴政府的企業，他們也往往開始更多地尋求與其他企業的聯合而非依靠政府來尋找市場機會，他們也對地方干預有越來越強的談判能力和地位。對企業家而言，政商關係不再是核心，也就是說企業漸漸地拜擺脫了庇護關係[2]。對於中國不同地區的比較研究也證實，在政府主導經濟發展的北方，民營企業家對政府的依賴程度更大，政府官員更會成為民營企業家建構關係網絡的主要對象；比較而言，在市場經濟是自下而上內生的南方，民營企業家更多地側重於與同鄉關係網絡的建構[3]。同時，越是市場化程度高的地方，行業協會等企業家的社團往往越能夠開始代表企業家的利益，在建立網絡、公共關係、市場發展、和遊說政府等方面扮演重要的作用[4]。此外，政商的案例也不斷證明，對於那些市場份額對於生存和發展十分重要的企業而言，"相對於政府，他們更看重市場"，企業在市場爭奪已經極其激烈之後，會把矛頭對準政府的不公，從而破除民不與官鬥的舊規[5]。

鄧國勝和甘思德（Scott Kennedy）使用了數據分析來證明市場化的重要作用。2007 年，他們調查了年銷售額在 50 億以上的大企業對於中央政府的影響，其中涵括了國有企業、私營企業和外資企業，共 131 個公司；同時採取概率配額抽樣的方法調查國家級的行業協會，共 711 個。他們的研究發現，不同所有制和國別的公司就公共政策遊說政府的方式具有很大的相似性，雖然關係仍然是非常重要的遊說方式，但是大

1　耿曙、陳陸輝：《與市場共欣榮：華北小鎮地方網絡的創造性轉化》，《問題與研究》2001 年第 3 期。

2　Keng, Shu. 2002. "Growing Out of Clientelism: The Changing Government-Business Relations in Rural China, 1979-1999", *Chinese Political Science Review*, Vol.23.

3　秦海霞：《關係網絡的建構：民營企業家的行動邏輯——以遼寧省 D 市為個案》，《社會》2006 年第 5 期。

4　Tsai, Kellee S. 2007. *Capitalism without Democracy: The Private Sector in Contemporary China*. Ithaca, N.Y.: Cornell University Press.

5　鄭作時：《政商關係的微妙變化》，《中國經營報》，2010 年 1 月 18 日。

企業並不主要依靠關係，它們主要依靠提供信息和加強它們的公共形象；雖然僱傭以前的官員也是常用的方式，但是，這些人員的作用主要是在於對於政府內部運作的了解而非與特定官員的關係。在他們看來，在中國，遊說正在變得越來越制度化。隨着市場化的深入，大公司的規模和能力都使得他們可以不通過關係來影響決策者。並且，與地方相比，全國性的決策牽涉面廣時間長，降低了任何個別私人關係的顯著性[1]。

與以上觀點不同，狄忠蒲的分析強調了現存政商關係可能的延續性。在他看來，雖然，越是一個真正的市場經濟湧現出來，資本家就將越少的依賴國家，相應地，他們就越不可能去支持現狀。但同時，他也認為，中國政商關係的重要特點在於自我存續。一方面，它的擴張性質提供了開放加入的機會並不斷吸納新的參與者，從而降低了企業家挑戰它的動機；另一方面，中國以中小型企業為主的政經結構，也減少了集體行動的可能性：大量的小型參與者抑制了有效的集體行動。這些都使得企業家和政府及其官員有強大的動機去保持已被證明了是相當互利的關係[2]。裴松梅（Margaret M. Pearson）則認為市場化雖然會使得商業精英獲得更多的自主性和自信來推動市場改革和政治自由化，但是，對政府形成有組織化的壓力有賴於更有凝聚性的商業精英的形成和擴張。相對於商業精英而言，學生和知識分子是更加政治化的力量。所以，更可能出現的是商業精英為這些力量提供財力等的支持來尋求政治的變化[3]。

此外，研究者認為，除了市場化以外，還有其他因素同樣會影響到現存政商關係的演進，這包括政府社會政策的發展、掠奪性腐敗的發展

1　Deng, Guosheng and Scott Kennedy. 2010. "Big Business and Industry Association Lobbying in China: The Paradox of Contrasting Styles", *The China Journal*, Vol.63.

2　Dickson, Bruce J. 2009. "Who Consents to the 'Beijing Consensus'? Crony Communism in China", 'Washington Consensus' versus 'Beijing Consensus' Conference.

3　Pearson, Margaret M. 1997. *China's New Business Elite: The Political Consequences of Economic Reform*, Berkeley: University of California Press.

以及企業家本身價值觀的變化等。就社會政策而言，如果國家的社會政策削弱了對於企業家的扶持，並在勞動法和環境政策等方面加強對於民眾利益的維護，就可能削弱企業家對於國家的依賴和支持[1]；就腐敗而言，如果腐敗仍然是有限的並且接受它作為例行的營運成本，裙帶關係是可能持續下去的。但是如果官員的索取變成掠奪性的，企業家的政治支持就有可能會隨之降低；就價值觀而言，企業家自身價值觀的變化也會構成推動轉變的因素[2]。

第四節　階級想像及其反思

現有研究從"沒有資產階級，就沒有民主"的理論命題出發，追問中國市場轉型中是否有一個自主並與國家權力抗爭的資產階級出現，並得出了中國出現的是一個依附於國家並與國家共謀的新興社會階層。這樣一個研究問題的提出背後有強烈的理論預設，它基本上是將企業家作為一個統一身份認知和利益取向的群體，並賦予這個群體在政治發展中獨特的作用和角色。這種視角無疑具有相當的理論洞察力和現實分析意義。但是，它強烈的理論預設也使得它存在一些誤區。

第一，關於企業家階層內部差異性的反思。現有研究將"新興社會階層"作為一個無內部差異性的階層。這樣的判斷會面對一個質疑，即並非所有企業家都能夠或者願意與政府及官員達成這樣或深或淺的合作關係。那麼，在中國的企業家階層內部，究竟是各種企業家與政府關係都存在相當的相似性，還是不同的企業家類型與政府的關係會有不同？

在發展中國家政商關係研究中，與將企業家作為一個階級來分析其與政府的關係不同，研究者更側重於分析企業家內部的差異性，從多種

1　Dickson, Bruce J. 2009. "Who Consents to the 'Beijing Consensus'? Crony Communism in China", 'Washington Consensus' versus 'Beijing Consensus' Conference.

2　Chen, Jie and Bruce J. Dickson. 2008. "Allies of the State: Democratic Support and Regime Support among China's Private Entrepreneurs", *The China Quarterly*, Vol.196, No.4.

視角來探討差異性的政商關係。比如，哈格德（Stephan Haggard）等人在研究發展中國家政商關係時，就提出，應該區分不同經濟部門、不同企業家組織和不同企業與國家的關係。例如，不同的經濟部門因其要素密集度、資產專屬性和工業集中程度等的不同與政府的關係也會有差異。在那些經濟規模越小、技術越簡單和市場進入的資金門檻越低的經濟部門，集體行動能力越低，對於政府和政策的影響力越小；而越是規模集中的企業越會獲得更大的政治影響力，不過，高度的集中也會使得企業與政府採取高度個人化和非正式的交往方式[1]。

在中國研究中，一些研究者已開始追問中國的政商關係是否存在內部差異性。一種觀點認為，中國政商關係的重要特點之一，正是在於庇護關係的瀰散性，即它不僅局限在高層，而且還瀰散到各層級政府；也不局限在一些寡頭壟斷企業，而且還瀰散於中小規模的企業。研究者認為，中國的政商關係與東南亞國家的“裙帶資本主義”有一定的差異，在具有裙帶資本主義特徵的國家，大財閥和大企業家往往是建立與國家首腦等高層的關係而獲得優勢地位；而在中國，企業家和政府的庇護關係是分權和擴散的，甚至存在於最基層的地方政府和大多數的中小企業，從而將儘可能多的官員和企業家都捲入到這個庇護關係網絡之中[2]。

這種關係被認為與中國以中小企業為主的政經結構密切相關。在東南亞以大財團和大企業為主的國家，一方面，大財團和大企業的發展以及資本的集中化被認為有利於發展型國家的建立，因為這有利於信息的交流、合作項目的建立和信息的建立[3]。但是，另一方面，如同發展型國

1　Haggard, Stephan, Sylvia Maxfield, and Ben Ross Schneider. 1997. "Theories of Business and Business-State Relations", in Ben Sylvia Maxfield and Ben Ross Schneider, *Business and the State in Developing Countries*, Ithaca, NY: Cornell University Press, pp.36-62.

2　Wank, David L. 1999. *Commodifying Communism: Business, Trust, and Politics in a Chinese City*, New York: Cambridge University Press. Dickson, Bruce J. 2009. "Who Consents to the 'Beijing Consensus'? Crony Communism in China", 'Washington Consensus' versus 'Beijing Consensus' Conference.

3　Schneider, Ben Ross. 1998. "Elusive Synergy: Business-Government Relations and Development", *Comparative Political Studies*, Vol.31, No.1.

家可能淪落為掠奪性國家一樣，這種大財團與國家之間的關係也是滋生腐敗的源泉，國家的產業政策越是以扶持大財閥為對象而非以中小企業為對象，裙帶資本主義的腐敗就越為嚴重[1]。與寡頭經濟不同，中國的民營部門的特點是中小規模企業佔主導地位，這意味着總體上市場改革的受益人分佈較為廣泛；同時，中國的改革並非由一個居統治地位的家族或中央領導人所主導的，相反，它涉及到了各級階層的官員：在追求經濟增長率的"硬目標"之下，地方官員為了升遷，往往與作為經濟增長來源的民營部門合作；並且，地方官員控制大多數項目的批准，以及在企業轉制和土地出讓中掌有充分的決定權，這些都有利於地方政府與企業家關係緊密。這些都使得政商之間的關係具有相當大的瀰散性[2]。

　　另一種觀點更側重於分析企業家與政府差異性的關係，這種觀點特別強調了企業家與政府之間可能存在的不同於交換和共謀的對抗性關係。比較研究已發現，在後工業化國家，資本家內部是存在巨大的差異的：資本家的上層容易為國家所吸納，而構成了私營企業大部分的下層則缺少信息和資源來進行政治動員，只有中層既能夠積聚資源和物質動機來與國家對抗。相應地，在中國研究中，蔡欣怡強調，不能將中國的民營企業家看作是一個享有共同的身份、利益和行為、並進而能夠共同製造政治影響的階級。她反覆強調，他們是分裂的，民營企業家從未作為一個階級來動員尋求政權的改變[3]。進而，根據與政府關係的不同，她將中國的民營企業家根據兩個維度分為四種，維度一是對抗國家的能力，維度二是對抗國家的意願。根據這兩個維度可以進而將民營企業家劃分為四種類型。第一類同時具有對抗國家的能力和意願，這類是進取型的企業家；第二類有對抗國家的意願，但是卻沒有對抗國家的能

1　You, Jong-Sung. 2005. "Embedded Autonomy or Crony Capitalism?" American Political Science Association Conference.

2　Dickson, Bruce J. 2009. "Who Consents to the 'Beijing Consensus'? Crony Communism in China", 'Washington Consensus' versus 'Beijing Consensus' Conference.

3　Tsai, Kellee S. 2008. "China's Complicit Capitalists", *Far Eastern Economic Review,* Vol.171, No.1.

力，這類是不情願地接受國家權力支配的企業家；第三類是有對抗國家的能力，但是沒有對抗國家的意願。這類忠誠的接受國家權力支配的企業家；第四類是沒有對抗國家的能力也沒有對抗國家的意願，這類是逃避型的企業家。在她看來，第一種類型的企業家是唯一能夠推動民主化的力量[1]。

在蔡欣怡的分析中，並非所有的民營企業家都能夠和願意建立與國家的庇護關係。這種差異性在一定程度上與政府在經濟生活中扮演的角色密切相關[2]。她根據政府干預經濟的程度和方式，劃分了溫州模式、蘇南模式、內地模式和南中國模式。在她看來，越是政府主導的地區，企業家採取進取性的實際行動也越多。在個體經營為主的溫州模式中，由於企業家和政府的利益的趨同，因此，企業家最不願意採取進取性的行動，而常常採用諸如民間信貸等非正式的處理方式來應對發展中面對的問題。而在政府主導的蘇南模式中，在面對沒有政府關係而導致的經營困難問題時，他們最缺乏非正式的應對策略，他們最多採取進取性行動[3]。

第二，關於企業家階層在政治轉型中角色的反思。除了反思企業家本身內部的分化，我們還需要回到 "沒有資產階級，就沒有民主" 這個基本的理論命題。在關於中國的共政商關係研究中，研究者基本上都是從這個理論命題出發，將企業家與政治民主化聯繫在一起，並試圖去解釋中國的獨特性，得出了中國的企業家並非是推動政治民主化的力量的結論。然而，即便在階級分析中，資產階級也並非總是與政治民主化聯繫在一起。"沒有資產階級，就沒有民主" 只是與特定的歷史時期聯繫

1　Tsai, Kellee S. 2005. "Capitalists without a Class: Political Diversity among Private Entrepreneurs in China", *Comparative Political Studies*, Vol.38, No.9.

2　Tsai, Kellee S. 2007. *Capitalism without Democracy: The Private Sector in Contemporary China*. Ithaca, N.Y.: Cornell University Press.

3　Tsai, Kellee S. 2007. *Capitalism without Democracy: The Private Sector in Contemporary China*. Ithaca, N.Y.: Cornell University Press.

在一起，它本身就是一種特例。因此，討論中國的企業家力量為何沒有促進民主化轉型本身可能會變得是一個具有太強理論預設的問題，也就是說，可能會因為太關注其是否成為民主化的推動力量，而忽視了它對於中國政治轉型其他更為重要的影響。

即便是在摩爾（Barrington Moore）的論斷中，政治民主化也並非只是資產階級的推動，階級之間的關係和結構是更為重要的因素。在對於西方民主、法西斯主義和社會主義三條不同的政治發展道路的對比中，摩爾認為，是否有與國家抗衡的力量是民主體制產生的重要根源，因為"只要中央政權承擔的任務或實施的監控活動對社會運行具有決定性意義，都會造成傳統專制主義的崛起"。不過，在摩爾看來，馬克思過於強調了資產階級對於民主的意義，而他認為，農村中的階層關係有更重要的意義：土地貴族是否轉型進入農業商品經濟，並與城市資產階級結盟，是決定而後政治進程最關鍵的因素。這種結盟有兩個方面的意義：第一，它削弱了土地貴族對於國王的依附；第二，它使得社會上不再積聚起大批農民。正因如此，英國沒有因積留大量農民而導致像德國和日本那樣的反動結局，也消除了俄國和中國那種農民革命的群眾基礎。而與英國不同，日本和德國等，上層地主階級以種種政治和社會的手段，把農民束縛在土地上，按照自己的方式來實施農業的商品化，這種"強迫型勞動體制"，使得地主貴族求訴於國家的政治權力來對農民加以控制，這加強了他們對於專制君主的依附。而在中國和俄國，地主和貴族並沒有深受商品經濟的影響，這使得積聚了大量造反的農民[1]。

在斯考切波（Theda Skocpol）那裏，資產階級對於政治民主化的作用更加受到了質疑，在她看來，"土地—企業家支配階級"對於國家權力的反對更有可能導致的是舊制度的崩潰而非民主化。這種舊制度的崩潰又進而會為農民革命創造了結構性空間，從而催生了社會革命。與摩

---

1 〔美〕巴林頓·摩爾：《民主和專制的社會起源》，拓夫、張東東等譯，華夏出版社 1987 年版。

爾類似，她也認為兩個因素很重要，一是支配階級與君主的關係，二是農村的階級結構。第一，她認為，是否存在一個獨立和抗爭國家的支配階級很重要，不過在摩爾看來，這種抗衡的支配階級是導向民主的關鍵，在斯考切波看來，這隱藏了社會革命的根源。在她看來，在法國舊制度和晚期帝制的中國，上層地主—企業家階級都獲得了與君主專制的行政機器對抗的集體政治優勢，兩國的專制君主自上而下的現代化改革的企圖都觸發了組織良好的支配階級在政治上的一致反對，這種成功的反對瓦解了舊制度，也就不可避免地打開了法國和中國革命爆發的大門。在日本和普魯士，支配階級不足以對抗國家，因此，他們沒有發生社會革命；第二，除了支配階級與國家的關係之外，農村的階級結構同樣重要，這決定了在舊制度崩潰的情況下是否會發生自下而上的革命。在法國和俄國，它們具有村社自治的傳統，農村階級結構也為農民村社提供有效的團結和自主的基礎，從而成為了重要的誘導農民反叛的條件；與之不同的是在英國，支配階級的力量同樣強大，但是，由於在農村階級結構中農民作為一個整體沒有任何團結和自主，鄉紳充當了領主的代理人、自耕農被吸收為隸屬性的官員，勞動者和僕役通常都與他們的地主主人有着強有力固定的聯繫。因此，在英國並沒有爆發自下而上的社會革命。在斯考切波看來，中國是最接近英國階級結構的國家，即既有一個強大的支配階級，又有一個通過紳士實施的對於農民的強大控制，但是，與英國不同，中國的這種鄉村控制隨着舊政權瓦解，並且，作為支配階級的地方士紳是與中央集權的帝制相聯繫，而沒有全國性議會將他們聯繫在一起，因此，它出現的是農村混亂日益擴大，但是沒有發生農民反對地主的自發暴動[1]。總的來說，摩爾和斯考切波都認為，農村階級結構，特別是對於農民的階級控制，是影響政治發展道路的關鍵原因，資產階級對於國家的反對是導致舊制度的崩潰從而催生社會革

---

1 〔美〕西達‧斯考切波：《國家與社會革命：對法國、俄國和中國的比較分析》，何俊志、王學東譯，上海人民出版社 2007 年版。

命，還是制約權力推動資產階級民主的實現，這在相當大程度上取決於是否會發生自下而上的叛亂，取決於對於農民的階級控制[1]。

不僅資產階級對於國家權力的反對究竟導致何種政治後果仍存分歧，而且，有的研究者還指出，資產階級對於國家權力的反對本身往往也只是與特定的歷史時期聯繫在一起。當資本家剛剛開始作為一個獨立的階級出現時，需要打碎原有政治和經濟體制下土地貴族的封建束縛，以將資本原始積累的勞動力和土地要素等釋放出來。而在當代，不管是在西方民主國家，還是法西斯國家，抑或拉美的官僚權威主義和獨裁體制下，資本家都能夠與不同的政治制度相安若素，並沒有出現過作為整體的資產階級抗衡國家權力並推動民主化的情況。也就是說，在當代民族國家架構下，資產階級與政治權力的和平共處往往是常態而非例外。

這種情況的出現是由於，一方面，雖然"沒有代表權就沒有稅收"被認為是資產階級爭取民主的重要動因。然而，在現代民族國家的架構下，國家的稅收和財政汲取很少能引發公開的談判和鬥爭，納稅人往往採用資金贊助等方式來達到一些個別的、專門的政治目的。在他們可以通過各種方式來影響稅收機構正式或者非正式的裁量權的時候，納稅人的集體行動很難發生，階級政治只與特定的歷史時期相聯繫[2]；另一方面更重要的是，在市場經濟體系下，資本的力量往往並非是抗衡國家權力並推動政治民主化的"社會力量"，相反，如波蘭尼（Karl Polanyi）所言，它構成了對於"社會"的摧毀性力量。也就是說，國家與社會兩分

1　摩爾和斯考切波對不同國家的階級結構存在不同的判斷，特別是對於中國和法國。在摩爾看來，中國的地主─企業家力量非常之弱小，完全沒有商品化，最終積累了農民革命的種子，而在斯考切波的晚清研究看來，地方士紳及其軍事化無疑是晚清改革重大的反對力量，這種反對力量不是太弱而是太強，並最終導致了舊政權的崩潰，但是同時，中國農民也不像法國農民那樣有組織，他們沒有村社自治，因此，中國並沒有發生農民自發針對地主的革命，而是共產黨的動員。對於法國，摩爾認為它屬資產階級革命的樣板，而斯考切波則認為，它與英國不同，是社會革命的樣板，斯考切波認為，法國支配階級強大，推翻了舊制度，同時，給村社自治帶來的團結和凝聚農民帶來的反叛的機會，從而爆發了社會革命。

2　Moore, Mick. 2004. "Revenue, State Formation, and the Quality of Governance in Developing Countries", *International Political Science Review*, Vol.25, No.3.

的分析框架應該為"國家—資本—社會"三分的框架取代，在市場經濟社會中，企業家及其資本的力量與社會的自我保護力量相反對，它造成了社會生活的惡化和失序：包括對"工人體力的剝削、對家庭生活的破壞，對鄰里關係的破壞，濫發植被、污染河流，敗壞行業規範，損害社會風氣，使包括居住環境和藝術在內的生存狀態以及不影響利潤的無數私人和公共生活方式普遍墮落"[1]。在這種情況下，除了社會的自我保護運動之外，國家對於資本力量的干預具有重要的意義，它必須要處理與此而來的社會失序和不平等問題，防止社會秩序的毀滅[2]。

第五節　研究問題和框架

雖然現有研究基本上認為中國沒有出現一個抗衡國家的民營企業家階層，但是，大部分研究都有很強的理論預設性，正是從"沒有資產階級，就沒有民主"的理論假設出發，對於中國民營企業家的研究基本上都是關心他們在民主轉型中的角色，以及為什麼中國的民營企業家階層沒有成為推動民主轉型的力量。雖然這些研究無疑有很強的理論洞察力，但由於它們有過於強烈的理論預設，將民營企業家與"民主轉型"聯繫到一起，因此，他們會面對一個潛在的研究陷阱，即如果研究發現民營企業家依附於國家而並未在市場轉型中獲取其自主性並進而抗衡國家，從而難以成為民主轉型的推動力量，那麼，關於民營企業家對於中國政治發展影響的研究就會戛然而止。也就是說，在民主轉型之外，民營企業家對於中國政治發展其他同樣重要的深遠影響可能會因這種強烈的理論預設而被無意識地遺漏和忽略。

本研究認為，民營企業家對於中國政治發展的影響無疑不應局限於"民主轉型"，在眾多有待進一步發掘和深化的研究主題中，民營企業家

---

1 〔匈牙利〕卡爾·波蘭尼：《大轉型：我們時代的政治與經濟起源》，馮鋼、劉陽譯，浙江人民出版社 2007 年版。

2 同上。

對於政府政策過程的影響，不管是政策制定還是政策執行，是一個有着重大現實意義和豐富理論內涵的研究主題。第一，從現實上而言，企業家對政策過程的影響越來越大。不管是政策執行，還是政策制定；不管是私人關係的搭建，還是集體的利益求訴；不管是地方經濟增長聯盟，還是偶發的對抗和矛盾，企業家在中國政策過程中的作用日益增強。要了解中國政策過程及其走向，就必須了解企業家對於政策過程的影響方式及其影響力根源。第二，從理論上看，在當前中國的政治生活中，政治精英仍是政治舞台上的主角，他們壟斷政治資源、主導政治話語、編排政治儀式和支配政治運作。不過我們也可以看到，各種社會行動者已經開始進入政治舞台，成為現實政治生活中的重要角色。對於這種社會力量，現有的研究特別關注業主、農民工和村民等群體的社會行動。然而，在這種社會行動之外，還有一種更加隱秘卻對政治生活發生更深刻影響的社會力量，即企業家的力量。較之於在公共生活舞台上引人注目的社會抗爭，企業家對於國家的滲透和影響更為隱秘卻又可能更加巨大。即便在社會抗爭研究中，我們要把握工人停工、業主維權、農村環保抗爭和城市文化保育的發生、發展和結果，也必須將隱藏在國家權力和社會抗爭這兩種力量之後的企業家力量考量進來，而不只是將問題簡化為所謂“國家”與“社會”兩維的關係。只有深入理解了當代中國政商關係的發展，我們才能夠真正把握政治權力運作和社會抗爭背後越來越有支配性的影響因素。總的來說，與基於民主轉型的理論預設而關注民營企業家的“自主性”問題不同，對於政策過程中民營企業家角色的研究更關注其“影響力”。對於市場轉型中的民營企業家而言，“影響力”與“自主性”是兩個密切關聯但卻不等同的範疇，基於政府過程中民營企業家政策影響力的研究可以為我們進一步揭示轉型期的中國政商關係及其對於政治發展的影響提供不同的視角。在當代中國國家與民營企業家關係發展的研究中，只有不斷地擴展研究的視角，才能夠使得我們更好地把握兩者關係的發展前景及其對於中國政治發展的意義。

同時，現有文獻對於新興社會階層的政治影響的研究，就已經不斷在反思"沒有資產階級，就沒有民主"中隱含的決定論和直綫政治發展論的色彩。也就是說企業家力量的壯大及其在中國政治生活中發揮的作用並不是隨着經濟發展和市場轉型而直綫發展，雖然他們的力量在這個過程中不斷壯大，但是，不管是對於政治影響而言，還是政策影響而言，中國獨特的市場轉型道路和政治制度結構對企業家在政治生活中的角色產生了巨大影響。一方面，中國漸進式的市場改革既保留了龐大的國有企業，也推動了私營經濟從草根的逐步壯大，這既不同於西方市場經濟下私營經濟的主導，也不同於俄羅斯和東歐休克療法的大規模私有化過程，因此，揭示這種獨特的市場轉型道路對於企業家在政治生活特別是政策過程中所扮演角色和作用的影響，具有重要理論和現實意義。另一方面，中國獨特的國家制度結構和政治發展的路徑也深刻影響了政商關係。在企業家政治影響的研究中，研究者就已經發現，民營企業家在政治發展中究竟扮演着何種角色，究竟是依附於國家還是自主於國家抑或對抗於國家，並非完全在於政治價值或者市場轉型的獨特性，它還取決於國家對待民營企業家的策略。國家的制度結構同樣深刻影響了企業家的政策影響力。國家的制度結構在分化民營企業家階層的同時直接影響了民營企業家是否求訴於對抗性的方式來表達其利益訴求。國家內部的制度空間在相當大程度上影響了民營企業家不同的政策影響力，進而塑造了他們與國家差異化的關係。國家的權力碎片化、政策監控度和政策依賴性為民營企業家提供了不同的可資利用的政治空間；民營企業家階層內部的差異不僅在於企業的規模和類型，政府政策目標的變化會顯著地削弱或者增強政府及其官員對於企業的依賴度，從而可以增強一些企業的政策影響力而削弱另外一些企業的政策影響力。

基於此，本書聚焦於中國市場轉型中和政治制度結構下企業家對於政策過程的影響，試圖初步回答以下研究問題：第一，在當代中國市場轉型中，企業家如何影響政策過程？第二，決定企業家政策影響力的因素何在？

本書將試圖通過以下研究內容揭示當代中國市場轉型進程中企業家對於政策過程的影響。本書在文獻評述之後，第二章和第三章將討論民營企業家對於政策過程中的影響。第二章通過全國工商聯政協提案聚焦於民營企業家對中央決策過程的訴求、影響機制和影響力。研究發現，在過去十年中，由於在中央層面工商聯和政協影響決策的微觀機制的完善，有更多影響決策的渠道，這使得民營企業家通過全國工商聯政協提案表達政策訴求和施加政策影響更為顯著。並且，企業家訴求的"政策契合"及其"權勢"是決定其政策影響力的重要因素。第三章分析民營企業家對於地方政策過程的影響，通過對於五個案例的比較分析發現，國家的制度結構和政策影響了企業家不得不採取哪種方式來影響政府的政策過程及其影響力大小。這種國家內部的因素主要有三個維度，即"政策依賴性"、"政策監控度"以及"權力碎片化"。基於這三個維度的差異，本研究區分了五種企業家影響地方政策過程的方式，即迎合政績、坐地要價、利益疏通、借力施壓和正式溝通。其中，企業越具"政治嵌入性"而非"自主性"而越對地方政策過程具有政策影響力。

第四章和第五章分析了民營企業與政府的糾紛和衝突。在前三章分別探討私營企業和國有企業的政策影響的基礎之上，第四章將聚焦國有化過程中國家與民營企業家的政策制定和執行的博弈。本章將聚焦於 X 省煤礦國有化過程，分析 X 省煤礦國有化的政策過程以及煤礦企業主在此過程中的行動和博弈。在煤老闆與省級政府目標衝突的情況下，國家求訴於所有制規模化以及部分的所有制變更來解決監管問題，而煤老闆雖然採取了體制外的方式加以抗議，但是，案例顯示，在目標衝突下，作為巨額財富的擁有者，煤老闆難以通過體制外的方式獲取任何政策影響力。第五章分析了當民營企業家與政府部門發生糾紛的情況下，民營企業家解決糾紛的方式以及影響因素。通過對於 2006 年全國私營企業大型調查的數據分析，本研究發現，雖然大部分民營企業家仍然採用非對抗的方式，即通過私下協商以及求助於本級政府、上級政府部門和工商聯等商會組織來解決與政府部門的糾紛，但是，並不是所有的民營企業家都依靠非對抗的方式來解決糾紛，有的民營企業家只是保持沉默，而其他一些則傾向於採取更具對抗性的方式解決糾紛。在與政府發生糾紛的民營企業家中，具有體制工作背景的民營企業家與對抗性的糾紛解決方式之間呈現顯著而穩健的正相關。這意味着那些脫離黨政體制的企業家在處理與政府糾紛的過程中更為強勢和更具對抗性，他們更願意通過法律、大眾媒體和集體行動，而不是非正式關係來解決與政府之間的糾紛。與此形成鮮明對比的是，那些進入體制成為人大代表的民營企業家與對抗性糾紛解決方式呈現顯著的負相關，儘管由於內生性問題，我們無法確定因果關係，但是，它也表明，"體制旋轉門"的兩種機制與政府糾紛解決方式的相關性完全不同。對於這種現象的解釋，本研究認為，與蘇聯和東歐國家不同，中國市場轉型的獨特路徑使得中國脫離體制的精英更具對抗性，它們是新興社會階層中潛在的挑戰者。

第六章則進一步聚焦於民營企業家的組織化問題。在西方政府過程理論中，組織化的利益集團遊說是政策過程重要的一環。在中國，一種理論的想像是，民營企業家的組織化程度越來越高，他們的訴求逐漸從個別化特殊化的訴求轉變為組織化訴求，從而推動政治的多元化。在第二章中我們看到了商會行會已經通過政協團體提案表達自身的政策訴求。那麼，是否民營企業家的組織化程度越來越高，從而成為政策過程中重要的角色呢？本章將基於廣東工商聯系統的商會行會組織的問卷調查，考察民營企業家如何組織起來，特別以商會行會的活躍度和凝聚度兩者來進行測量其組織化程度，據此剖析影響其組織化發展的因素。通過對於民營企業家組織化問題的考察，可以看到，自主性問題並非是影響商會行會活躍度或者凝聚力的顯著變量，民營企業家的組織化面對到組織資源困境和內生組織規則雙重挑戰更為突出。甚至包括市場集中度更高的大型平台企業在內的互聯網企業，他們的組織化也與傳統商會行會的組織化狀態非常相似。在政策過程中，民營企業家的利益組織化及其表達仍然有待進一步的發展演進和觀察。

第七章將轉而分析國有企業的政策影響力。本章以對於國有大型石油石化企業的環保監管作為案例，分析國有企業如何影響環保監管的政策過程。與西方市場經濟國家和發展型國家不同，中國的監管國家面對的最大挑戰是來自對國有企業的父愛主義傳統。在父愛主義傳統之下，國有企業與國家融為一體，它們甚至不需要去影響和遊說政策，因為制度和規則本身往往就是以保障其利益為核心而建立。在此背景之下，本研究試圖探討，中國監管國家建設的努力是否對這種父愛主義傳統形成挑戰，從而推動監管機構相對於國有企業的監管獨立性。案例研究顯示，計劃經濟下的父愛主義傳統已經發生了深刻的變化。同樣是國有企業內在於國家，在計劃經濟體制的父愛主義傳統中，它導致的是國有企業服從於國家的社會目標；而在市場化的過程中，它卻導致的是國有企業利用其體制資本追求其經濟目標，這種情況與私營經濟下的監管捕獲具有很大的相似性。同時，與西方監管國家和發展型國家不同，國有油企並非主要通過選票和資金贊助方式來捕獲監管機構，其在體制內的政治資源是其影響力的重要根源。國有油企可以利用標準制定權在油品標準制定中將環保部門邊緣化，可以利用市場壟斷來推延國標油品的供應，可以在環境影響評價中操縱環評專家，可以在與地方政府的利益衝突中保持強勢的姿態，可以讓水土保持補償成本保持在極低的水平，可以在重大環境污染事故中讓地方政府承擔治理和賠償的巨額成本。即便在公眾和地方政府施加了強大壓力的情況下，它們往往也仍然能夠將其利益制度化。因此，雖然國有油企技術更先進、管理更規範，然而，它們卻因對環保監管的更大影響力而造成了更持續的污染成本社會化。這種成本社會化又因國有油企產能的龐大而進一步放大。

本書將在第八章中對已有內容進行總結和討論，分析市場轉型中企業家政策影響力的根源、中國的獨特經驗，以及進一步發展的方向。

第二章

企業家如何影響中央政策過程 *

* 本章的部分內容翻譯修改後發表於：Dongya Huang, Minglu Chen. 2020. "Lobbying within the Party State: Embedding Business Lobbying in Political Co-optation in China", *The China Journal*, Vol. 83, Issue 1.

在現有關於中國政商關係的研究中，"政企合謀"、"經濟增長聯盟" 和 "國家盟友" 等被用來形容國家與企業家之間的緊密關係（周黎安，2007；聶輝華，2013；Chen & Dickson，2008；Dickson，2007；Boisot & Child，1996）。[1] 這些研究無疑深刻地揭示了我國政商關係的總體狀況。不過，這些結論所隱含的判斷是企業家有相當的政策影響力，能夠在 "經濟增長聯盟" 和 "政企合謀" 中影響甚至支配國家的政策過程。然而，在較為封閉的政治系統下，中國的決策過程常常被認為是為政治精英主導。在這樣的情況，企業家的政策影響力確實存在嗎？它的微觀機制到底是什麼？基於國有企業是國家內部人，其決策影響的機制和邏輯與民營企業存在相當的差異（Pearson，2007；Kennedy，2009；

---

1 周黎安：《中國地方官員的晉升錦標賽模式研究》，《經濟研究》2007 年第 7 期；聶輝華：《政企合謀與經濟增長：反思 "中國模式"》，中國人民大學出版社 2013 年版；Chen, Jie and Bruce J. Dickson. 2008. "Allies of the State: Democratic Support and Regime Support among China's Private Entrepreneurs," *The China Quarterly*, 196；Dickson, Bruce J. 2007. "Integrating Wealth and Power in China: The Communist Party's Embrace of the Private Sector." *The China Quarterly* 192: 827-854；Boisot, Max and John Child. 1996. "From Fiefs to Clans and Network Capitalism: Explaining China's Emerging Economic Order." *Administrative Science Quarterly* 41(4): 600-628.

Huang & Yang，2015），[1] 本章將聚焦於中國情境下民營企業家的政策影響機制。與已有研究關注地方層面、個體化、非正式的、對政策執行的影響不同，本章通過對全國工商聯（下面簡稱全聯）政協團體提案的研究，聚焦於民營企業家在中央層面、組織化和正式的對於政策制定的影響機制，從而一窺民營企業家決策影響機制生成的中國路徑。

第一節　民營企業家政策影響的機制

在已有理論脈絡中，多元主義將國家的政策輸出看作是包括商會在內的各種利益集團競爭性的利益輸入的結果；馬克思主義批判資產階級對於國家政權的整體性支配；國家中心主義則強調國家的自主性。雖然這些重大的理論流派對於企業家的政策影響存在不同的判斷，但是，他們都深入探討了決定企業家決策影響的制度結構和具體機制。

第一，開放性的政治結構。在多元主義的理論脈絡中，美國商業利益集團的政策影響機制根源於開放的政治結構，權力中心分散的聯邦制度，鬆散的政黨組織，行政官員和議員錯開的任期、分散的國會內部控制權等為利益集團提供了接近決策者的渠道（Truman，1951；Bentley，1995；Almond，2000；Lowery & Brasher，2004）。[2] "階級統治" 的研究則揭示，二十世紀七十年代末美國勞工和消費者保護立法失敗以及經濟復甦法案的成功不僅體現了這時期資本家通過社會經濟和組織網絡結成了緊密共同體和利益的同質化，而且，它也根源於國會專業委員會數量增加等改變，這為政策遊說開放了更多影響渠道，從而呈現出資產階級

1　Pearson. 2007. "Governing the Chinese Economy: Regulatory Reform in the Service of the State", *Public Administration Review* 67. 4: 718-730；Kennedy, Scott. 2009. *The Business of Lobbying in China*. Harvard University Press; Huang, Dongya, Dali Yang. 2015. "Regulatory Capture, Chinese Style:SOPEs and the Politics of Environmental Regulation in China," working paper.

2　Truman,David B. 1951. *The Governmental Process: Political Interests and Public Opinion* .Westport, Conn.: Greenwood Press; Bentley, Authur. 1995. *The Process of Government: a Study of Social Pressures*. New Brunswick,N.J.:Transaction; Almond, Gabriel. 2000. *Comparative Politics Today: a World View*. New York: Longman; Lowery, David and Holly Brasher. 2004. *Organized Interests and American Government*. Boston: McGraw-Hill.

對決策過程的支配（Akard，1992）。[1] 對於印度的研究發現，立法機構的結構對於遊說行為產生了重要影響，議長不負責分配席位，並且恪守其黨派立場。因此，企業家影響議案最重要的方式是在起草階段和委員會階段遊說政黨領袖（Yadav，2008）。[2]

第二，政治與經濟精英的權力網絡。與多元主義認為多重成員身份使得沒有任何利益集團可以固定地處於支配地位不同，"階級統治"的研究強調商業精英集團支配性的政策影響力。這種支配性根源於美國政治精英與經濟精英的權力網絡。一方面，資本家通過內部人圈子、連鎖董事會、私人網絡等構成了緊密的內部人群體（Warner & Unwalla，1967；Allen，1974；Mizruchi & Schwartz，1987；Useem，1979）；[3] 另一方面，企業家又與政治精英結成了緊密的權力共同體，並通過擔任官員和政府顧問、構建政策研制網絡、組建政策諮詢公司以及影響大眾輿論等方式享有了其他階層不可比擬的政策影響力。多姆霍夫的經典研究就發現，大企業家在聯邦各個顧問委員會中任職；他們在總統委員會和國會委員會中地位顯赫，擔任與政府關係最密切的政策組織"企業圓桌會議"的成員或者總統的非正式顧問，甚而擔任政府官職（多姆霍夫，2009）。[4]

第三，統合主義的制度架構。統合主義不僅是利益表達的組

1 Akard, Patrick J.1992. Corporate Mobilization and Political Power: The Transformation of U.S. Economic Policy in the1970s, *American Sociological Review*,Vol. 57, No. 5.

2 Yadav, Vineeta. "Business lobbies and policymaking in developing countries: The contrasting cases of India and China." *Journal of Public Affairs* 8.1-2: 67-82.

3 Warner, W. Lloyd, and Darab Unwalla,1967, "The system of interlocking directorates." in W. Lloyd Warner, Darab B. Unwalla, and John H. Trimm (eds.), *The Emergent American Society: Large-Scale Organizations*.New Haven: Yale University Press. pp. 121-57；Allen, Michael Patrick. 1974. "The structure of interorganizational elite cooptation: Interlocking corporate directorates." *American Sociological Review*.39(3); Mizruchi, Mark S., and Michael Schwartz. 1987. "The structural analysis of business: An emerging field." *Intercorporate Relations*,. New York: Cambridge University Press; Useem, Michael. 1979. "The social organization of the American business elite and participation of corporation directors in the governance of American institutions." *American Sociological Review* 44(4).

4 〔美〕威廉·多姆霍夫：《誰統治美國：權力政治和社會變遷》，呂鵬、聞翔譯，譯林出版社 2009 年版。

織形式和衝突糾紛的解決方式，更是政策制定的模式（Schmitter & Lehmbruch，1982）。[1] 在統合主義架構下，國家創設或者承認了這種制度安排（Lehmbruch，1977；Wilson，1983）。[2] 雖然資方和勞方利益代表組織集中（Concentration）和集權（Centralization）的程度存在差異，從而使得產生了不同的統合程度，但是，國家搭建的統合主義架構都提供了主要的決策影響渠道。大部分東歐國家在轉型後也迅速建立了三方架構，國家推動或者鼓勵了代表性的商會組織建立，承認並且保護一個或者少數商會組織，所有涉及到勞工、僱主的政策在提交立法之前都必須提交三方機構（Cox & Vass，2000）。[3]

第四，具體的決策影響機制。不同的理論框架都討論了企業家微觀的政策影響機制，包括選舉影響、人事旋轉和商會合作等。首先，選舉影響。對於監管捕獲的研究發現，企業利益集團通過競選中的資金資助和組織募捐，以及聚集選票和分散反對黨選票來對 "監管立法" 施加影響；在俄羅斯，憑證私有化為內部人攫取巨額利潤、銀行遊說者利用國家保護國外競爭、操縱中央銀行的人事任免等企業家的巨大政策影響，被認為在一定程度上根源於企業對特定候選人和黨派的選舉經費支持（Treisman，1998）。[4] 其次，人事旋轉門。在美國，軍火採購的監管者可能最終進入軍火產業，醫療政策制定者可能最終在私人醫療公司任職，而稅務官則可能最終成為公司的稅務顧問，以及企業家有機會進入監管部門任職，人事的轉入和轉出都被認為會導致監管者制定有利於產業利益的決策（Stigler，1971；Dal Bó，2006）。[5] 在日本，退休官僚通過政府

1　Schmitter, Philippe C., and Gerhard Lehmbruch, eds. 1982. *Patterns of corporatist policy-making*. Sage.

2　Lehmbruch, Gerhard. 1977. "Liberal corporatism and party government." *Comparative Political Studies* 10(1); Wilson, Frank L. 1983. "Interest Groups and Politics in Western Europe: The Neo-Corporatist Approach", *Comparative Politics*, 16(1).

3　Cox, T., & Vass, L. 2000. Government-interest group relations in Hungarian politics since 1989. *Europe-Asia Studies*, 52(6).

4　Treisman, Daniel. 1998. "Dollars and democratization: the role and power of money in Russia's transitional elections." *Comparative Politics* 31(1).

5　Stigler, G. J. 1971. "The theory of economic regulation." *The Bell journal of economics and management science* 2(1)；Dal Bó, Ernesto. 2006. Regulatory capture: a review Oxford Review of Economic Policy 22(2).

統一的就業代理機構在企業任職，從而搭建了企業家與政府的政策研制網絡政策（Schaede，1995）。[1] 最後，與商會組織的溝通機制。發展型國家所強調的"嵌入性"，是國家主導下建立充分信息的產業政策研制網絡，商會組織往往通過與政府主要經濟部門固定的工作會議和不定期的政策磋商來影響決策過程。強大而包容的商會被認為可以遏制企業對特殊利益的尋求，跨越行業的層峰商會（peak association）則有利於國家制定促進經濟整體發展的政策，搭建良好的經濟增長聯盟（Johnson，1987；Schneider，1998；Doner & Schneider，2000；Bräutigam *et al.*，2002）。[2]

第五，非正式關係。在很多發展中國家，企業家往往通過非正式的方式來表達訴求。在這些國家，遊說和腐敗存在某種代替性的關係（Campos and Giovannoni，2007）。[3] 企業往往不通過商會組織去參與政策過程，企業的特殊利益訴求主導政策制定形成了捕獲，影響了政策執行則構成了腐敗，這使得經濟政策被權勢企業和官員之間的共謀所侵蝕（Hellman *et al.*，2000；Hellman & Kaufmann，2001；Hellman，2000，Kang，2002）。[4] 雖然轉型後的東歐國家推動了統合主義商會組織的建立，但是，這些壟斷性的商會組織仍然被認為缺少自下而上

1 Schaede, Ulrike. 1995. "The 'Old Boy' network and government-business relationships in Japan." *Journal of Japanese Studies*. 21(2).

2 Johnson, C., 1987. "Political institutions and economic performance: the government-business relationship in Japan, South Korea, and Taiwan," *The political economy of the new Asian industrialism*, 136; Schneider, Ben Ross, 1998, "Elusive Synergy: Business-Government Relations and Development," *Comparative Political Studies*, 31(1); Doner, Richard F., and Ben Ross Schneider. 2000. "Business associations and economic development: Why some associations contribute more than others." *Business and Politics* 2(3). Bräutigam, Deborah, Lise Rakner, and Scott Taylor. 2002. "Business associations and growth coalitions in Sub-Saharan Africa." *The Journal of Modern African Studies* 40(4).

3 Campos, Nauro F., and Francesco Giovannoni. 2007. "Lobbying, corruption and political influence." *Public Choice* 131(1-2).

4 Hellman, Joel S., Geraint Jones, and Daniel Kaufmann. 2000. "Seize the state, seize the day." *Policy research working paper* 2444; Hellman, Joel, and Daniel Kaufmann. 2001. "Confronting the challenge of state capture in transition economies." *Finance and Development* 38.3. Hellman, Joel S. 2000. Measuring governance, corruption, and state capture: How firms and bureaucrats shape the business environment in transition economies. Vol. 2312. World Bank Publications. Kang, David C. 2002. *Crony Capitalism: Corruption and Development in South Korea and the Philippines*, Cambridge University Press.

的組織和代表性，而變成了沒有實權的半官方諮詢機構（Orenstein &
Desai，1997）。[1] 在這種情況下，企業仍然傾向於通過非正式網絡而非商
會組織去影響決策，形成了資本和權力的利益交換關係（Frye，2002；
McMenamin，2004）。[2]

　　比較而言，在中國情境下，第一，就政治結構而言，我國的政治
系統仍然相當封閉。封閉的精英決策都限制了政策訴求的輸入。決策
過程的利益輸入和聚集仍然主要依賴於國家內部的"意見綜合系統"
（朱光磊，2005）；[3] 雖然國家也"集思廣益"和"開門決策"（王紹光，
2006；王紹光、樊鵬，2013；樊鵬，2013；王紹光等，2014），但是它
始終居於主導地位。[4] 同時，各種社會力量的政策影響只能利用不同政府
層級和不同部門之間的權力"碎片化"所提供的空間（Mertha，2009，
2010）。[5] 第二，就權力網絡而言，雖然市場轉型中的"轉制"和"下海"
等也催生了政治精英與經濟精英之間的社會網絡，然而，與美國政商權
力網絡不同，中國的體制精英和工商業者精英後代的"跨界效應"並不
明顯，這被稱為"精英再生產的雙軌路徑"（呂鵬、范曉光，2016）。[6]
第三，就統合主義架構而言，雖然工會等黨群組織和人民團體被認為是
統合主義架構的基礎，但是，它們最多停留在國家統合主義的階段，

1　Orenstein, Mitchell, and Raj M. Desai. 1997. "State power and interest group formation: the business lobby in the Czech Republic." *Problems of Post-Communism* 44(6).

2　Frye, Timothy. 2002. "Capture or exchange? Business lobbying in Russia." *Europe-Asia Studies* 54(7); McMenamin, Iain. 2004. "Parties, promiscuity and politicisation: Business-political networks in Poland." *European Journal of Political Research* 43(4).

3　朱光磊：《當代中國政府過程》，天津人民出版社 2005 年版。

4　王紹光：《中國公共政策議程設置的模式》，《中國社會科學》2006 年第 5 期。王紹光、鄢一龍、胡鞍鋼：《中國中央政府"集思廣益型"決策模式——國家"十二五"規劃的出台》，《中國軟科學》2014 年第 6 期。王紹光、樊鵬：《中國式共識型決策："開門"與"磨合"》，中國人民大學出版社 2013 年版。樊鵬：《論中國的"共識型"體制》，《開放時代》2013 年第 3 期。

5　Mertha, Andrew. 2009. "'Fragmented Authoritarianism 2.0: Political Pluralization in the Chinese Policy Process", *The China Quarterly*, 200. Mertha, Andrew. 2010. "Society in the State: China's Nondemocratic Political Pluralization," in Peter Hays Gries and Stanley Rosen eds., *State and Society in 21st Century China: Crisis, Contention and Legitimation*, Routledge.

6　呂鵬、范曉光：《中國精英地位代際再生產的雙軌路徑（1978—2010）》，《社會學研究》2016 年第 5 期。

仍然缺乏自下而上的利益表達和政策影響機制（Unger & Chan，1995，2008）。[1] 第四，與發展型國家強調國家主導下政企之間緊密的政策研制網絡不同，民營企業家的政策影響被認為主要是依靠非正式的方式以及經濟增長目標下國家與企業的利益契合，並且，這種影響主要是對政策執行而非決策過程的影響（Yang，2002；Wank，1995a，1995b；Boisot & Child，1996；Gao，2006；Gao & Tian，2006；He *et al.*，2007；Ma & Parish，2006；李寶梁，2001）。[2]

這些意味着，中國的民營企業家對於決策過程的正式影響機制仍然相當缺乏，而這與現有"政企合謀"和"經濟增長聯盟"對企業家強大的政策影響力的理論想像存在一定的差異。一個可能的原因是：現有對於企業政策影響的研究大多局限在地方層級，而難以揭示中央層面上企業家對於政策制定的影響力（He *et al.*，2007；黃冬婭，2013）；[3] 對於政協、個私協和外資企業商會等正式組織的研究也主要集中在地方層級（汪錦軍、張長東，2014；紀鶯鶯，2016；Zhang，2016；Nevitt，1996；

1　Unger, J., & Chan, A. 1995. China, corporatism, and the East Asian model. *The Australian Journal of Chinese Affairs*, (33), 29-53.Unger, J., & Chan, A. 2008. Associations in a bind: The emergence of political corporatism. *Associations and the Chinese state: Contested spaces*, 48-68.

2　Yang, Mayfair Mei-hui. 2002. "The Resilience of Guanxi and Its New Deployments: A Critique of Some New Guanxi Scholarship." *The China Quarterly* 170: 459-476; Wank, David L.. 1995a. "Private Business, Bureaucracy, and Political Alliance in a Chinese City." *The Australian Journal of Chinese Affairs* 33.Wank, David L. 1995b. "Bureaucratic Patronage and Private Business: Changing Networks of Power in Urban China." in Andrew G. Walder ed., *The Waning of the Communist State: Economic Origin of Political Decline in China and Hungary*. Berkeley: University of California Press: 153-813. Boisot, Max and John Child. 1996. "From Fiefs to Clans and Network Capitalism: Explaining China's Emerging Economic Order." *Administrative Science Quarterly* 41(4): 600-628; Gao, Yongqiang. 2006. "Corporate Political Action in China and America: A Comparative Perspective." *Journal of Public Affairs* 6(2): 111-121; Gao,Yongqiang and Tian Zhilong. 2006. "How Firms Influence the Government Policy Decision-making in China." *Singapore Management Review* 28(1): 73-85; He, Yuanqiong & Zhilong Tian & Yun Chen. 2007. "Performance Implications of Nonmarket Strategy in China." *Asia Pacific Journal of Manage*. 24: 151-169; Ma, Dali and William L. Parish. 2006. "Tocquevillian Moments: Charitable Contributions by Chinese Private Entrepreneurs." *Social Forces* 85(2): 943-964；李寶梁：《從超經濟強制到關係性合意對民營企業家政治參與過程的一種分析》，《社會學研究》2001 年第 1 期。

3　He, Yuanqiong & Zhilong Tian & Yun Chen. 2007. "Performance Implications of Nonmarket Strategy in China." *Asia Pacific Journal of Manage*. 24: 151-169; 黃冬婭：《企業家如何影響地方政策過程——基於國家中心的案例分析和類型建構》，《社會學研究》2013 年第 5 期。

Unger，1996；Foster，2002；Chen，2015；Hui & Chan，2016），[1] 因此，它們可能難以捕捉到中央層面企業家組織化的政策制定遊說的影響。而已有對於商會的數據分析表明，國家級行業協會能夠更有效地傳達利益訴求，而地方層面上行業協會更有可能被庇護主義所侵蝕（紀鶯鶯，2015）。

　　基於此，本章探討以下兩個問題：第一，民營企業家對中央層面政策制定是否有組織化的正式影響機制？第二，如果有，在政治系統較為封閉和社會組織化程度低下的情況下，民營企業家正式和組織化的決策影響機制如何生成？為此，本章選擇全國工商聯的政協團體提案為分析對象，主要出於以下兩個考慮。第一，雖然企業家也可以通過人大建議和議案以及政協個人提案表達訴求，但是，它們往往是代表個人或者聯名提出。與之不同，全聯政協團體提案是工商聯及其直屬商會的團體提案，它們以非公經濟部門代表和行業代表反映整個民營經濟部門或行業性的訴求，是一種組織化的政策輸入；第二，對於工商聯系統而言，層級越低，其政策影響力越小，地方企業家也有更多渠道與黨政和部門領導建立直接的聯繫。而在中央層面，全聯作為民營經濟部門代表的體制地位不斷強化，企業家很難通過個人化的渠道影響中央層面的政策制定，即便有個人關係，也往往需要通過正式的方式表達出來以獲取合法性。

　　基於全國工商聯網站、百度和門戶網站等公開渠道，本研究收集了 2009 年到 2016 年的工商聯政協團體提案，並訪談了全國工商聯和地

1　汪錦軍、張長東：《縱向橫向網絡中的社會組織與政府互動機制——基於行業協會行為策略的多案例比較研究》，《公共行政評論》2014 年第 5 期。紀鶯鶯：《當代中國行業協會商會的政策影響力：制度環境與層級分化》，《南京社會科學》2015 年第 9 期。Zhang, Changdong. 2016. Non-Governmental Organisations'Policy Advocacy in China:Resources, Government Intention and Network, working paper; Unger, Jonathan. 1996. "'Bridges': Private Business, the Chinese Government and the Rise of New Associations," *The China Quarterly*, 147. Foster, Kenneth W. 2002. "Embedded within State Agencies: Business Associations in Yantai, " *The China Journal,*47. Chen, F. 2003. Between the state and labour: The conflict of Chinese trade unions' double identity in market reform. *The China Quarterly*, 176, 1006-1028. Hui, E. S. I., and Chan, C. K. C. 2016. The Influence of Overseas Business Associations on Law-making in China: A Case Study. *The China Quarterly*, 225, 145.

方工商聯工作人員，查閱了工商聯相關歷史資料彙編和開放性文件。時間截點為 2009 年是出於以下兩個考慮：第一，2009 年之前的團體政協提案通過公開渠道無法獲取完整的資料；第二，全國工商聯的制度建設和政策影響力變化是在 2007 年新的全聯書記上任，特別是在 2010 年 16 號文頒佈之後。因此，本章以 2009 年為截點考察“控制與遊說”雙重邏輯的生成。

第二節　統戰性：作為政治吸納和統合機制的全聯

在現有體制中，工商聯是政治吸納和統合的重要組織載體。1953 年 10 月，全國工商聯正式成立。1978 年後，全聯復建後與民建合署辦公。1991 年，兩者分址辦公。1991 年《中共中央批轉中央統戰部〈關於工商聯若干問題的請示〉的通知》（下稱 15 號文）規定工商聯是“以統戰性為主，兼有經濟性、民間性的人民團體”。2010 年 9 月 16 日，《中共中央國務院關於加強和改進新形勢下工商聯工作的意見》（後稱為 16 號文）明確工商聯的基本特徵是統戰性、經濟性、民間性的有機統一。具體而言，全聯的“統戰性”體現在以下幾方面。

第一，全國工商聯建黨組。1988 年 8 月，黨中央批准了中央統戰部《關於全國工商聯成立黨組的報告》，同意成立全國工商聯黨組，並明確黨組的工作受中央統戰部指導。1991 年中央 15 號文件規定，工商聯黨組受同級黨委統戰部領導，黨組成員由統戰部商組織部任命。[1] 工商聯黨組主要負責人不是同級黨委委員的，列席同級黨委全委會。16 號文和 2015 年 9 月頒佈的《中央統戰工作條例》進一步確認：統戰部作為黨委主管統戰工作的職能部門，受同級黨委委託，領導工商聯黨組。

第二，統戰部副部長兼任工商聯書記。雖然 1988 年的文件規定了工商聯黨組受統戰部黨組指導，但是，“統戰部和工商聯的關係還是沒有釐清，有一次開會，全國各地的工商聯黨組書記都異口同聲地要權，後

---

1 《中華全國工商業聯合會簡史（1953—2013）》，中華工商聯合出版社 2013 年版，第 343 頁。

來統戰部專門召開大會批評，又收緊了"。[1] 針對這種關係不順的情況，一個重要的制度安排就是統戰部副部長兼任工商聯書記。1991 年 15 號文規定，應選派政治上強、懂得統戰政策的得力幹部擔任同級工商聯黨組的專職書記。在這之後，歷次中辦轉發的《關於工商聯換屆意見》，都明確工商聯黨組書記由同級黨委統戰部分管經濟領域統戰工作的副部長擔任。16 號文首次以黨中央、國務院文件明確提出，工商聯黨組書記由同級黨委統戰部分管經濟領域統戰工作的副部長擔任。在實際工作中，"書記的屁股坐在哪一邊很重要"。"有的副部長（工商聯書記）沒有那麼強勢，就什麼事情都向部長彙報，結果工商聯黨組就一點權力都沒有了，我們的處長都是統戰部定，有的地方連科級幹部統戰部都要管。"[2] 在有的工商聯，工商聯黨組的自主性則較強。比如，全國工商聯和廣東省工商聯的中層幹部都是工商聯黨組自己定，報統戰部備案。[3]

第三，統戰工作。全國工商聯承擔了非公經濟人士和商會組織的統戰工作。就政治吸納而言，政協委員中有專門的工商聯界別，推薦非公經濟人士擔任政協委員；就政治統合而言，工商聯推動統戰工作向商會行會全覆蓋，推動工商聯系統直屬商會的黨建工作。15 號文對同業公會進行了規定。1995 年，全國工商聯開始成立了會員聯誼會、珠寶業商會、美容業工會、水產業商會、女企業家聯誼會。目前，全國工商聯有 31 個直屬商會。值得注意的是：2009 年，民政部發出《關於國務院授權全國工商聯作為全國性社會團體業務主管單位有關問題的通知》，首次明確同意授權全國工商聯作為全國性社會團體業務主管單位。在全國商行會與政府脫鉤的改革中，2015 年印發的《行業協會商會與行政機關脫鉤總體方案》特別明確 "個別承擔特殊職能的全國性行業協會商會，經中央辦公廳、國務院辦公廳批准，另行制定改革辦法"。按照這個方案，全聯依然是其直屬商會的掛靠管理單位。

1　訪談，山東省工商聯工作人員 S，2016 年 7 月 30 日。

2　訪談，山東省工商聯工作人員 S，2016 年 7 月 30 日。

3　訪談，廣東省工商聯工作人員 P，2016 年 9 月 10 日。

第三節　政協團體提案中的政策訴求

雖然全國工商聯是黨領導的人民團體和商會組織，是吸納政治精英和統合商會組織重要的載體，但是，在相對封閉的政治系統中，政治吸納和統合恰恰為自下而上的政策訴求表達搭建了渠道。全聯不僅扮演了"政府助手"的角色，即通過國家主導的政策意見徵求機制，收集企業和商會訴求，形成政策建議反饋到政府部門，而且，全聯及其直屬商會還將民營企業家的政策訴求通過政治協商機構傳輸到決策部門，扮演了重要的"橋樑紐帶"的作用。

一、反映誰的政策訴求

按照提案反映的利益訴求代表性，2009 年到 2016 年工商聯 293 個政協團體提案可以分為四個類別。第一個類別是反映總體問題。它指的是提案內容不特別反映民營部門的利益訴求。這類有 27 個團體提案，佔 9.2%；第二個類別是反映整個民營部門的利益訴求，有 75 個提案，佔比 25.6%；第三個類別是反映特定行業的利益訴求，數量最多，有 163 個，佔比 55.6%；第四個類別是反映特定商會組織或者企業的利益，有 28 個，佔比 9.6%。

同時，從表 2-2 可以看到，第一，全國工商聯反映誰的利益。全國工商聯的提案最多的是反映民營部門利益訴求（13 個），然後還有部分提案也反映了行業利益（8 個），有一小部分反映的是總體情況（2 個），也不乏極個別的團體提案明顯地看出來是反映特定企業的利益（2 個）。第二，地方工商聯反映誰的利益。與全國工商聯相相似，地方工商聯也主要反映的是整個民營部門的訴求（28 個），也有相當部門反映行業訴求（19 個）。不過，與全國工商聯相比，地方工商聯還有相當一部分提案反映的是總體問題（13 個），其中特別突出的是反映地區問題，尤其是要求成立各種地方經濟開發區和自由貿易區等訴求。第三，商會反映誰的利益。與工商聯系統形成鮮明對比的是,商會絕大部分提案是反映行業利益訴求(116個)。當然,這些編碼為反映行業利益訴求的提案中可能也有部分是隱含了個別企業利益,特別是那種本身為行業的龍頭企業,希望通過行業相關政策的修改和突破來為本企業發展拓展空間的提案。同時,有相當數量的提案是明顯地反映特定商會組織或者個別企業的利益(20個)。此外,有個別提案看上去是反映總體情況(5個)和整個民營部門的利益(8個)。第四,還有59個提案是提案單位不詳。這部分提案大部分是反映民營部門整體利益(26個),接著是反映行業利益(19個),還有部分是反映特定商會或者企業利益(7個),也有少部分是反映總體情況(7個)。下一部分我們將對團體提案進行更具體的分析。

表 2-1 反映誰的訴求

	提案數(個)	百分比(%)
總體問題	27	9.2
整個民營部門	75	25.6
行業	163	55.6
商會或企業	28	9.6
總計	293	100.0

表 2-2 提案單位與訴求交互

利益訴求 提案主體	總體訴求	民營經濟	行業	組織或者個體	總計
全國工商聯	2	13	8	2	25
地方工商聯	13	28	19	0	60
商會	5	8	116	20	149
提案單位不詳	7	26	19	7	59
總計	27	75	163	28	293

（一）反映總體情況

第一，反映總體問題的提案。如表 2-3 所的提案例子所示，所謂"反映總體情況"並非意味着與民營部門不相關，相反，很多這類型的提案與民營部門有很大的相關性，但是，要麼它涉及到整個經濟主體運行的環境和政策建議，比如全聯法律部提出的"關於制定《行政程序法》推進法治政府建設"，要麼並不是直接的利益訴求，比如，重慶工商聯提出的"關於健全和完善全國非公有制經濟統計體系和發佈制度的建議"等。

表 2-3　反映總體情況

年份	提案主體	提案部分內容
2011	重慶工商聯	明確非公有制經濟統計部門職責，創新非公有制經濟統計體系，完善發佈制度
2015	全聯紡織服裝業商會	前部署建設國家信息物理系統網絡平台，啟動國家智能製造重大專項工程
2015	全聯文化產業商會	政府在政策制定、項目運作等環節，在涉及民生、文化等領域，要考慮發揮社會組織，鼓勵和引導社會組織參與其中
2016	全聯法律部	將《行政程序法》列為全國人大常委會立法規劃的第一類項目
2016	安徽省工商聯	各級法院參照最高人民法院成立專門的環境資源審判庭；建立促進環保民間組織公益訴訟基金，提供必要的資金保障

同時，需要注意的是，地方工商聯反映總體問題的提案中，有相當部分是關於地方性的訴求，這種地方性訴求主要涉及設立地方經濟特區或者自由貿易區等，如表 2-4 所示。

表 2-4　地方性訴求

年份	提案題目
2010	關於建立 "蘭西銀經濟區" 進一步推動西部大開發的提案
2011	關於建立 "酒嘉哈經濟區" 的建議
2013	關於在上海建立全國票據交易中心
2015	推進自貿試驗區制度創新的提案
2015	關於建立中哈霍爾果斯國際邊境合作中心部際聯席會議機制的提案
2016	關於加快孟中印緬經濟走廊建設的提案
2016	關於開展瀾滄江—湄公河次區域產業園區合作的提案（諫言類）

（二）反映民營部門訴求

從提案單位來看，全國工商聯和地方工商聯的提案大部分是關於整個民營部門的利益訴求，在已知提案單位的提案中，全國工商聯有 13 個提案是反映整個民營部門的訴求，地方工商聯有 28 個是反映民營部門的訴求；另外，在 60 個提案單位不詳的團體提案中，有 26 個是關於民營部門的利益訴求，這些團體提案從內容來看也應該大部分是工商聯系統提出。相對而言，商會只有 8 個提案是關於整個民營部門利益訴求。

從提案內容來看，如表 2-5 所示，基本上所有的這類題案都與為民營經濟發展創造更良好的發展環境密切相關。當然，為民營部門的整體訴求中也不排除與行業利益相關。比如，環境服務業商會的 2009 年提案 "關於鼓勵民營企業作為研發主體參與國家重大專項課題的提案"，整個政策建議是希望吸收民營企業技術專家進入國家及地方的專家庫，吸收民營企業參與國家課題，鼓勵民營企業出資參與國家課題。不過，政策訴求的出發點卻與行業情況密切相關。提案中就寫到："在關於水體污染控制與治理科技重大專項第一批擇優（子）課題承擔單位評審結果公告中，其中 36 個擇優（子）課題共計 39 項，最終的課題承擔單位中有 26 家大學及科研院所，3 家為地方環境監測中心站等政府下屬機構，10 家為企業。在這 10 家企業中有 7 家均為有強大地方政府背景的國有大型城市水務公司，剩餘只有 3 家為環保公司（其中包括上海交大名下的 1 家環保公司）。國內許多知名的具備技術研發能力的民營環保企業榜上無名。"可以看到，行業訴求隱含在這份提案之中。

表 2-5　民營部門訴求

年份	提案主體	提案部分內容
2009	環境商會	吸收民營企業技術專家進入國家及地方的專家庫；國家對於不同類型的課題，應選擇不同的研發主體；鼓勵民營企業出資參與國家課題
2011	全聯	經費保障和支持人民團體（工商聯和商會行會）建立具有民間性和公益性的矛盾化解機制
2013	不詳	適當擴大營改增試點行業範圍，增加可抵扣項目；完善現有政策執行中的 "便利性" 和 "反饋機制"
2013	不詳	黨委、政府在出台與民營經濟相關的政策時，應委託工商聯充分徵求民營企業家意見；實施股權出讓，政府出資和國有控股企業投資新建的重大交通、能源項目，要吸收一定比例民間資本參股
2014	全聯	鼓勵民營資本組建產業投資基金，參股國有資本投資項目或參與國有企業改制改組，明確該類基金應享受的政策優惠。清理修改不利於民間投資的法規政策，清理整合涉及民間投資的行政審批事項

在反映民營部門訴求的團體提案中，還有一類特別需要留意，這就是關於勞動關係的提案。在八年的提案中共有八個關於勞動關係的提案（如表 2-6）。從具體內容來看，大部分提案都涉及到代表民營部門企業反映與新《勞動合同法》相關的意見和建議，包括調低社保費基數、降低社保費率、暫緩調整最低工資標準、稅前提取欠薪保證金、靈活合同制以及明確政府在勞動關係中的法定責任等；比如，全聯 2010 年《關於制定社會保險法減輕企業負擔的提案》就針對社會保險法立法，基於2008 年、2009 年連續兩年開展勞動立法專題調研的基礎之上，提出應

放鬆社保制度的強制性；調整社保繳納基數，降低社保繳納費率，增加政府財政的補貼比率，明確政府的法定責任。

並且，還有提案呼籲將工商聯納入勞動三方機制。在新勞動合同法頒佈後，全聯 2009 年提出的 "關於協助企業貫徹勞動合同法穩定勞動關係的建議" 的提案提出，在 2008 年金融危機的背景下，要結合實際貫徹勞動合同法，充分考慮企業的承受能力，更加重視保護勞動者的合法權益，更加重視企業的生存發展，更加重視維護社會的就業穩定。提案中認為，國家雖然已經開始逐步重視幫助企業渡過難關，但是，仍然沒有把工商聯納入到三方協商關係中："2008 年 11 月 17 日，人力資源和社會保障部發出通知，提出切實措施，強調要把幫助企業渡過難關、穩定就業局勢作為當前頭等大事來抓；12 月 22 日，人力資源和社會保障部等部門發出《關於採取積極措施減輕企業負擔穩定就業局勢的通知》，提出在一定期限內緩繳社會保險費、降低 4 項社會保險費率等 5 條重要措施，這兩個通知的發出，對於在當前經濟形勢下貫徹勞動合同法，維護企業就業穩定，促進經濟平穩發展，具有重要的意義。2009 年 1 月 23 日，人力資源和社會保障部、全國總工會、中國企業聯合會聯合發出《關於應對當前經濟形勢穩定勞動關係的指導意見》，從國家協調勞動關係三方角度提出了針對性的指導意見，但由於工商聯在國家協調勞動關係三方中的缺位，也使得此意見對民營企業的適用性大打折扣。" 在這樣的背景下，全聯提出，要 "繼續幫助協調工商聯加入國家協調勞動關係三方機制，發揮工商聯在引導民營企業應對當前經濟形勢、穩定勞動關係中的作用"。

然而，同時值得注意的是，雖然這些提案有明確的內容站在民營企業家的立場表達訴求，其中卻也不乏 "立場中立" 的內容。比如，2011 年全聯《關於推動形成職工工資正常增長機制的建議》既提出來 "對於勞動密集型小企業，國家對其採取減免稅費的優惠措施；……大幅提高個體戶營業稅起徵點，……降低中小企業的社保費率"，同時，它也提出來"逐步提高最低工資標準,保障職工工資正常增長和支付。……普遍建立企業工資集體協商機制"。2013年的團體提案《關於規範勞動合同制度保障職工合法權益的提案》,一方面,它提出來要"對小微企業,和季節性、臨時性僱工,可按地區、行業的不同,分類推行比較靈活、簡明的合同制度";另一方面,它卻又提出"加強對建築企業、餐飲、美容美髮等服務行業使用農民工的勞動合同簽訂的監督檢查,依法維護農民工的權益"。

表 2-6　勞動關係提案

年份	提案主體	提案部分內容
2009	全聯	階段性降低社會保險費率,允許困難企業在一定期限內緩繳社會保險費,暫緩調整企業最低工資標準,簡化特殊工時制審批程序,妥善解決困難企業支付經濟補償問題;繼續幫助協調工商聯加入國家協調勞動關係三方機制
2009	不詳	統一本地外地員工保險金標準;發揮企業欠薪保障金的作用;運用失業保險基金及工會費對困難企業員工進行培訓
2009	不詳	稅收上允許企業稅前預提經濟補償準備金
2010	全聯	適當放鬆社保制度的強制性;調整社保繳納基數,降低社保繳納費率,增加政府財政的補貼比率,明確政府的法定責任
2011	不詳	增加政府投入,降低企業費率,根據企業年平均工資是否達到當地社會平均工資標準,制定兩種社會保險費率標準
2011	全聯	對於勞動密集型小企業,國家對其採取減免稅費的優惠措施;適當提高個人所得稅起徵點,大幅提高個體戶營業稅起徵點。降低中小企業的社保費率,由此造成的社保費用缺口,可由國有企業的國家分紅中按比例計提進行補充;同時,逐步提高最低工資標準,保障職工工資正常增長和支付。分區域、按行業建立最低工資指導綫制度。普遍建立企業工資集體協商機制
2013	不詳	對小微企業,和季節性、臨時性僱工,可按地區、行業的不同,分類推行比較靈活、簡明的合同制度;同時,加強對建築企業、餐飲、美容美髮等服務行業使用農民工的勞動合同簽訂的監督檢查,依法維護農民工的權益

年份	提案主體	提案部分內容
2015	貴州省工商聯	建議對《國務院關於職工工作時間的規定》（每週工作不超過 40 小時）關於加班時間及休息日等規定進行修改，使之與《中華人民共和國勞動法》（每週工作不超過 44 小時）規定保持一致，便於裁判機關正確執行

此外，在反映民營部門訴求的提案中，還有一類特別集中，那就是關於民營企業"走出去"的提案。

表 2-7　民營企業"走出去"提案

年份	提案主體	提案題目
2009	不詳	關於進一步加強金融服務支持民營企業走出去的建議
2011	不詳	關於用好外匯儲備推動中國企業"走出去"的建議
2011	全聯	關於制訂有關條例和完善保護協定促進中國企業"走出去"的建議
2012	不詳	關於完善雙邊稅收協定促進民營企業"走出去"的建議
2012	不詳	關於改革境外投資管理制度、促進民營企業"走出去"便利化的建議
2013	不詳	關於加大對民營企業走出去引導扶持力度的提案
2014	全聯	關於促進民營企業走出去便利化的建議
2014	環境服務業商會	關於通過多種途徑鼓勵環保企業走出去的提案
2015	北京市工商聯	關於進一步推動民營企業"走出去"的提案
2015	河北省工商聯	關於抓住"走出去"機遇，實現新常態下的新突破的提案
2015	中非民間商會	關於實行稅收優惠支持中國企業"走出去"的提案
2015	全國工商聯城市基礎設施商會	關於支持民營基礎設施企業借力"亞投行"加快"走出去"的提案
2016	全聯併購公會	關於設立政府引導型海外併購基金，支持民營企業"走出去"的提案

（三）反映行業訴求

在 293 份團體提案中，反映行業訴求的提案據多數（如表 2-8）。比如，2009 年書業商會提出，應積極支持民營資本採用股份制等多種形式參與國有發行企業兼併、重組，條件許可的，可以控股；儘快研究制定《國務院辦公廳關於印發文化體制改革中經營性文化事業單位轉制為企業和支持文化企業發展兩個規定的通知》在民營書業企業中的實施細則，尤其是財政稅收方面的優惠措施；適度開放民營書號。2013 年醫藥業商會提出，修改《關於單獨定價藥品價格制定有關問題的通知》，取消 "原研藥" 概念，將藥品統分為 "專利藥" 和 "非專利藥" 兩個國際通行的類別，實行 "同質同價" 的藥品價格政策。建議將仿製藥管理原則從 "仿標準" 轉變為 "仿品種"。汽摩配用品業商會提出，在不改變原車動力數據、不破壞車身機械機構、不改變原車軌道綫電路、不改變原車配件的安裝方式的基礎上，完全放開外觀私家小轎車個性化裝飾改裝。2015 年禮品業商會提出 "政府的相關禮品行業的決策應徵求相關禮品行業商會、協會的意見和建議"。還有的提案題目看上去像是與行業利益無關，但是實際上卻反映的是行業訴求。比如，2015 年環境服務業商會的提案看上去是環境諫言，不過卻主要是建議政府 "按照合同環境服務模式來運作。該模式由環保企業提供投資、建設污染治理設施，並由其運營，而政府與企業簽署合同購買環保服務"。

表 2-8　商會反映行業訴求

年份	提案者	提案部分內容
2009	書業商會	積極支持民營資本採用股份制等多種形式參與國有發行企業兼併、重組，條件許可的，可以控股；儘快研究制定《國務院辦公廳關於印發文化體制改革中經營性文化事業單位轉制為企業和支持文化企業發展兩個規定的通知》在民營書業企業中的實施細則，尤其是財政稅收方面的優惠措施；適度開放民營書號

年份	提案者	提案部分內容
2013	醫藥業商會	修改《關於單獨定價藥品價格制定有關問題的通知》，取消"原研藥"概念，將藥品統分為"專利藥"和"非專利藥"兩個國際通行的類別，實行"同質同價"的藥品價格政策。建議將仿製藥管理原則從"仿標準"轉變為"仿品種"
2015	汽摩配用品業商會	在不改變原車動力數據、不破壞車身機械機構、不改變原車軌道綫電路、不改變原車配件的安裝方式的基礎上，完全放開外觀私家小轎車個性化裝飾改裝
2015	禮品業商會	建立禮品行業商會、協會和各級政府部門溝通的聯繫渠道；政府的相關禮品行業的決策應徵求相關禮品行業商會、協會的意見和建議
2015	環境服務業商會	城鎮污水應急處理可以按照合同環境服務模式來運作。該模式由環保企業提供投資、建設污染治理設施，並由其運營，而政府與企業簽署合同購買環保服務

在商會反映行業訴求過程中，有些提案是多年反覆持續提出。比如，石油業商會，從 2009 年到 2015 年每年提出原油進口配額的提案，總共 11 份提案。並且，沒有統計到數據中，但是，據新聞報道，2006—2009 年，全國工商聯石油業商會也先後起草 6 份提案。主要內容就是建議廢止 1999 年 5 月由國務院公佈的《關於清理整頓小煉油廠和規範原油成品油流通秩序意見的通知》（國辦發 [1999] 38 號）；建議取消對成品油非國營貿易配額只能用於進口燃料油的限制，允許在配額內自行進口並在交易市場上流通。

2013 年，全國工商聯石油業商會起草的另外一個提案，提出了一個更為激進的建議："在目前保持三大國有石油集團全面控制上游資源的狀況下，逐步分拆其煉化和零售業務，特別是要通過保護非國有煉化和零售企業的權益與油源供應，抑止國有石油集團在成品油零售市場的壟斷性擴張。"

到 2015 年 7 月 23 日商務部公佈《關於原油加工企業申請非國營貿易進口資格有關工作的通知》，明確符合條件的原油加工企業可獲得原油進口資格，並設定了一系列前置條件。總共 17 個提案推動原油進口配額制度改革。

表 2-9　石油業商會提案（2009─2015）

年份	提案題目
2009	關於抓住機遇完善石油儲備體系建設的提案
2010	關於推進原油進口適度多元化，拓寬進口渠道，構建充滿活力的原油貿易體制的提案
2011	關於打破行政性壟斷，促進民營石油企業健康發展的提案
2012	關於以放寬石油進口為突破口推進石油領域體制改革的建議
2012	關於清理廢止相關文件規定，改善石油行業民間資本投資環境的建議
2012	關於加大對民營煉化企業的扶持力度促進煉化行業健康發展的提案
2012	關於清理廢止相關文件規定，改善石油行業民間資本投資環境的建議
2013	關於取消成品油非國營貿易進口配額相關限制的提案
2013	關於促進成品油零售市場充分市場化的提案
2014	關於放開原油成品油進口的提案
2015	關於加快放開原油、成品油進口步伐的提案

　　同時，在反映行業訴求的提案中，還有相當部分提案是關於政府的產業政策（如表 2-10）。大部分有關產業政策的訴求主要是集中在政府的政策扶持、資金扶持和稅收支持上，政府規劃、資金扶持、標準建立。比如，在新能源產業政策領域，雖然國家在新能源鼓勵方面投入非常多資金，但是，新能源商會卻提出了很多現在存在的政策門檻，指出這些才是產業政策應該解決的問題。2014 年新能源商會提案提出，《節能發電調度辦法》未能全面落實。太陽能發電等新能源不應是用來彌補電力缺口的補充能源，而應是燃煤火電的替代能源。但目前新能源優先發電、全額消納的理念還沒有形成共識，造成了比較嚴重的棄光棄風等問題，制約了我國新能源產業的持續健康發展。要求全面落實《節能發電調度辦法》，加快推進電力市場化改革儘快取消行政安排的發電量計劃指標體系。

表 2-10　產業政策訴求

年份	提案主體	提案題目
2011	新能源商會	關於促進光伏產業技術和市場發展的提案
2012	環境商會	關於拓展環保企業融資渠道推動環保產業發展的建議
2012	不詳	關於鼓勵和扶持民辦養老機構發展促進社會養老服務業發展的建議
2013	美容化妝品業商會	關於推進中國美容服務行業標準化體系建設的提案
2014	紡織服裝業商會	關於扶持紡織服裝產業避免產業外移的提案
2015	文化產業商會	關於扶持原創動漫企業發展的提案
2016	河南省工商聯	關於促進低速電動汽車產業發展的提案

同時，在已知提案單位的團體提案中，工商聯系統也有 27 個提案是反映行業訴求。比如，2016 年山西省工商聯 "關於鼓勵社會資本參與公立醫院改制的提案" 提出，政府要進一步放寬社會資本辦醫的准入範圍，取消辦醫的區域、距離限制；非營利性、非公立醫療機構按國家規定享受公立醫療機構的稅收政策，用電、用水、用氣、用熱應與公立醫院同價；在醫保定點方面與公立醫院一視同仁；社區衛生服務機構也放寬對社會資本的准入限制。2016 年湖南省工商聯 "關於大力推進移動互聯網精準醫療產業發展的提案" 提出，"破除醫保報銷的制度障礙，明確遠程處方的合規性；積極開展網售藥品的試點"。

表 2-11　工商聯反映行業訴求

年份	提案者	提案部分內容
2011	上海市工商聯	加大政策扶持力度，完善社會保障機制；構建培訓、就業、管理的聯動網絡
2016	山西省工商聯	政府要進一步放寬社會資本辦醫的准入範圍，取消辦醫的區域、距離限制；非營利性、非公立醫療機構按國家規定享受公立醫療機構的稅收政策，用電、用水、用氣、用熱應與公立醫院同價；在醫保定點方面與公立醫院一視同仁；社區衛生服務機構也放寬對社會資本的准入限制

年份	提案者	提案部分內容
2016	湖南省工商聯	破除醫保報銷的制度障礙，明確遠程處方的合規性；積極開展網售藥品的試點

　　在這些提案中，需要注意的是，不乏企業或者行業通過工商聯的渠道、以工商聯的名義反映行業訴求。比如，2016 年全聯 "關於支持和規範網約車發展的提案"，以全聯研究室的名義提出。提案提出："2015年 10 月 10 日，《網絡預約出租汽車經營服務管理暫行辦法（徵求意見稿）》（以下簡稱《辦法》）發佈，給予網約專車合法地位，體現了改革創新的思想。但《辦法》存在一些不足，具體體現在：一是《辦法》對網約車採取企業、車輛、人員三個事前審批，要求平台到縣級交通運輸管理部門辦理許可，這與互聯網 '一點接入、全網服務' 的特點不符。二是《辦法》沿用專職出租汽車的思路管理司機和車輛，並允許城市管理部門採取數量控制，將使當前大部分專車司機失業或者失去兼職機會，涉及人數可能達數百萬之多。三是隨着網約車發展，一些地方出現出租車份子錢鬆動、降低等適應新業態競爭的積極變化。若《辦法》倉促出台，將使出租車行業錯失改革良機。鼓勵新業態發展，需要創新監管思路，促進新舊業態深度融合，建議相關部門創新監管思路，暫緩出台《辦法》。" 提案提出的政策建議包括，建議暫緩出台，鼓勵各地方 "先行試點"，待經驗積累成熟後再行立法；建議按照 "政府管平台，平台管人和車" 的方式規範管理網約車等。

　　從表 2-12 可以看得到，這些提案雖然以全國工商聯的名義提出，但其中不乏與行業利益密切相關，而行業利益中又隱含了以訴求行業利益實現和保障企業利益的訴求。比如，2016 年全國工商聯研究室名義提出的提案就提出 "鼓勵具有技術優勢、管理優勢和市場競爭優勢的民營企業進入軍工領域。科學制定保密標準、資質條件、准入程序、評估方法等具體實施細則。探索建立競爭性裝備採購負面清單制度，開展民

營企業承擔一般成套系統和分系統科研生產的試點工作"，並作為 2016
年全國工商聯重點提案之一提出。而"關於創新拓展網絡經濟發展的提
案"中行業性的政策訴求是"做好與網絡經濟發展相適應的頂層設計。
'互聯網＋' 將會持續催生新產業、新業態和新模式，但相關產業政策
和監管政策目前還是空白，不能適應形勢發展需要"。而暗含的更具體
的企業訴求則是，企業試圖在無人車領域拓展業務，而目前的政策規定
限制了業務的建立，因為"無人車上路需要厘米級的高精度地圖，但現
行政策不允許企業採集如此高精度的數據" 等。[1]

表 2-12　2016 年全國工商聯作為提案單位與行業訴求相關的提案

提案題目	提案單位
關於提升中國製造業競爭力的提案	研究室
關於補物流業短板降低實體經濟成本的提案	研究室
關於支持民營企業參與軍民融合的提案	研究室
關於支持產業化治沙扶貧的提案	研究室
關於創新拓展網絡經濟發展的提案	研究室
關於支持和規範網約車發展的提案	研究室

（四）商會或企業訴求

　　有一部分團體提案與商會組織和企業訴求密切相關。這種提案主要
分為三類。第一類是倡導工商聯或者商會的組織訴求。比如，2013 年
全國工商聯提出的"關於加強對中央 16 號文件落實情況督促檢查的提
案"，就主要在於呼籲落實 16 號文件，要求督查黨委召開經濟、紀檢、
政法、組織、宣傳、統戰等重要會議，是否安排工商聯黨組負責人參加
等；督查政府聯繫工商聯的工作制度建立情況；督查工商聯經費保障情
況基層工商聯組織。又如，2013 年美容化妝品業商會要求由全國工商聯

1　訪談。

行業組織出面協調行業大型機構出資籌建，籌建校舍用地按公益性用途徵用土地。2013 年金銀珠寶業商會提出，要授權全國工商聯金銀珠寶業商會為審核和推薦中華玉雕非物質文化遺產傳承人單位。

第二類是與行業內部競爭密切相關。比如，2013 年五金機電商會提出的為避免同質化五金機電市場重複建設和惡性競爭，建議在進行五金機電專業市場的規劃和立項時，能徵詢五金機電商會的意見和建議，或請行業商會出具可行性報告。又如，2016 年環境服務業商會提出，鑒於 PPP 項目存在惡性低價競標的現象，地方政府應在環保項目招標時，商務標評標應重點審查報價有否低於成本價格等異常情況，以避免項目無法實現預期的環境治理目標。還有的提案直接試圖通過提升行業產品標準來使得企業在競爭中勝出。比如，2015 年全聯汽摩配件商會提出的"關於解決汽車車內空氣污染的提案"，它建議國家相關部委，建立權威的乘用車內空氣質量檢測和發佈機構。呼籲中國車內空氣質量標準應當儘快實現與汽車發達國家接軌，並加速《乘用車內空氣質量評價指南》由目前的推薦性標準向國家強制性標準轉變。這對不同車企的市場競爭有影響。[1] 到 2016 年，《乘用車內空氣質量評價指南》強制性國家標準徵求意見稿發佈，該標準由推薦性指南修訂為強制性國家標準，並且加嚴了車內空氣中的有害物質限值。[2]

第三類是直接呼籲給予特定企業補貼和資助。比如，2016 年有提案明確提出："我國已有研究者發現並界定了一類速生碳匯草，是一類生長發育迅速、可以反覆萌發、捕碳效率高、一年能刈割多次的速生草本植物；鼓勵和支持新的碳匯項目發展與推廣，加大宣傳力度，並研究相關產業支持政策。"2015 年有提案也類似地提出，我國自主研發的循環流化床燃煤氣化技術已達到國際先進水平，建議財政部比照合同能源管

1　李書福提案《車內空氣質量》車企面臨挑戰，2012 年 3 月 5 日。

2　"乘用車內空氣質量評價將變成強制性"，中國質量新聞網，2016 年 2 月 15 日。

理項目財政獎勵辦法，對工業園區集中制氣、分散用能項目的節煤量，給予財稅上的優惠或獎勵，建議原則為“誰投資誰受獎”，推動清潔高效用煤技術推廣應用。

二、何種政策訴求

我們將 293 個團體提案的具體內容進行編碼，將其訴求分為市場化、資金支持、稅收支持、監管問題、行政審批問題和其他政策建議五大類。每個團體提案都有可能涉及多於一項訴求內容。統計結果顯示。數量排第一的是涉及一般性的政策建議，有 190 個，在 293 個提案中佔比 64.8%。第二是資金訴求的提案，有 91 個，佔比 31.1%。第三是有關監管的提案，有 63 個，佔比 21.5%。第四是稅收問題，有 50 個提案，佔比 17.1%。第五是市場化問題（開放市場准入和打破市場資源壟斷），有 47 個，佔比 16%。第六個是關於行政審批問題，有 28 個，佔比 9.6%。可見，行政審批已不再是企業反映最重要的政策訴求，資源型（資金、稅收和市場化）佔比很多，總計有 188 個提案。另外，隨着監管國家體系的逐步完善，監管問題也逐漸突出，這直接體現在企業不僅試圖影響監管的執法，而且還試圖在監管規則制定上表達立法和政策訴求。

表 2-13　政策訴求內容分類

訴求內容	其他政策建議	資金	監管	稅收	市場化	審批
提案數	190 （64.8%）	91 （31.1%）	63 （21.5%）	50 （17.1%）	47 （16.0%）	28 （9.6%）

（一）資源型

本章將涉及到市場化、資金和稅收的提案歸於資源型訴求提案。其中資金扶持訴求的提案數最多。

1. 市場化

有 47 個提案涉及到行業的市場准入或者市場資源配置問題，要求爭取民營企業的國民待遇。從表 2-14 可以看到，雖然市場化訴求的提案不是最多的，但是，就全國工商聯有限的直屬商會而言，提案涉及的行業已經很廣泛。除了對於打破整個民營經濟的市場門檻的訴求之外，涉及的行業包括金融、石油、書業、軍工、農業、基礎設施建設、醫療、會展、棉紡織、社會機構（養老機構設立）、鋼鐵和電力。其中最多的是金融領域的市場壟斷問題，有 16 個提案涉及到，包括小額貸款公司、村鎮銀行、擔保公司等問題；其次是石油領域，這個在上文已經分析到。再次是書業（4）、軍工（4）、農業（3）、基礎設施（2）和醫療（2）。最後，會展、棉紡織、社會機構、鋼鐵和電力業各有相關提案 1 個。

表 2-14　推動市場化提案的行業分佈

行業	提案數	行業	提案數	行業	提案數
民營部門	3	農業	3	社會機構	1
金融	16	基礎設施	2	鋼鐵	1
石油	9	醫療	2	電力	1
書業	4	會展	1		
軍工	4	棉紡織	1		

就具體內容而言，主要有兩類（如表 2-15 所示）。第一類是涉及到市場准入。比如，2010 年 "關於鼓勵支持小額貸款公司發展的建議"，就提出，由於小額貸款公司不能註冊為金融機構，因為有很大的金融風險。2012 年 "關於推動新聞出版業民營經濟發展提升我國文化軟實力的建議" 提出，要開放民營企業進入新聞出版行業，開放書號實名制申請。2014 年 "關於鼓勵民資資本推進城鎮化發展的建議" 提出，要 "改變城鎮基礎設施建設及運營必須由國有企業獨擔的觀念，降低民間資本

參與城鎮化建設的門檻"。第二類涉及到市場資源配置。比如，2012 年農業產業商會的提案"關於支持民營企業到有關國家開展罌粟替代種植、發展替代產業的建議"，提到目前政策規定只給替代項下的初級產品（天然橡膠、甘蔗、木薯）返銷進口配額，而不給甘蔗加工（食糖）返銷進口配額。提案建議根據替代種植發展實際制定配套政策，解決替代項下產品的返銷進口配額問題。此外，2014 年"關於取消進口棉花配額的建議"也提到了進口棉花配額問題。

表 2-15　市場化

年份	提案主體	提案部分內容
2010	不詳	明確對小額貸款公司的法律性質和地位。目前小額貸款公司被定位為工商企業，如果向中小企業發放貸款，會因為我國法律禁止非金融企業之間借貸而面臨被司法認定無效的風險
2012	不詳	大力推動民營企業跨媒體、跨行業，分階段、有步驟地與國有出版企業集團及其下屬子公司開展多種形式的深度合作。探索建立登記備案制和分類管理制，加快推進書號實名申領試點工作。吸納民營企業成為新聞出版的正規組成部分
2014	福建省工商聯	改變城鎮基礎設施建設及運營必須由國有企業獨擔的觀念，降低民間資本參與城鎮化建設的門檻；允許發展成熟、經營穩健的村鎮銀行在最低股比要求內，調整主發起行與其他股東持股比例。嘗試由民間資本發起設立自擔風險的民營銀行、金融租賃公司和消費金融公司等
2014	服裝紡織品商會	目前國內棉花進口實施配額管理制度，超過配額進口的棉花將被徵收 40% 的高額關稅。並且，在可以申報的企業中，具體每家分配多少並沒有統一的分配依據和標準。通過購買配額的方式獲取配額，每噸配額要額外支付 3000—4000 元，導致了國企與民企不公平競爭
2012	農業產業商會	政策規定只給替代項下的初級產品（天然橡膠、甘蔗、木薯）返銷進口配額，而不給甘蔗加工（食糖）返銷進口配額。建議根據替代種植發展實際制定配套政策，解決替代項下產品的返銷進口配額問題

2. 資金扶持

提案中涉及的資金扶持主要包括要求補貼、資金投入、金融平台、融資、價格調整等問題。如表 2-16 所示，提出政府設立民營企業轉型升級救助基金；對城鎮環境基礎設施進行末端補貼；對現役的火電企業老機組低氮燃燒改造項目給予進行一次性投資補貼；運用貸款貼息、以獎代補、設立海外環保投資基金、併購資金、虧損準備金等多種方式，按一定比例補貼海外環保項目；設立海外環保項目先期投入補貼資金，對先期市場開拓費用，按一定比例進行項目補貼；政府設立對外股權投資專項引導資金吸引更多的民間資本對外進行股權投資等。

表 2-16　資金扶持

年份	提案部分內容
2011	設立城鎮環境基礎設施運營專項基金，對設施進行 "末端補貼"
2013	設立中央和地方各級政府名義的民營企業轉型升級救助基金，採用政府和民間力量相結合的方式進行募集
2013	對現役的火電企業老機組低氮燃燒改造項目，按照機組容量給予進行一次性投資補貼；上調電廠煙氣脫硝價格至合理水平
2012	設立財政專項資金或基金支持環保國際化。運用貸款貼息、以獎代補、設立海外環保投資基金、併購資金、虧損準備金等多種方式，按一定比例補貼海外環保項目；設立海外環保項目先期投入補貼資金，對先期市場開拓費用，按一定比例進行項目補貼
2014	政府設立對外股權投資專項引導資金，參股投資基金（公司），發揮槓桿作用和風險補償作用，吸引更多的民間資本對外進行股權投資

3. 稅收

稅收相關的提案主要包括兩類。第一類是要求降低稅率。比如，2013 年金銀珠寶業商會提出，應下調翡翠原石進出口環節綜合稅率；2013 年美容化妝品業商會建議免徵美容修飾類化妝品消費稅；2014 年河南省工商聯提案 "關於取消印花稅推進稅制改革的建議"，建議取消印花稅。

第二類是要求在不改變稅率的情況下實行稅收優惠。比如，2014 年城市基礎設施商會提出，環境基礎設施投資運營企業所得稅稅率，比照高新技術企業減按 15% 的稅率徵收；調整 "三免三減半" 為 "五免五減半" 優惠政策。2016 年房地產商會提出，為更好完成房地產市場去庫存任務，建議因城施策，加快制定和落實個人所得稅衝抵房貸利息政策。

表 2-17　稅收

年份	提案主體	提案部分內容
2013	金銀珠寶業商會	將我國翡翠原石進口綜合稅率調整為 3%，翡翠毛料成品免收進口關稅和進口環節增值稅。翡翠成品進口環節增值稅實際稅負超過 3% 的部分，由海關即徵即退。消費稅減至 3%，改由零售環節徵收，翡翠出口零關稅
2013	美容化妝品業商會	建議免徵美容修飾類化妝品消費稅
2014	河南省工商聯	建議取消印花稅
2014	城市基礎設施商會	環境基礎設施投資運營企業所得稅稅率，比照高新技術企業減按 15% 的稅率徵收；調整 "三免三減半" 為 "五免五減半" 優惠政策
2016	房地產商會	為更好完成房地產市場去庫存任務，建議因城施策，加快制定和落實個人所得稅沖抵房貸利息政策

（二）監管和審批類

監管類中，最多的提案是涉及金融監管問題，其他還包括了對於國家標準、安全生產監管、藥品監管等相關問題。涉審批類提案中，主要也還是要求放寬行政審批。

表 2-18　監管

年份	提案部分內容
2011	密封鉛蓄電池運輸、儲存、銷售中不存在特殊的不安全因素和污染環境的風險，將密封鉛蓄電池產品列入普通貨物運輸、儲存、銷售管理範圍
2012	併購監管應區別反壟斷法普遍性適用、國資特別監管和經濟安全審查中的主體差異性，取消或大幅簡化對非國有企業併購和風險防範能力進行的行政審查和審批措施

年份	提案部分內容
2012	建議各地銀監部門督促金融機構加強與融資性擔保機構合作；建議修改《擔保法》，確定商業銀行、擔保機構和企業三個市場交易主體之間平等的法律地位
2012	取消順價加價 15% 的政策，實施只管藥品最高零售價並動態調整的政策，歸還醫療機構的採購權，政府集中精力搞好監管
2010	儘快修訂《道路交通安全法》的相關內容；儘快修訂電動自行車新國標；推行"一車一牌一票"

表 2-19　審批

年份	提案部分內容
2015	建議取消新投資項目可行性研究報告；在環評中，要推行輕審批、重監管、嚴處罰的理念；加強對中介機構的監管，規範中介收費行為
2016 （廣東省工商聯）	簡化審批程序，優化政務環境。建議將審批制改為備案制，簡化工作流程，開通網上辦事大廳，完善"一站式"服務，提高政務服務質量和效率
2015 （醫藥業商會）	建議由國家中醫藥管理局牽頭，修訂、完善中藥新藥審評辦法；調整專家評審委員會人員組成
2009	簡化跨國併購審批程序，適當放寬有關審批條件，對於有時間要求的跨國併購申請，尤其是民營企業的併購，採取依法特事特辦、快辦的方式提高審批效率
2014	進一步整合、簡化涉及民間旅遊投資管理的行政審批事項，維護平等競爭的投資和經營環境

三、挑戰規則

293 份全國工商聯直屬商會的提案不僅讓我們看到工商聯和商會代表誰在發聲、在表達何種政策訴求，而且，我們還可以進一步觀察到，這些提案並非都是在向國家爭取政策或者資金稅收上的扶持，並非都是在現有法律法規和政策之下爭取更多資源分配。相反，如表 2-20 所示，他們中間有相當大比例的提案（82 個）是在質疑法律法規和政策，還有相當一部分（71 個）明確地提出了制定或者修改法律法規和政策的訴求。這兩種類型的提案都是具有很強的"規則挑戰性"，它們中間存在重合的情況，但是兩者又不能等同。有的提案質疑了現有的法律法規或者政策，但是，並沒有提出相應的修改訴求；有的提案並沒有明確批評現有的法律法規或者政策，但卻直接提出了法律法規或者政策的建議。

表 2-20　挑戰規則

質疑法律法規或者政策	82（28%）
建議修訂法律法規或政策	71（24%）

（一）質疑法律法規或者政策

如表 2-21 所示，這些提案對"刑法"、"勞動合同法"、"民辦教育促進法"等法律提出了修改意見，對於政府出台的《關於投資體制改革的決定》、《鋼鐵產業發展政策》、《全國牛羊肉生產發展規劃（2013—2020 年）》和《農業部關於促進草食畜牧業加快發展的指導意見》等提出了質疑和修改意見。

表 2-21　質疑法律法規或者政策

年份	提案部分內容
2013	近 10 年來，鋼鐵行業的管制在全面強化。2004 年，國務院發佈《關於投資體制改革的決定》，鋼鐵行業具有"影響環境資源"的特徵，而被列為"核准制"管理。2005 年 7 月發佈的《鋼鐵產業發展政策》，對鋼鐵產業規劃、技術政策、裝備水平、企業組織結構、投資管理等做了全方位的規定，連高爐、轉爐容積大小也做了限定，統一由國家發改委核准，標誌着國家全面強化了行政管理
2013	我國的《民促法》只規定"民辦學校享有法人財產權"，未明確出資者的辦學資產過戶到學校後是否繼續擁有產權或股權，學校辦學累計資產中是否有一部分屬出資者所有，學校若因故終止辦學清算清償之後的剩餘資產，出資者能否收回屬他的那部分資產

年份	提案部分內容
2014	根據新《公司法》，建議廢止《刑法》第一百五十八條關於虛報註冊資本罪、第一百五十九條關於虛假出資罪和抽逃出資罪的規定
2009	財政部《勞動合同法》規定用人單位支付經濟補償金，實際上偏離了立法的初衷，將一部分社會義務轉移給用人單位的結果；建議稅收上允許企業稅前預提經濟補償準備金
2016	國家《全國牛羊肉生產發展規劃（2013—2020年）》和《農業部關於促進草食畜牧業加快發展的指導意見》（農業部農牧發（2015）7號文件）沒有對不同區域草食畜牧業的發展進行詳細規劃。建議分類分區域加大對草食畜牧業發展扶持力度

（二）建議修訂法律法規或政策

如表 2-22 所示，提案對於《中華人民共和國擔保法》和《農民專業合作社法》等提出了修改意見，對制定《中華人民共和國行業協會商會法》和《國家石油儲備法》等提出了意見。

還有一個值得關注的提案是，2015 年全國工商聯法律部提出的團體提案"關於制定《憲法監督法》推進憲法實施的提案"。提案提出，"從現行立法上看，我國已經確立了憲法監督制度的基本框架"。《憲法》第 62 條規定，"全國人民代表大會行使下列職權……（二）監督憲法的實施……"；第 67 條規定，"全國人民代表大會常務委員會行使下列職權：（一）解釋憲法，監督憲法的實施……（八）撤銷省、自治區、直轄市國家權力機關制定的同憲法、法律和行政法規相抵觸的地方性法規和決議……"。《立法法》第 88 條、第 89 條規定了改變或者撤銷法律、行政法規、地方性法規、自治條例和單行條例、規章的權限，第 89 條規定了行政法規、地方性法規、自治條例和單行條例、規章的備案權限，第 90 條、第 91 條規定了對行政法規、地方性法規、自治條例和單行條例違憲違法審查的基本提起程序和處理程序。

提案進一步提出，"但僅是這幾個條文是遠遠不夠的"。全國工商聯認為應該通過法律的規定明確最高權力機關進行憲法監督的具體法律程序，包括憲法監督的原則、範圍、機構、提起、受理、後果等等。提案提出，"根據這兩種違憲類型，可以明確違憲應當承擔的後果，即違憲責任，立法違憲的違憲責任可以有宣佈無效、責令修改等，國家機構行為違憲的違憲責任可以有宣佈某項活動無效、責令改正、免去相關人員職務等"。全國工商聯提案另指出，關於憲法監督機構，是由現存的全國人大專門委員會承擔，還是另外在全國人大之下設立憲法監督委員會，也應當加以充分論證。"只有通過專門的法律對這些內容予以明確，才能真正從制度上為憲法實施提供保障，推動憲法真正發揮應有的作用。"因此，全國工商聯建議全國人大制定《憲法監督法》，落實《中共中央關於全面推進依法治國若干重大問題的決定》精神，推動憲法實施。

表 2-22　建議修訂法律法規或政策

年份	提案部分內容
2012	完善《農民專業合作社法》，加強對合作社理事會、監事會的硬性要求，規定社員入股的最低比例或金額
2012	儘快起草、論證和制定《中華人民共和國行業協會商會法》
2009	把"民營油企參與石油儲備"寫入正在起草的《國家石油儲備法》。通過立法，給民企以合法"名份"；並對企業在儲備中的責任、義務作出明確規定
2013	1995 年頒佈的《中華人民共和國擔保法》明確"擔保方式為保證、抵押、質押、留置和定金"，規定"學校、幼兒園、醫院等以公益為目的的事業單位、社會團體不得為保證人"，依據法制統一原則和前法服從後法的原則，適時修改《擔保法》，以與《民辦教育促進法》相一致
2015	民營企業面臨的許多問題究其實質都是現行立法中存在的問題，但這些違反上位法、甚至是違反憲法規定或憲法精神的立法得不到有效的糾正。建議制定《憲法監督法》推進憲法

四、商會提案積極性的差異

目前全國工商聯有 31 個直屬商會，在我們已知提案單位的提案

中，提出提案的有 25 個商會。烘焙業公會、水產業商會、民間文物藝
術品商會、五金機電商會和廚具業商會沒有提案。當然不排除在 59 個
提案單位不詳的提案中有這些商會提出的提案。但是，如表 2-23 所
示，直屬商會提案工作的活躍度仍然存在一定的差異。不將提案單位不
詳的提案計算在內，在全國工商聯直屬商會中，八年中，排名在前三的
商會分別是：環境服務業商會（30 個），新能源商會（16 個），石油業
商會（11 個）。

表 2-23　商會提案積極性

提案單位	提案數	提案單位	提案數	提案單位	提案數
全國工商聯	25	房地產商會	5	書業商會	3
地方工商聯	60	中小冶金企業商會	5	科技裝備業商會	3
環境服務業商會	30	城市基礎設施商會	4	汽車經銷商商會	3
新能源商會	16	民辦教育出資者商會	4	服裝紡織品商會	2
石油業商會	11	紙業商會	4	冶金業商會	2
美容化妝品業商會	8	民營文化產業商會	4	石材業商會	1
農業產業商會	8	併購公會	3	中非民間商會	1
汽車摩托車配件用品業商會	8	紡織服裝業商會	3	缺失值	59
醫藥業商會	8	禮品業商會	3		
金銀珠寶業商會	7	旅遊業商會	3		

第四節　封閉政治系統下的決策影響機制的生成

雖然我們難以知曉所有提案最終的政策影響，並很難明辨政策調整是否是特定提案的直接後果。不過，可以看到的是，最近十來年與過去不同，全聯及其政協提案越來越成為企業家自下而上政策訴求表達和影響中央決策的渠道，而不再僅僅停留在過去的建言獻策上；進而，團體提案越來越多地獲得了決策部門的回應，成為了推動政策調整的共同因素。其中，那些具有政策契合性的提案和享有權勢的企業家提出的提案有更大的政策影響。

一、提案的政策影響力

第一，獲取接近決策部門的途徑。獲取政策影響渠道（access）是政策遊說的關鍵環節，即便政協提案並不能夠最終成功影響決策，但是，它們也為企業家提供了接近決策部門、傳遞政策訴求的渠道。比如，2016 年以全聯研究室的名義提出的"關於支持和規範網約車發展的提案"建議暫緩出台《辦法》，鼓勵各地方"先行試點"。在此後的提案辦理中，在全聯的協調下，相關企業直接聯繫到了國務院政策研究室相關部門，與官員坐下來討論網約車政策。[1] 儘管我們很難判定提案的實際政策影響力，但是，可以看到，次年出台的正式《網絡預約出租汽車經營服務管理暫行辦法》與提案有相當的一致性，即刪除價格管制與數量管制，司機與車輛相關門檻寬鬆，留給地方政府較大的細則制定空間。房地產商會則有明確的流程以形成政策訴求："我們的房地產商會有一個研究團隊，監控每個月的房地產發展情況，出月度報告，還有一個工作室，出季度和年度報告，在此基礎上，商會內部會討論確定提案的主題，形成初稿，會長批准後報工商聯研究室，研究室審定後形成工

1　訪談，全國工商聯工作人員 D，2016 年 9 月 20 日。

商聯的團體提案，轉到全國政協提案委員會。"[1]

第二，推動具體的政策調整。對於很多行業性政策而言，它們的社會關注度很低，商會的政策訴求是推動政策調整最重要的外部力量，比如，關於普通美容化妝品消費稅的免徵。全聯美容化妝品商會有 1 萬多家商會企業，"我們反反覆覆提，2006 年取得第一次勝利，稅率下調不少，但是後來有些化妝品生產企業不堪重負，2014 年和 2015 年又提，提案辦理中與財政部和國稅不斷溝通。基本上後來的政策就是我們影響的結果"。[2]財政部於 2016 年 9 月 30 日發佈公告，對普通美容、修飾類化妝品免除徵收消費稅。同時，對於社會影響面更大的政策，即便這些團體政協提案不是政策調整唯一的推動力量，但是卻也構成了施加影響的共同因素。比如，2015 年全聯汽摩配件商會提出的"關於解決汽車車內空氣污染的提案"，它建議《乘用車內空氣質量評價指南》由目前的推薦性標準向國家強制性標準轉變。到 2016 年，《乘用車內空氣質量評價指南》強制性國家標準徵求意見稿發佈，該標準由推薦性指南修訂為強制性國家標準，並且加嚴了車內空氣中的有害物質限值。[3]

那麼，究竟在何種情況下，團體提案更有可能獲得部委積極的回應呢？一般而言，相對於企業家以政協委員名義個人提出的提案，團體提案更容易獲得重視；相對於一般團體提案，重點團體提案又是提案辦理的重心，承辦單位不得不重視。其中，每年以全聯的名義提出的"一號提案"無疑最受重視。有些情況下，"也會召集各部委領導來開會，比較集中的問題要開專題協商會、雙周協商會等"。除此之外，以下兩方面的因素對實際的政策影響力也很重要。

第一，政策契合。團體提案的影響力很大程度上有賴於它們的"政策契合"，即與中央宏觀的政策導向和方針的契合，以及與部委具體政

---

1 "團體提案如何出爐"，搜狐，2012 年 3 月 5 日，http://news.sohu.com/20120305/n336704187.shtml。
2 訪談，全聯美容化妝品商會，2016 年 12 月 20 日。
3 "乘用車內空氣質量評價將變成強制性"，中國質量新聞網，2016 年 2 月 15 日。

策立場的契合。在政策契合的情況下，政策訴求更具可行性，也更可能得到部委積極的回應。這種政策契合可以分為兩種類型。首先，"戴帽"，即打着中央宏觀政策導向或者具體政策來論證自身政策訴求的正當性和合理性；全聯提案工作就強調"圍繞中心，服務大局"。[1] "人社部養老司司長請我們過去，告訴我們養老司的七項重點工作，意思是這七項工作以外的工作，他們不會考慮的。"[2] 從面上來看，293 件團體提案中，有 60 個左右，約 20% 的提案在正文中明確地呼應了中央近來的政策精神和具體政策，可以說是"帶帽"反映政策訴求。比如，石油業商會在 2013 年提出的"關於促進成品油零售市場充分市場化的提案"，不僅要求放開原油進口，而且還進一步提出了"逐步分拆三大石油集團的煉化和零售業務"的政策訴求。"這樣激進的提法，讓不少人感到驚訝。此前每年的提案，全國工商聯都會在內容上進行把關，過於激進和明顯與中央精神存在矛盾的提案，一般是不允許的。……換屆之年的 2013 年，讓全國工商聯石油業感受到了發生的變化，新一屆中央決策層釋放出來的某些信號，也讓他們敢於提出一個'分拆三大壟斷企業'的激進提案，來試探政府對石油領域改革的底綫。"[3]

其次，避阻。指的是政策訴求應該儘量避免挑戰性，具有可行性。一方面，政策訴求儘可能地有可行性，不要提出涉及到部委層面都解決不了的問題。"有些問題暫時解決不了，再提意義不大。比如，非公經濟名稱改變，統計口徑。"[4] "2014 年，有家文化企業提了 6 個提案，每個提案對現行文化產業政策都是顛覆性的。包括電影、電視等等。這讓我們很為難。"另一方面，訴求應該要降低政策制定和修改建議可能帶來的改革阻力。2010 年汽摩配用品業商會改裝專業委員會就提出了"關

---

1 全聯工作資料。

2 訪談，全聯工作人員 C，2016 年 12 月 20 日。

3 "代表八年 13 份提案：只為打破石油壟斷體制"，新浪財經，2013 年 3 月 8 日，http://finance.sina.com.cn/china/20130308/225914771125.shtml。

4 全聯工作資料。

於建立中國汽車改裝技術標準的提案"，2013 年它又提出了"關於制定汽車改裝相關法規的提案"，同年 7 月至 9 月陸續得到國家 5 個部委（工信部、公安部、商務部、工商總局、質檢總局）的回覆，均表示同意並支持這項工作，儘快出台管理辦法。同年 10 月 9 日，五部委與汽車改裝專業委員會召開聯合會議。在此基礎之上，2015 年又提出了"關於放寬私家小轎車改裝管理辦法的提案"。全國工商聯與國家工信部、公安部、商務部、工商總局等召開了《關於制定汽車改裝相關法規的提案》座談會，對工商聯年初上報的政協提案的內容進行了研討。並確定工商聯汽摩配商會先行起草改裝行業標準和管理法規參考意見，協助國家有關部門早日出台相關文件。這次提案之所以最終推動了政策修改的啟動，正是因為 2013 年提案針對的是全部機動車改裝管理辦法提出訴求，而 2015 年的提案則改為只針對私家小轎車改裝管理辦法，迴避了公安部門最擔心的貨車大客車的超載、超寬、超長、超員的改裝問題，只針對家用小轎車改裝進行放寬政策的提案。[1]

第二，體制地位。影響力的差異不僅來源於政策契合度，還來源於提案單位本身的影響力。雖然直屬商會提出的提案是團體提案，但往往都有企業家的聲音傳遞。企業家越是重量級的，提案往往就會越有渠道發揮更大的影響力。能夠在全國工商聯有聲音的企業一般都是非公經濟的"代表人士"。因此，同樣是大企業家，其權勢的比較往往並非完全是經濟實力的比較，而與其正式和非正式的體制地位相關。"正式"指的是其在體制內擔任的正式職務和享有的地位，"非正式"指的是與全聯或者其他部門的領導的"非正式關係"。

首先，企業家越有體制地位，該企業發起的提案或者該企業所在商會相關的提案更有可能成為重點提案，有時候還能夠以工商聯名義提出，工商聯也更加努力推動提案的辦理，從而獲得更大的影響力。從下

---

1 "《關於汽車改裝法規提案》，已經得到公安部、工信部、商務部、質檢總局答覆"，韋嘉誠（全國工商聯汽摩配改裝委秘書處），微信公眾號，2016 年 2 月 26 日。

表可以看得到，這些提案雖然以全國工商聯的名義提出，但是其中不乏與行業訴求密切相關的提案。

表 2-24　2016 年全國工商聯重點提案中的企業家

提案題目	提案單位	推動者身份
關於提升中國製造業競爭力的提案	研究室	全國政協委員
關於補物流業短板降低實體經濟成本的提案	研究室	全國工商聯副主席
關於支持民營企業參與軍民融合的提案	研究室	中華全國工商聯直屬某商會會長
關於支持產業化治沙扶貧的提案	研究室	全國政協常委
關於創新拓展網絡經濟發展的提案	研究室	全國工商聯副主席

其次，企業家越有體制地位，越可能表達個體化的政策訴求。原則來說，全聯政協團體提案主要是反映民營部門和行業的訴求。雖然有些提案是替企業發聲，但在很多情況下，市場准入門檻、資源分配、稅收和監管等政策使得行業利益同質化。因此，爭取企業利益也往往是打着行業利益的旗幟發聲，也代表了行業性的利益訴求。但是，當企業家很有權勢，特別是能夠與領導建立強關係的時候，就可能將個別企業的訴求以工商聯或者商會的名義表達出來。這種享有"非正式"關係的企業家之所以還要通過正式的政協提案來表達訴求，是因為正式的表達為利益訴求提供了合法化的包裝和影響力。"工商聯就是一個聯合體，能保證私人交往合法化：領導會見工商聯副主席，這是公事；會見某個企業家，有時候說不清楚。企業家沒有頭銜，說什麼也會被認為是為己牟利；如果有個頭銜，那就是公事了。"[1]

1　訪談，全聯工作人員 A，2016 年 7 月 29 日。

二、政策影響機制的生成

可以看到，全聯不只是扮演了開門決策和意見徵求體系下的決策參謀角色，更是推動了自下而上政策訴求的輸入和影響。這意味着，在封閉的政治系統下，原有的政治吸納和統合機制反過來搭建了企業家政策遊說的通道。對於全聯而言，這種"控制與遊說"雙重邏輯的並行並非是自然而然的存在。在相當長時間內，工商聯主要承擔的都是統戰性的工作，以"統戰性"為主體。而從原有的政治吸納和統合機制中生成民營企業家政策遊說的機制，提升民營企業家的政策影響，有賴於過去十來年以下兩個方面的發展，即國家主導搭建了決策影響的微觀機制，以及國家維持控制與遊說的低度衝突，從而推動了"從控制到遊說"的政策影響機制的生成。

（一）搭建決策影響的微觀機制

在訪談中，被訪者提到："全聯新的領導在 2007 年上任後，很積極，到各個部委去溝通，最初處長都讓他等；但是，他堅持不撓，很積極地推動工作，最重要的就是通過 16 號文，裏面有很多乾貨，建立了全聯參與政府決策的具體制度，並逐步推動了和部委的各種溝通機制，全聯的影響力才慢慢變大。"[1] 在過去十來年中，伴隨着決策參謀機制、三方協商機制和政協提案辦理機制的不斷建立和完善，推動了決策遊說機制從原有的政治吸納和統合機制中逐步生成。

第一，全聯體制內地位的提升。參加高層會議和部委溝通協商機制的建立提升了全聯在體制內的地位，也使得全聯作為民營經濟部門代表的角色不斷凸顯，強化了其決策影響的合法性和話語權。2007 年，全國工商聯正式出席中央經濟工作會議，2009 年，全國工商聯成為國務院常務會議的列席單位。[2] 此外，全聯領導參加總書記出席的黨外人士座談

1　訪談，廣東省工商聯工作人員 B，2016 年 12 月 14 日。

2　《中華全國工商業聯合會簡史（1953—2013）》，中華工商聯合出版社 2013 年版，第 205—208 頁。

會。[1] 這些會議上，在中央徵求意見時，工商聯領導有機會代表民營經濟部門發聲："各部委領導也許也沒有這樣的機會接觸黨和國家領導。"[2] "在今年的黨外人士座談會上，全聯就提出了關於降成本的建議，後來中央出台的降成本政策，包括'國八條'，其中至少有 5 條是工商聯起草和提出的。"[3] 同時，部委決策溝通機制也不斷建立。2010 年 16 號文對工商聯參與政府各項工作的機制進行了具體的規定："政府領導班子中要有專人負責聯繫工商聯。與非公有制經濟發展有關的政府部門要加強同工商聯的聯繫和業務協作，及時向工商聯通報有關重要信息。政府全體組成人員會議和常務會議可根據會議內容需要安排工商聯負責人列席，召開經濟方面的重要工作會議和有關部門工作會議可視情安排工商聯負責人參加。"在實踐中，工商聯與政府的溝通聯絡機制也不斷發展。2009 年全國工商聯成為國務院促進中小企業發展工作領導小組等若干與民營經濟部門相關的領導小組的成員單位。2013 年 9 月，全國工商聯與國家發改委共同簽署建立部級合作機制的文件。[4]

第二，全聯進入三方協商。三方協商機制的搭建，同樣使得工商聯在勞動關係中的代表性和決策影響力同時發展，這種代表性和影響力在政協團體提案中得到了凸顯。在 2010 年前，工商聯並未進入國家的三方協商機制，而是由掛靠在國資委的中國企業家聯合會加入。在新勞動合同法起草的過程中，全國工商聯主要是通過全國人大的立法徵求意見程序和全國政協的會議和提案等渠道反映訴求。全聯 2009 年的"關於協助企業貫徹勞動合同法穩定勞動關係的建議"的提案提出，要"繼續幫助協調工商聯加入國家協調勞動關係三方機制"。2010 年 16 號文件首次明確地對工商聯進入三方協商機制進行了規定："工商聯參與協調

---

1 作者根據公開資料統計。

2 訪談，全國工商聯工作人員 D，2016 年 7 月 29 日。

3 訪談，全國工商聯工作人員 D，2016 年 7 月 30 日。

4 《中華全國工商業聯合會簡史（1953—2013）》，中華工商聯合出版社 2013 年版，第 301 頁。

勞動關係三方會議，同人力資源社會保障部門、工會組織和其他有關企業方代表一道，共同推動勞動關係立法和勞動關係協調機制建設，共同研究解決勞動關係中的重大問題和調處勞動爭議。"2011 年 7 月 4 日，國家協調勞動關係三方會議第十六次會議在京召開，會議決定，吸收全國工商聯作為國家協調勞動關係三方會議成員單位，與中國企業聯合會共同作為企業方代表。在全國工商聯推動下，31 個省區市和新疆生產建設兵團工商聯都加入了本級協調勞動關係三方會議。2013 年 1 月，全國工商聯與人力社保部聯合印發《關於加強非公有制企業勞動爭議預防調解工作的意見》推動非公有制企業商會普遍建立勞動爭議預防調解機制。[1]

第三，政協提案工作的制度化。作為首個專門針對政協提案辦理工作頒佈的文件，2012 年的《關於進一步加強人民政協提案辦理工作的意見》通過完善提案辦理協商機制和強化辦理結果的反饋機制等，在很大程度上推動了政協提案工作的制度化，從而為政協提案（特別是重點提案）施加政策影響搭建了相對良好的制度平台。[2] 同時，全聯也逐步開始利用《意見》所創造的制度環境，積極推動各種提案辦理的協調溝通。全聯的工作報告就談到："食品藥品總局承辦《關於調整中藥新藥評審政策的提案》與我們和醫藥商會溝通，當時醫藥商會很強硬，多次表示不同意食藥總局的辦理意見。銀監會兩個業務部門分別上門面對面溝通《關於緩解縣域中小微企業融資難的提案》和《關於大力支持民營銀行健康發展的提案》；工信部今年兩次邀請我們調研《關於提升中國製造業競爭力的提案》。"[3] 石油業商會的提案辦理也反映了這種明顯的變化。2011 年石油業商會的提案答覆中，國家能源局完全否認目前的管理體制存在問題："目前，國內成品油批發、零售市場已經完全放開，符合條

---

1 《中華全國工商業聯合會簡史（1953—2013）》，中華工商聯合出版社，第 291—292、301 頁。

2 《關於進一步加強人民政協提案辦理工作的意見》，中國政協新聞網，http://cppcc.people.com.cn/n/2013/0220/c34948-20534120.html。

3 全聯工作資料。

件的企業均可以申請經營資質，對企業所有制形勢並無特殊要求。"與此形成對比的是，對於 2012 年的提案，國家能源局的答覆有了區別："我們將通過調整產業結構、完善產業政策等措施協調解決這一長期矛盾。"到 2013 年 2 月，國家能源局石油天然氣司負責人專門到全國工商聯石油業商會，就 2012 年提案的答覆意見與商會溝通，並表示要加強與商會間的聯繫與合作，共同找出行業發展的癥結和解決辦法。石油業商會秘書長馬莉評價說："過去提案能回覆就不錯了，現在不僅回覆，如果你覺得不滿意，他會來溝通，然後告訴你他們在做什麼工作，要我們配合做什麼工作，為什麼要這麼做，其實部委的態度在改變。包括提案的問題，現在他們在做什麼都是跟我們溝通的，所以還是有希望。"[1]

（二）維持控制與遊說的低度衝突

原有的政治吸納和統合機制之中生成政策遊說的機制，控制與遊說雙重邏輯的並行，不僅有賴於具體決策影響機制的搭建，而且還有賴於維繫控制與遊說的低度衝突。這意味着遊說的邏輯不應對控制的邏輯形成挑戰。相對於全總的雙重身份困境（Chen，2003），全聯的政治敏感度相對較低。同樣重要的是，全聯的把關協調維持了這種低度衝突。

從提案草案變成正式的全聯團體提案，要經過全聯的內部程序，這個程序在近年來逐步程序化，這也加強了全聯對於具體提案的把控。提案最初是在工商聯系統內徵集，包括 32 個省級工商聯，15 個副省級工商聯，31 家直屬商會、全聯 9 個內設部門、直屬會員企業以及領導交辦。草擬的提案由 3 位專家評審。專家主要是在副秘書長以上的退休領導、副主席、秘書長和副秘書長中的人員組成。有兩位以上專家肯定的提案，保留。三位專家都不同意的提案原則上不進入下一回合。一位專家同意，兩位不同意，會斟酌處理。提案初稿改完之後，向分管副主席

---

1 "代表八年 13 份提案：只為打破石油壟斷體制"，新浪財經，2013 年 3 月 8 日，http://finance.sina.com.cn/china/20130308/225914771125.shtml。

彙報。然後，經分管副主席修改後，正式提交主席辦公會討論。最後，通過網上提交系統交全國政協。[1]在正式提案形成的過程中，全聯發揮了關鍵的把關協調作用。

首先，工作重心的把控。雖然政協團體提案的政策訴求活躍，且全聯也樂於推動有質量的團體提案。但是，對於全聯而言，更為重要的工作顯然是"政府助手"，即全聯代表民營經濟部門參與到高層決策過程中，以此提升全聯在體制內的地位。相對而言，政協團體提案並非是中心工作。"政協團體提案就是我們處眾多工作中的一項工作而已，大部分情況下也就副處長過問一下。"在"政府助手"與"橋樑紐帶"兩者之間的重要性和優先度的把控，也展現了全聯更多是在體制內遊說，而非試圖成為從外部施壓的挑戰者。

其次，具體提案的把控。全聯對於具體提案的把控主要有幾個方面。首先，數量把控。對於提案數量，一方面，全聯需要調動直屬商會和地方工商聯的積極性，保證提案的數量。"提案不跟進，部委就會瞎對付，（而）初稿單位沒有接到正面反饋，就喪失積極性。""這幾年，我們積極搭建各種溝通機制，反饋越來越多，也調動了商會的積極性。"[2]從 2009 年到 2015 年提案數量就呈現穩步增加的趨勢（如表 2-25），這與全聯"調動積極性"的工作導向密切相關；另一方面，全聯也會控制提案的數量。2015 年提案數量達到 74 個，2016 年團體提案數量減少到 36 個。這主要是由於當時負責這項工作領導的導向，把直屬商會交上來的提案砍掉了很多。其次，內容把控。在正式的團體提案形成過程中，全聯負責部門要對具體提案的內容進行把控。"為企業家服務是我們的職責所在；不搭理絕對不行，但要有辨析能力。這對我們是考驗。" 政協提案要有嚴肅性："嚴肅性是由政協提案的性質及在國

1　全聯工作資料。

2　訪談，全國工商聯工作人員 C，2016 年 7 月 30 日。

家政治生活中的地位所決定的。要求提案者要以慎重嚴肅、認真負責的態度行使民主權利，要堅持和把握正確的政治方向，圍繞黨和國家中心工作及人民群眾普遍關心的大事、要事、建言獻策，不可隨意而為。"[1]

表 2-25　全聯、政協團體提案數量

2009	2010	2011	2012	2013	2014	2015	2016	總計
24	23	21	28	42	45	74	36	293

第五節　從控制到遊說：企業家政策影響機制生成的中國路徑

　　在比較研究的視野下，研究者試圖發掘不同國家背景下企業家具體的決策影響機制。相對而言，我國的政治系統較為封閉，政治精英與經濟精英再生產有不同的路徑，社會組織發育遲緩。而已有研究卻認為，政企共謀極大地影響了政府決策；並且，在開門決策之中，企業利益更可能"闖進去"。那麼，接下來的問題就是，在政治精英主導決策過程的政治架構下，企業家正式的組織化決策影響機制如何可能？基於對全國工商聯政協團體提案的研究，本章得出以下研究結論：

　　第一，企業家的決策影響機制不再僅僅停留在與政府的"利益契合"、"非正式關係"和"地方"層面上，相反，在中央層面，民營企業家享有一定制度化正式渠道。在本章的研究中，全聯不僅承擔"政府助手"的政策參謀作用，通過參加高層會議、徵求意見和來訪磋商等方式來代表民營經濟部門提出政策建議，而且還充當了"紐帶橋樑"的角色，通過政協團體提案的方式自下而上地表達政策訴求，反映民營經濟部門、行業和企業的政策訴求；這些訴求不僅僅是爭取更多的資源，而且還有相當多的是直接對現有的法律法規和政策文件提出質疑，並提出

1　全聯工作資料。

相應的法律法規和政策修改建議。雖然我們難以知曉所有提案最終的政策影響，並很難明辨政策調整是否是特定提案的直接後果。不過，我們仍可以看到的是，最近十來年與過去不同，全聯及其政協提案越來越成為企業家自下而上政策訴求表達的渠道。

第二，決策影響機制的生成路徑。在中國，在政治系統仍然較為封閉、社會組織化程度較低的情況之下，正式的政策影響渠道異常有限。國有企業處於國家內部，它有時就是政策制定者，有時它們更多地訴求於國家內部的溝通渠道以及人事旋轉等來獲得政策影響渠道和影響力。比較而言，民營企業處於國家外部，獲取政策影響渠道成為重大挑戰。與那些認為國家外部的社會行動者的決策影響主要有賴於權力碎片化提供的空間不同，本章認為，原有的國家對於民營企業的政治吸納（精英）和政治統合（組織）機制之中生成了企業家的決策影響機制。並且這種決策影響機制並不等同於國家的"意見綜合"或者"開門決策"，全聯不僅扮演了"政府助手"的角色，而且還扮演了自下而上傳遞政策訴求的橋樑紐帶作用。這種"生成"並非是理所當然的存在，雖然國家有政治協商和參政議政的制度框架，但是，在這種制度框架缺乏具體的決策影響機制時，它更傾向於是政治控制的機制，而非就自然而然地成為輸入訴求的決策影響機制。因此，這種"生成"必須仰賴於以下兩個層面的變化。

第一個層面，它仰賴於國家在原有的統戰組織基礎上逐步搭建具體的政策影響機制。對於全聯而言，"統戰性"長期處於主要地位，一直到 2010 年 16 號文才首次規定了"統戰性、經濟性、民間性的有機統一"。同時，從 16 號文開始，國家明確規定了全聯出席中央經濟工作會議、列席國務院常務會議，並逐步搭建了全聯與民營經濟相關的發改委和科技部等主要部委的決策溝通機制；直到 2010 年國家首次將全聯納入到勞動關係三方協商機制中；國家在 2012 年首次發文推動了政協提案辦理工作相關程序的制度化，逐步搭建了部委與全聯提案辦理的多元化協調溝通機制，強化了提案辦理部委對於工商聯團體提案的政策回應性。

第二個層面，控制與遊說的張力控制在低度的範圍之內，使得從政治吸納和統合到決策影響機制的雙重邏輯得以並行。對於全國總工會的研究認為，全總處於政治控制和政策訴求表達的雙重身份困境之中。與之不同，全聯的這種雙重身份可以說是低度衝突，這在一定程度上是由於民營企業家的政治敏感性相對較弱，同時也是由於以下兩方面的原因。一方面，全聯發揮了主導、把關和協調的作用。全聯更多地將政策影響的工作重心放在"政府助手"之上，而非"紐帶協商之上"；它還對政協團體提案的數量、主題和重點提案進行把關和篩選；另一方面，工商聯及其直屬商會的政策影響更傾向於遵循影響力邏輯，而非會員邏輯，即政策訴求的提出及其影響力並非取決於工商聯及其直屬商會的會員數量及其組織化程度；特別是對於直屬商會而言，其政策訴求的提出和影響力在相當大程度上並不取決於其是否能夠克服集體行動的困境，並不取決於其是否規模相對集中和組織化程度很高而能夠形成政策遊說的行動。相反，不僅行業受國家政策影響的程度與直屬商會政策訴求的激發密切相關；而且，是否能獲取接近決策核心的渠道、與國家中心工作以及現有政策是否存在政策契合性以及企業家自身的政治權勢等，都直接與政策訴求的影響力密切相關。在這種情況之下，直屬商會的政策遊說必然是嵌入到政治吸納和政治統合架構之中，而並非形成自下而上的衝突和挑戰。

第三，企業家決策影響機制演進的中國路徑。從"從控制到遊說"的生成路徑意味着中國民營企業家決策影響機制的演進具有相當的獨特性。首先，在市場轉型中，國家與經濟關係的重構催生了民營企業家階層，民營經濟部門與原有體制的脫軌，孵化了民營企業家活躍的政策訴求表達。那麼，這種在脫軌背景下的政策遊說是否構成了某種以利益集團遊說為核心的多元主義政治的雛形？本章認為，多元主義必然與開放的政治結構聯繫在一起，而中國的民營企業家的決策影響機制是嵌入到封閉政治系統下的國家政治吸納和政治統合架構之中。並且，本章雖然是對於全聯的案例研究，但是，企業家及其行會商會組織的其他政策影響方式，包括通過對於行政機關的行政掛靠、通過人大建議以及通過民主黨派的。政協提案等，也在相當程度上是生成於原有的控制機制，遵循了“從控制到遊說”的決策影響生成路徑。從這個意義上而言，雖然中國的民營企業家已經呈現出活躍的正式的組織化決策訴求表達，但是，“控制與遊說”雙重邏輯的並行顯然與多元主義政治有相當的距離。其次，考慮到統合主義是國家主導下國家控制與利益的壟斷性代表相結合，那麼，政治吸納和統合與決策影響機制的並行是否意味着向統合主義架構的逐步演進？就全聯而言，與統合主義國家類似，國家在推動其代表民營經濟部門發生過程中扮演了主導性角色；並且，2010 年國家將其最終納入到了勞動關係三方協商機制，從全聯關於勞動關係的提案來看，它在勞動關係中代表民營部門發聲的傾向性非常顯著。然而，全聯所聯繫的商會的覆蓋面非常有限。不僅有代表國資的中企聯與之分權，更有大量原本掛靠在各個政府部門的行會商會。並且，從 2015 年開始，在全國範圍內，除了工商聯系統的直屬商會之外，其他經濟類社團都被要求與掛靠的行政部門脫鈎。從控制與遊說的雙重邏輯而言，脫鈎意味着在放鬆控制的同時，也斬斷了這些行會商會與決策部門的制度性橋樑。這也意味着，全聯並未能夠將全國性的商會行會組織統合在其組織體系之下；更重要的是，它表明，目前國家仍並未以統合主義作為方向來推動工商聯系統的發展。而這些恰恰都呈現出中國民營企業家決策影響機制生成路徑的獨特性。

第三章

企業家如何影響地方政策過程*

* 本章內容發表於：黃冬婭：《企業家如何影響地方政策過程：基於國家中心的類型建構和案例分析》，《社會學研究》2013 年第 5 期。

在中央層面，企業家依託於商會組織，通過國家的政治吸納機構，特別是藉助於工商聯的"橋樑和助手"角色，將非公部分、行業性、地區性和企業的訴求表達上去；相對於中央而言，民營企業家距離地方政府更近，與地方政府有更緊密的經濟增長聯盟關係，與地方關係更有可能發展出非正式的關係網絡。那麼，在地方層面上，企業家如何影響政策過程？具體機制如何？特別重要的是：哪些民營企業家更可能獲得更大的政策影響力？本章基於沿海地區某地的多案例定性比較研究發現，與發展型地方政府理論和非正式關係研究不同，最具影響力的企業並不一定是地方支柱企業，也不一定是有強硬關係的企業，相反，國家的政策目標、政策執行監控力度等定義了地方政府和官員的"政績"，企業家越能夠充分地迎合官員的政績導向，越能夠借用權力在不同政府層級和部門之間的分割，越能夠利用政策執行監控的弱化等，越能夠獲得政策影響力。反之，如果企業家難以在政府內部找到可以利用的空間，那麼，即便它非常"自主"，它也難以獲取政策的影響力。

第一節　民營企業家與政策過程

在現有研究中，許多研究者已把政商之間的緊密關係視為理所當然。這種政商之間的緊密"合作"或者說"共生"關係被認為建立在兩個基礎之上，即共享價值和共享利益。在現有研究中，一方面，這種緊密關係被視為無形之手影響着政府政策過程；另一方面，由於這種緊密關係指向的是一個無法探知的黑匣子，研究者很少能夠通過詳實的經驗研究揭示企業家到底如何影響政府的政策以及決定企業家政策影響力的因素何在。因此，已有研究大都只是將企業家作為同質化的社會群體或者階層，從"總體上"考察政商之間"非正式"的關係。也就是說，即便企業家被吸納成為黨代表、人大代表或者政協委員，但是，企業家影響政策過程的主要方式仍然是依靠以"非制度化"和"非組織化"為特徵的"非正式關係"來獲取信息、謀取資源和尋求利益的實現[1]。由於政府在諸如土地、資金和補貼等資源分配上具有重要的權力，因此，企業家往往在圍繞地方政府的"關係"網絡中運營，旨在建立與政府良好"政治關係"的"非市場"策略是企業重要的發展方式[2]。這些研究也認為，中國的企業家往往並不通過內部合作來追求目標的實現，而是通過與更高地位和權力的個人的交換來追求個人目標[3]，進而，這種政商之間

1　Wank, David L. 1995. "Private Business, Bureaucracy, and Political Alliance in a Chinese City", *The Australian Journal of Chinese Affairs*, Vol.33. Wank, David L. 1995. "Bureaucratic Patronage and Private Business: Changing Networks of Power in Urban China", in Andrew G. Walder (ed.), *The Waning of the Communist State: Economic Origin of Political Decline in China and Hungary*, Berkeley: University of California Press. 李寶梁：《從超經濟強制到關係性合意對民營企業家政治參與過程的一種分析》，《社會學研究》2001 年第 1 期。Yang, Mayfair Mei-hui. 2002. "The Resilience of Guanxi and Its New Deployments: A Critique of Some New Guanxi Scholarship", *the China Quarterly*, Vol.17. Boisot, Max and John Child. 1996. "From Fiefs to Clans and Network Capitalism: Explaining China's Emerging Economic Order", *Administrative Science Quarterly*, Vol.41, No.4.

2　He, Yuanqiong, Zhilong Tian and Yun Chen. 2007. "Performance Implications of Nonmarket Strategy in China", *Asia Pacific Journal of Manage*, Vol.24.

3　Zhou, Xueguang. 1993. "Unorganized Interests and Collective Action in Communist China", *American Sociological Review*, Vol.58. Choi, Eun Kyong and Kate Xiao Zhou. 2001. "Entrepreneurs and Politics in the Chinese Transitional Economy: Political Connections and Rent-seeking", *The China Review*, Vol.1, No.1.

的密切關係瓦解了企業家內部任何橫向組織聯合的傾向[1]。

　　已有研究已試圖對以上的理論判斷做出修正。其中，有的研究者從企業家的內部分化來揭示差異化的政商關係。比如，陳安將中國的企業家分為寄生型和白手起家型，前者指向的是與政府官員有長期的共生性利益交換，而後者指的則是通過具體的辦事和關係來建立交情[2]。蔡欣怡進一步根據民營企業家對抗政府的能力和意願劃分為四種類型：進取型、抱怨型、忠誠型和逃避型：進取型是指同時具有對抗政府的能力和意願；抱怨型是指有對抗政府的意願，但是卻沒有對抗政府的能力；忠誠型是指有對抗政府的能力，但卻是沒有對抗政府的意願；逃避型是沒有對抗政府的能力，也沒有對抗國家的意願[3]。另外一些研究者則提出，"正式化"和"組織化"的政策過程影響方式正在日益凸顯。一方面，就"正式化"而言，隨着市場化改革的深化和市場競爭日益激烈，企業家對於政府的依賴在逐步下降，政商之間對等關係逐步發展，"關係"的重要性日漸下降，人們越來越依靠法律和規則來辦事[4]；另一方面，就"組織化"而言，隨着企業的強大和企業家力量的崛起，企業家開始通過利益集團遊說而非原子化的庇護關係去影響政府政策，各種商會的數量不斷增加，企業的遊說越來越成為地方和國家政策過程的一

1　Bruun, Ole. 1995. "Political Hierarchy and Private Entrepreneurship in a Chinese Neighborhood", in Andrew G. Walder (ed.), *The Waning of the Communist State: Economic Origins of Political Decline in China and Hungary*, Berkeley: University of California Press. Foster, Kenneth W. 2002. "Embedded within State Agencies: Business Associations in Yantai", *The China Journal,* Vol.47. Nevitt, Christopher E. 1996. "Private Business Associations in China: Evidence of Civil Society or Local State Power", *The China Journal,* Vol.36. Unger, Jonathan. 1996. "Bridges': Private Business, the Chinese Government and the Rise of New Associations," *The China Quarterly*, Vol.147.

2　Chen, An. 2002. "Capitalist Development, Entrepreneurial Class, and Democratization in China", *Political Science Quarterly*, Vol.117, No.3.

3　Tsai, Kellee S. 2005. "Capitalists without a Class: Political Diversity among Private Entrepreneurs in China", *Comparative Political Studies,* Vol.38. Tsai, Kellee S. 2008. "China's Complicit Capitalists", *Far Eastern Economic Review*, Vol.171, No.1.

4　Guthrie, Douglas. 1998. "The Declining Significance of Guanxi in China's Transition", *The China Quarterly*, Vol.154. 耿曙、陳陸輝：《與市場共欣榮：華北小鎮地方網絡的創造性轉化》，《問題與研究》2001 年第 3 期。

部分[1]。

　　這些研究無疑都具有相當的洞察力，不過，不管是強調政商之間非正式關係的研究，還是強調差異性和正式化政商關係的研究，他們仍然大都是從"企業"的角度來探討政商關係的發展，未充分市場化下"企業對於國家的依賴"以及"企業的規模和類型"是最為重要的變量。就前者而言，從魏昂德和戴慕珍對於中國國有企業和鄉鎮企業的研究提出國家對於經濟生活的控制產生了所謂"庇護關係"開始[2]，研究者就不斷通過經驗研究證實，即便是市場化改革催生了新的社會經濟空間，對於新生的民營企業家而言，他們依然依附於國家並尋求國家的庇護，從而使得政商之間非正式關係仍然佔據主導地位。不管是王達偉對於福建民營企業家的研究所提出的"共生性庇護關係"[3]，還是經濟學家研究發現，是否具有"政治關係"對於企業市場准入、融資和併購等都具有相當決定性的影響[4]，這些都論證了企業對於國家的依賴是政商非正式關係的重要根源。反過來說，當隨着市場化程度的發展，企業對於政府依賴性下降的時候，非正式關係就會受到削弱。對於中國不同地區的比較研究就證實，在政府主導經濟發展的北方，民營企業家對政府的依賴程度更大，政府官員更會成為民營企業家建構關係網絡的主要對象；比較而言，在市場經濟是自下而上內生的南方，民營企業家更多地側重於與同

1　Gao, Yongqiang. 2006. "Corporate Political Action in China and America: A Comparative Perspective", *Journal of Public Affairs,* Vol.6, No.2. Gao, Yongqiang and Tian Zhilong. 2006. "How Firms Influence the Government Policy Decision-making in China", *Singapore Management Review,* Vol.28, No.1.

2　〔美〕魏昂德：《共產黨社會的新傳統主義：中國工業中的工作環境和權力結構》，龔小厚譯，牛津大學出版社 1996 年版。Oi, Jean C. 1985. "Communism and Clientelism: Rural Politics in China", *World Politics,* Vol.37, No.2.

3　Wank, David L. 1995. "Private Business, Bureaucracy, and Political Alliance in a Chinese City", *The Australian Journal of Chinese Affairs,* Vol.33.

4　胡旭陽：《民營企業家的政治身份與民營企業的融資便利——以浙江省民營百強企業為例》，《管理世界》2006 年第 5 期。余明桂、潘紅波：《政治關係、制度環境與民營企業銀行貸款》，《管理世界》2008 年第 8 期。方軍雄：《政府干預、所有權性質與企業併購》，《管理世界》2008 年第 9 期。羅黨論、劉曉龍：《政治關係、進入壁壘與企業績效——來自中國民營上市公司的經驗證據》，《管理世界》2009 年第 5 期。

鄉關係網絡的建構[1]。蔡欣怡也對市場化程度差異所導致的不同政商關係進行了分析,她比較了溫州模式、蘇南模式、內地模式和南中國模式四種不同的經濟類型,提出政府在經濟生活中扮演的角色密切相關直接決定了企業對於政府的依賴程度,並進而決定了民營企業家是否能夠和願意建立與國家的庇護關係[2]。此外,現實案例也不斷證明,對於那些市場份額對於生存和發展十分重要的企業而言,"相對於政府,他們更看重市場",企業在市場爭奪已經極其激烈之後,會把矛頭對準政府的不公,從而破除民不與官鬥的舊規[3]。

除了企業對於國家依賴性之外,研究者還認為企業自身的特質也是影響不同政商關係的重要因素。對於企業類型而言,不管是上文提到的陳安還是蔡欣怡對於企業家類型的劃分,都指向了不同類型企業家與國技術越簡單和市場進入的資金門檻越低的經濟部門家的不同關係。此外,就企業規模而言,研究者認為,那些經濟規模越小的企業,集體行動能力越低,對於政府和政策的影響力越小,相反,越是規模集中的企業越會獲得更大的政治影響力,但同時高度的集中也會使得企業與政府採取高度個人化和非正式的交往方式。而跨行業合併則為國家增加了監控和監管的問題,增強了企業對於政府的力量等等[4]。對於中國而言,有的研究者認為,中國的經濟主體以中小企業為主,大量的小型參與者抑制了有效的集體行動,使得企業家和政府及其官員有強大的動機去保持已被證明了是相當互利的關係;並且,它也使得政商的庇護關係具有某種瀰散性,即它不僅局限在高層,而且還瀰散到各層級政府;從

---

1 秦海霞:《關係網絡的建構:民營企業家的行動邏輯——以遼寧省 D 市為個案》,《社會》2006 年第 5 期。

2 Tsai, Kellee S. 2007. *Capitalism without Democracy: The Private Sector in Contemporary China*, Ithaca, N.Y.: Cornell University Press.

3 鄭作時:《政商關係的微妙變化》,《中國經營報》,2010 年 1 月 18 日。

4 Haggard, Stephan, Sylvia Maxfield.and Ben Ross Schneider. 1997. "Theories of Business and Business-State Relations", in Ben Sylvia Maxfield and Ben Ross Schneider, *Business and the State in Developing Countries*, pp.36-62, Ithaca, N.Y.: Cornell University Press.

而將儘可能多的官員和企業家都捲入到這個庇護關係網絡之中[1]；而另外一些研究者則認為，大財團越佔據主導地位，裙帶資本主義的腐敗就越為嚴重，反過來，以中小企業為主的經濟結構則有助於緩解腐敗的程度[2]。

與以上研究視角不同，本章從"國家中心"的視角考察企業家對於政策過程的影響。"國家中心"的研究視角強調國家影響了整個社會中所有的團體、階級對於政治意義的理解和它們政治運作的方式[3]。許多經驗研究已發現，國家塑造了社會力量的政策影響力，並在相當大程度上決定了社會力量可以通過何種方式來影響政策過程。對於利益集團的研究就認為，利益集團在美國政治中所具有的重大政策影響力正是根源於"政治系統的開放性"提供了最大的政策影響途徑[4]；對於社會政策的研究也發現，之所以美國建立了側重於保障母親權益的社會政策，並非僅僅是由於社會群體自身力量的強大，而在於國家選舉政治對於婦女的排斥以及政治制度為社團發展所提供的空間塑造了女性的動員和組織能力，進而決定了她們的政策影響力[5]；對於社團政治的研究同樣提出，美國政治制度架構的變化影響了社團獲得政治影響力的方式，即從依靠成員數量的龐大轉向了資金和政策倡導領袖，這從根本上造成了倡議性而

1　Dickson, Bruce J. 2008. "Who Consents to the 'Beijing Consensus'? Crony Communism in China", 'Washington Consensus' versus 'Beijing Consensus' Conference.

2　You, Jong-Sung. 2005. *Embedded Autonomy or Crony Capitalism?* the annual meeting of the American Political Science Association, Washington, DC.

3　Skocpol, Theda. 1985. "Bringing the State back in: Strategies of Analysis in Current Research", in Peter B. Evans, Dietrich Rueschemeyer, Theda Skocpol (eds.), *Bringing the State back in*. eds., Cambridge: Cambridge University Press, pp.27-28.

4　〔美〕杜魯門：《政治過程——政治利益與公共輿論》，天津人民出版社 2005 年版。〔美〕艾拉·卡茨納爾遜：《工人階級的形成與國家——從美國視角看 19 世紀的英格蘭》，見彼得·埃文斯等編著：《找回國家》，方立維等譯，生活·讀書·新知三聯書店 2009 年版。

5　Skocpol, Theda. 1995. *Protecting Soldiers and Mothers: the Political Origins of Social Policy in United States*, The Belknap Press of Harvard University Press.

非成員性社團組織的興起[1]；而官僚自主性和國家自主性的研究則指向了官僚系統自身凝聚性和自主性對於政商關係的影響，它使得國家不為庇護關係和腐敗等問題所困擾[2]。

因此，本章"從國家的角度"，聚焦於地方政府具體的政策過程，考察政策過程中國家內部的制度結構和政策如何從根本上影響了企業家影響政府政策的方式和影響力。本章的經驗案例選擇了沿海 A 省 A 區，案例分析中考慮了以下幾個因素：其一，由於地方層面的研究更有可行性，本章將聚焦於某地方政府的政策過程。其二，由於本章中分析的企業並非只是"私營企業"，還包括了外資企業和三資企業等，因此，本章使用"企業家"而非"民營企業家"的概念，它主要指向的是非公經濟的企業家。其三，本章的"政策過程"並沒有特意區分政策制定和政策執行，因為在基層政府中，許多政策執行也是通過具體實施政策的制定而實現的，同樣，許多政策制定也是執行上級政策各項政策導向或者具體政策而制定。其四，本章關注的是企業家利用國家內部的空間而產生的各種政策影響方式。因此，那些隔絕於政府政策制定或者採用弱者的武器逃避政府政策執行的類型，以及那些訴求於媒體或者司法等外壓方式的政策影響方式，都不在本章分析範圍之內。

第二節　企業家政策影響方式的類型建構

基於對沿海 A 省 A 區的田野調查，本章發現，不同企業家的政策影響方式和影響力之所以會產生差異，不僅僅是由於企業家自身規模

1　Skocpol, Theda.and Morris P. Fiorina (eds.). 1999. *Civic Engagement in American Democracy*, Brookings institution Press. Skocpol, Theda, Marshall Ganz and Ziad Munson. 2000. "A Nation of Organizers: The Institution Origins of Civic Voluntarism in the United States", *American Political Science Review*, Vol.94, No.3. Schofer, Evan and Marion Fourcade-Gourinchas. 2001. "The Structural Contexts of Civic Engagement: Voluntary Association Membership in Comparative Perspective", *American Sociological Review*, Vol.66, No.6.

2　Johnson, Chalmers C. 1982. *MITI and the Japanese Miracle: The Growth Of Industrial Policy, 1925-1975*, Stanford: Stanford University Press. Johnson, Chalmers C. 1999. "The Developmental State: Odyssey of a Concept", in Meredith Woo-Cumings (ed.), *The Developmental State*, Cornell: Cornell University Press.

和市場化程度存在的差異。除了企業家自身對於政府的依賴程度和討價還價能力之外，國家的制度結構和政策在相當大程度上塑造了企業家如何影響政策過程。其一，國家的"制度結構"決定了企業家接近和影響（access）政策過程的渠道和空間。政治系統本身的開放度無疑是決定企業家如何影響政策過程最根本的制度結構性因素。與開放的政治系統提供給社會力量各種制度化政策影響途徑不同，在較為封閉的政治系統下，社會力量的政策影響途徑更為局限。正如在我國，政治系統的較為封閉無疑是構造企業家政策影響方式和影響力的重要根源，正如李寶梁所指出，中國的"超經濟強制"是民營企業家與官員建立"關係性合意"的重要根源[1]。然而，政治系統的相對封閉性也不意味着它就沒有有意或者無意地提供社會行動者其他接近政策過程的渠道。在本章的案例研究中，"權力的碎片化"以及"政策監控度"的弱化往往都提供了可資利用的空間。即便在較為封閉的政治系統下，企業家往往也依然可以或者可能在體制內利用國家制度和結構所提供的這些空間去影響政策過程，"非正式關係"無疑是其中重要的一種方式，然而，它並非全部。在具體的政策過程中，不同企業面對的權力結構以及政府自身的政策監控力度都存在差異，並且這種權力結構和政策監控力度也處於不斷的調整和變化之中，這些都會影響企業政策影響的空間，從而導致不同企業或者相同企業不同情況下訴求於不同的渠道去影響地方政策過程。

其二，國家的"政策目標"及其變化顯著地影響了企業家的政策影響力。在面對相對穩定的制度結構下，不同企業家的政策影響方式和影響力之所以會產生差異，除了上述企業可資利用的制度結構空間不同之外，國家的政策目標及其變化也在相當程度上影響了企業的不同政策影響力。這是由於政治系統的相對封閉性使得企業家的政策影響力往往在某種程度上取決於政府及其官員對於企業和企業家的依賴性，而政府

1　李寶梁：《從超經濟強制到關係性合意對民營企業家政治參與過程的一種分析》，《社會學研究》2001 年第 1 期。

自身的政策目標則是決定政府對於不同企業政策依賴度的重要因素，政府政策目標的變化會顯著地削弱或者增強政府及其官員對於企業的依賴度。不管是政府經濟發展和財稅增長的目標強化了政府對於支柱企業的依賴，還是政府推動產業升級、淘汰落後產業的產業政策增強了對於戰略性新興產業的依賴，抑或日益強調環境保護和科學發展的政策目標削弱了對於高能耗重污染企業的依賴，都表明政府的政策往往可以增強一些企業的政策影響力而削弱另外一些企業的政策影響力。特別是這種政策目標與政府及其官員的政績考核結合起來之時，在官員晉升錦標賽的競爭中，會因其強化政府及其官員對於企業的依賴度而更加顯著地影響企業家的政策影響力。從這個意義上來說，不管是地方政府對於企業的財稅依賴，還是官員對於企業的政績依賴，都在相當大程度上取決於政府的政策目標及其變化，因此，本章將政府對於企業的依賴看作是一種"政策依賴"。

因此，基於經驗案例的抽象和剖析，本章將規導企業家影響政策過程的國家制度結構歸結於兩個層次，即"政策監控度"（下文簡稱"監控度"）和"權力碎片化"（下文簡稱"碎片化"）；同時，將國家政策對於企業家政策影響力的影響歸結於政府對於企業的"政策依賴性"（下文簡稱"依賴性"）。具體而言，本章的案例分析中，"監控度"主要是指來自於國家內部對於地方政府政策過程的監控，它隨着國家內部監控制度和力度的變化而變化，它既指向國家內部代理人監控制度和機制，是一種制度結構性因素；也指向國家政策監控的力度，它隨着不同政策目標的優先度而變化；"碎片化"則主要是指國家權力在不同政府層級和部門的分割，從而使得企業家能在強監控之下利用權力碎片化所提供的空間來影響政策過程；政府對於企業的"依賴性"則主要包括兩個層次，一是地方政府對於財稅汲取的需求而產生的對於企業的財稅依賴；一是地方官員對於政績顯示度的需求而導致的對企業的政績依賴，國家的政策目標及其變化決定了地方政府對於不同企業的財稅依賴和政績依賴。

　　本章的經驗研究表明，不同的政策依賴性、政策監控度和權力碎片化使得企業家可以、可能或者不得不通過以下五種不同的方式去影響地方政策過程，即迎合政績、坐地要價、利益疏通、借力施壓和正式溝通。在政府的政策目標有利於企業而使得政府及其官員因其考核的需要而對企業產生依賴性的情況下，企業往往通過"迎合政績"和"坐地要價"來獲取政策影響力。其中，"迎合政績"是指企業家在與政府的關係中，充分利用自身的"顯示度"，迎合地方政府官員政績需要，爭取最大的政策影響力；"坐地要價"是指地方支柱企業自恃地方政府對其財稅的依賴而不斷地對政府提出各種政策要求；對於這兩種類型，雖然也不乏有面子上的人情往來，但是企業家並非指望通過強度的關係建構來實現對於政府政策的影響，它們的政策影響力最終還是來源於政府對於企業的依賴。而當政府的政策目標不利於企業而使得地方政府對於企業和企業家沒有什麼依賴性的時候，企業家往往可能求訴於"利益疏通"和"借力施壓"來影響地方政策過程。前者是一種底層路綫，而後者是一種上層路綫，兩者都充分利用了國家權力的碎片化：當政策監控比較弱的時候，企業家往往能夠通過利益疏通"搞定"基層官員，還可以充分基層不同部門之間的權力分割和職責推諉來實現其政策目標，這種利益疏通既包括偶發性的利益交換，也包括長期的人情關係建構；而當上級政府的政策監控力度加強時，基層官員不得不考慮到可能存在的風險時，利益疏通對於地方政府政策過程的影響力就下降了，在這樣的情況下，一個可能的出路是"借力施壓"，即由於權力在不同層級政府和不同部門的分割，因此，即便在上級政府政策監控強化而導致企業家無法"搞定"地方政府的情況下，如果企業家能夠借用上級官員資源，他們也可以求助於其他更高的政府層級或者部門來改變地方政府的政策。最後，如果地方政府對於企業的依賴性很低，而政策監控又非常強，甚至這種監控強到不管是基層官員還是"上面的"的資源也不敢隨意介入的時候，企業家可能最終只有通過已有的制度化和組織化的渠道"正式反映意見"。

進而，這五種方式各自的政策影響力也在相當大程度上為不同的依賴性、監控度和碎片化所決定。這裏，所謂"政策影響力"並非一個可以完全客觀地測量和比較的概念，不過，本章試圖從三個方面來把握"影響力"的大小。其一，主觀上企業家的評價。企業家對於其與政府的關係評價最正面，對於"政府"滿意度最高，往往是因為政府對其的"支持力度"最大，它實際上也指向了企業家的政策影響力最大；反之，企業家對於其與政府的關係評價最負面，對政府的滿意度最低，往往是因為政府對於其的政策制定和執行最"嚴厲"，它往往也指向了企業家的政策影響力最低；其二，客觀上企業家政策目標的實現。越能夠實現企業家的政策目標，其政策影響力越大；反之，如果企業家的政策目標完全沒有辦法通過這種政策影響途徑實現，那麼，其政策影響力越低。這兩者之間也存在難以客觀測量的部分實現其政策目標的中間地帶；其三，政府對於企業訴求的回應性。越具政策影響力的企業越能夠得到政府的"積極回應"和"賣力辦事"，而對於政策影響較小的企業，政府更多是"不理不睬"和"不明不白"。

基於此，比較以上五種政策影響方式（見表 3-1），本章認為，政府對於企業的"依賴性"越大，政策"監控度"越弱，權力"碎片化"越嚴重，企業家的政策影響力越大。其中，"迎合政績"具有最大的政策影響力，相對而言，政府的支持力度最大，企業家對於政府的滿意度也最大。這種政策影響力正是根源於地方政府對於企業強烈的政績依賴度。在政策監控度很弱的情況下，這種政策影響力無疑最為巨大；即便是在自上而下的政策監控度很強的情況下，相對於其他方式，它更有可能使得地方政府在強烈政績衝動下為企業規避政策監控，特別是在上下級政府政績同構的情況下，這種政策監控會進一步虛化。對比而言，"正式溝通"的政策影響力最弱，企業家基本上沒有辦法影響政策過程，它們對於政府也最多不滿和抱怨。這不僅是由於制度化利益表達渠道自身的局限，而且是由於但凡最終訴求於體制內正式渠道的企業家，往往都是在其他渠道都走不通的情況下不得已的選擇，這意味着企業家這時候自身的議價能力本來就已經是最弱的了。特別是這種"正式渠道"本身就是體制內的，它意味着企業家即便無路可走，也仍然不願意或者難以通過訴求於諸如媒體等體制外的方式來影響政策過程，無意將這種不滿激化為體制外的對抗。在這種情況下，正式的利益表達渠道也就難以對其有太大助益。

此外，"坐地要價"、"利益疏通"和"借力施壓"的政策影響力居於這兩者之間，所謂政策影響力"較強"，指向的並非是這種影響力一定比"迎合政績"弱小，而是指它們都能夠在一定程度上讓企業家實現其政策目標，但是，國家內部都存在逆向的力量去削弱其政策影響力，使得這種影響力具有"不確定性"。這種不確定性意味着這三種方式可能有時候各自都能獲得巨大的政策影響力，但有時候卻可能也無能為力。對於"坐地要價"而言，雖然政府對於企業有一定的財稅依賴，從而使得它有一定的政策影響力，特別是政策監控比較弱的時候；但是，由於這種依賴度就相對於政績依賴而言較低，當自上而下政策監控度顯著加強的時候，企業難以遊說地方政府為其"破規則"，因此，政府和企業雙方雖然也有相互妥協和合作，但也存在相當的彼此不滿意和不信任；而對於"利益疏通"而言，一方面，地方政府對企業的依賴度很低，這使得它沒有與地方政府討價還價的能力；當政策監控強化的時候，它的影響力就可能受到極大的削弱；另一方面，如果企業家能夠建立起足夠"穩固"的關係網絡，他們也可以非常成功地利用監控弱化的空間去規避政府的政策；同時，在既缺乏政府的依賴性，而又可能更為強度的監控度之下，當企業家試圖利用"權力的碎片化"在上層權力部門或者官員中尋求庇護而"借力施壓"的時候，有可能因其給官員和上級部門可能帶來的風險而難以成功"借力"，不過，如果企業家能夠"找對人＂，這個影響力也可能具有無可比擬的優勢。

當然，這五種方式可能更接近於＂理想類型＂，一方面，這是因為在實際的社會生活中，在國家內部的結構性力量的束縛性之下，社會行動者仍然有其自身策略選擇的能動性；另一方面，這也是因為在實際的政策過程中，各種政策影響方式並非完全相互孤立，企業家可能使用了幾種政策影響方式去實現自身的目標。比如，企業家既可能迎合政策來獲得最大的議價能力，也可能在項目落地、政績依賴度下降的時候，求訴於借力施壓來進一步影響政策過程；地方支柱企業可能常常坐地要價，但是也不排除在監控力度強而其又特別想達成的政策目標中，採取利益疏通的方式。不過，本章旨在將每一種政策影響方式背後的國家內部的邏輯呈現出來，因此，不着力分析各種政策影響方式的策略性運用。

表 3-1　企業家對地方政策過程的影響方式和影響力

政策影響方式	國家的政策目標	國家的制度結構		影響力
	依賴度	碎片化	監控度	
迎合政績	最強	—	—	最強
坐地要價	較強	—	—	較強
利益疏通	弱	強	弱	較強
借力施壓	弱	強	較強	較強
正式溝通	弱	弱	最強	最弱

第三節　企業家影響政策過程的案例分析

不同企業的具體政策目標有很大的不同，同一個企業也可能有多重的政策目標。在本章的案例中，政府的政策目標越有利於企業，政府對於企業的依賴度越大，企業越有能力實現其進取型的政策目標，即要求政府積極主動地提供土地資金的優惠扶持以及更好的公共服務等；反之，政府的政策目標越不利於企業，政府對於企業的依賴度越低，企業越不可能實現其積極進取型政策目標。在這樣的情況下，喪失議價能力的企業雖然也能通過利用國家制度結構所提供的空間來獲得很大的政策影響力，但是，它們往往只能實現其諸如規避政府的政策監控或者要求矯正在企業角度看來政府不公正的對待等相對保守型的政策目標。

一、迎合政績：新能源企業

政府的產業政策無疑對於企業有非常重大的影響。產業政策與政績考核的結合，使得地方政府已經不僅僅是在單純地追求 GDP 的簡單增長，而是更加熱衷於追求那些能給地方政府和官員帶來政績“顯示度”的產業發展。因此，對於那些國家產業政策重點扶持的企業而言，政府對其的依賴性最為顯著，從而也使得這些企業獲得了最大的政策影響力，它們甚至可以削弱自上而下的政策監控。

在經驗調查過程中，相對於其他企業，L 企業的政策影響力最強，這種政策影響力並非來源於人情關係或者政府對企業的財稅依賴。L 企業的 R 總認為，政府對於 L 企業的支持並不是由於他們與當地政府有特別的關係或者門道，這個說法也得到了 A 區一個政府官員的證實。那麼，是否是如“發展型地方政府”所判斷，企業的政策影響力是來源於地方政府對其財稅徵繳方面的依賴？實際情況並非如此。L 企業的財稅貢獻非常小，A 區 2012 年的地方可支配財力是三十幾億，地方公共財政收入是十九億多，而 L 企業在 A 區落戶的城市乘用電動車生產項目還沒有獲得國家發放的生產資質，短期內基本上沒有稅收貢獻。

那麼，為什麼 L 企業有這麼大的政策影響力？這在很大程度上根源於國家的產業政策導致了地方官員對其的政績依賴，而 L 企業對地方政府政績需要的迎合使得他們獲得了最大的政策影響力。最初 L 企業只不過是深圳的一個幾百人的中型企業，還未獲得城市乘用電動車的生產資質，而主要是生產出口外銷的電瓶車。在國家大力推動戰略性新興產業發展之後，2010 年 A 省出台了 "十二五規劃"，明確提出要加快發展戰略性新興產業，其中重點突破高端新型電子信息、電動等新能源汽車、半導體照明三大產業。L 企業敏銳地抓住了這個契機，其老闆非常積極地與各級發改部門聯繫，尋找政府扶持的機會，並且不斷宣傳他們是新能源汽車生產的行業領先企業，放出風讓各地政府去招商，讓地方政府之間不斷競價。當時，包括北京和天津在內的許多外地政府領導都前往其在深圳的工廠參觀招商，A 省省內也有三個地級市政府參與了其在 A 省的項目競標。L 企業的負責人就提到："2009 年新能源汽車被列為新興產業後，全國各級招商領導不斷到我們這裏參觀招商。"[1] 而 A 市作為 A 省的經濟總量排名靠前的城市，也急於在這三大產業上有所作為，而高端新型電子信息和半導體照明這兩個產業，A 市已經有較為知名的企業，獨缺新能源汽車，因此，不管是 A 市還是 A 區都急於有所作為。這種情況又由於 A 區區領導的處境而進一步加劇。A 區區領導剛剛由市裏調任而來，他也急於創造政績來穩固自己的位置。因此，L 企業的落戶對於地方政府官員的政績非常可觀。

在項目落戶 A 區動工之後，對於政府對其還沒有具有生產資質和上路牌照的疑慮，L 企業對政府又不斷強調他們參與了工信部 "經濟型純電動乘用車" 產品標準制定，"據他們說，工信部會在適當時候會放出幾個牌照，具備這個條件的、符合規範的、衝壓焊接塗裝和總裝四大工藝齊全的才有可能入選，所以，它（L 企業）就不斷遊說政府說，發展要搶在起跑綫上，前期已經投入這麼多了，就差臨門一腳了，讓政府配合要做好最後的工作。"[2] 並且，進駐 A 區之後，L 企業 2011 年申請到了 A 省戰略性新興產業，從 2011 年開始每年都立項成為省市區三級的重點建設項目，也不斷凸顯其在區域中的 "顯示度"，以助於地方政府

1　訪談，L 企業 R 總，2012 年 2 月 1 日。

2　訪談，區政府官員，2013 年 1 月 28 日。

收穫政績。

　　L企業對於地方政府政績衝動的迎合帶來了豐碩的成果。第一，就"政策目標的實現"而言，地方政府對於L企業的要價充分地滿足，其政策"扶持力度"非常之大。在L企業還沒有獲取任何國家頒發的乘用電動車生產資質和上路牌照的情況下，也就是說存在政府和企業所有投入最後都淪為泡沫的高風險情況之下，地方政府就給出了令人驚嘆的優惠政策，包括地方政府為其銀行貸款貼息數億，土地零地價，地方稅收兩免三減半（即稅收的地方政府留成部分兩年全額返還，三年減半徵收），地方零收費；並且，項目開始建設後，各級政府都給與了大量財政補貼，L企業註冊資金1個億，它在A區的項目僅2012年一年就拿到了各級政府4000萬的扶持經費。在高額投入之下，地方政府就猶如被企業"套牢"，還不得不不斷為企業爭取生產資質和上路牌照。比如，項目施工後，為了推動企業的生產和銷售，A區努力向上級政府爭取了新能源汽車在A區的示範運營，即在A區開設專營店，並允許電動汽車在A區地域內上路行駛，且政府對每輛車都補貼買家1.5萬元。目前，地方政府還通過各種可能的途徑想要幫L企業打通關係，在更大範圍內讓其生產的汽車上路。

　　並且，在這種強烈的政績需求之下，自上而下的監控被大大地弱化了，不僅當地政府，而且省市級政府都會為企業的要求"開綠燈"。A區的一位區政府官員也承認："政府太想樹政績了，所以和這些企業打交道完全沒有底氣，手裏面沒有牌和它們討價還價，它們要什麼條件就給什麼條件。他們公司（L企業）很離譜，就派了幾個人來這邊負責事務，不管是日常吃飯、住宿等都由地方政府包乾，它們就三四個人調動了政府這麼多資源、人力物力和財力，給政府帶來這麼多壓力，政府有強烈的替公司打工的感覺。"[1] 市區兩級政府各部門都不斷為企業的事情

1　訪談，區政府官員，2013年1月28日。

召開協調會，推動各種審批程序的從簡從快辦理；同時，省裏面將企業項目立為省重點項目，從而為企業辦事開了綠色通道。比如，在土地徵收這樣棘手的問題上，地方政府就不惜不計成本為企業拿地。A 區地處經濟發達地區，工業用地指標一直很緊張，當時並沒有這麼大塊土地給 L 企業。但是，為了讓 L 企業落戶，A 區竟然將已賣給其他企業的土地收回，這塊地政府 2007 年已經收了別人的錢，但是土地證還沒有辦下來，政府就把錢退給別人，前後收了 3000 畝地，這相當於地方政府毀約，政府背了很大壓力。

就政府的"回應性"而言，L 企業與政府有更直接的溝通渠道，通過頻繁的協調會或者直接電話溝通等方式，使得反映的問題能夠得到政府較為有效率的回應和處理。根據 L 企業負責人 R 總介紹，地方政府專門成立了"項目指揮部"，就駐紮在 L 企業項目部的旁邊，由區長任組長，各部門負責人參加，幾乎每個月 L 企業都會與市里和區裏有關部門開協調會。政府在基建報建、立項和資金申請等方面都給予幫助，遇到問題就會開協調會，區裏和市裏都開，解決建設過程中的問題，比如"三通一平"中面對的問題、報批程序的問題。政府給予了很多綠色通道，派出所也在 L 企業項目中心旁邊專門駐了點。在建廠過程中，L 企業提出需要一個臨時總裝車間，廠房也最終政府幫忙找到。對此，R 總就承認："政府對我們的要求還是比較'積極響應'的，我們能看到他們在主動作事情。比如說，我們廠門口的這條路之前一直都沒有路燈，我們來了後就裝了路燈，所以旁邊企業都開玩笑說是沾了我們的光。我覺得最重要的還是我們有'顯示度'，市長、副市長、還有國務院的，上次省主要領導都說要過來，你路燈都沒有一個，政府也會有壓力的。"[1]政府的這種"賣力"與對待其他小企業的以"拖"為要訣的"不理不睬"的態度形成了鮮明的對比。

---

1 訪談，L 企業 R 總，2013 年 2 月 1 日。

也正因如此，L 企業對於地方政府的滿意度最高："政府重視和支持力度很大，我們和政府是一種'互動'和'相得益彰'的關係，比較親密。"[1]

二、坐地要價：地方支柱企業

與地方實際經濟貢獻很小的 L 企業通過迎合政績需要獲得極大的政策影響力不同，Y 企業是真正的地方支柱企業，對於地方財稅收入和經濟發展指標完成有重大貢獻，國家經濟發展的政策目標使得政府對其有相當的財稅依賴性，從而使得它也具有相當的政策影響力。然而，國家的產業政策也顯然對它有顯著的負面影響，作為傳統的紡織產業，政府不確定它是否是"騰籠換鳥"的產業政策中騰出去的那隻鳥，因此，政府對其的政績依賴性顯然低於新能源企業，從而使得其政策影響力受到局限，特別是在國家政策監控力度加大而進一步收縮其政策影響空間的時候。

Y 企業是一家港資企業，是 A 區的納稅大戶，它是亞洲最大的紡織加工企業，1988 年就落戶 A 區。到 2012 年，Y 企業一年營業額 50 多個億，年繳納地方稅收留成 3 個多億，年繳納社保 2 個多億，並為 A 區提供就業崗位 3 萬多個。並且，當地政府不僅對於 Y 企業有很高的財稅依賴度，而且在完成上級經濟考核指標的時候，政府有時候也不得不有求於 Y 企業。比如，每年上級政府都有外資引進指標，2012 年上級政府大幅度增加指標，A 區顯然難以完成，這時就由區主要領導出面請 Y 企業增資擴產，Y 企業也很配合地增資了 5000 萬美元，使得 A 區順利完成了外資引進任務。有時候這種依賴甚至不僅僅是經濟問題。A 區的一位官員舉了一個例子生動地展現了這種關係："有一次國務院領導到我省考察，找了八家企業座談，其中就有 Y 企業。這讓區裏非常緊張，

1　訪談，L 企業 R 總，2013 年 2 月 1 日。

擔心 Y 企業在座談會上反映區政府的問題，所以區裏就積極和 Y 企業溝通，最後由政府擬定了一個書面發言稿作為 Y 企業的彙報材料提交。"[1]

Y 企業自恃是 A 區的支柱企業，地方政府依賴於它；並且，作為"正規的大公司"，它也不屑於靠"打通關係"來影響政府政策，因此它總是直接給政府坐地要價。根據 A 區一位負責人的說法，Y 企業"總是認為 A 區離不開它，總是提一些要求。比如，它向政府要地建所謂的 Y 紡織科技園，要求政府幫它徵地，那政府就說現在徵地成本高，政府不賺錢了，成本價讓地給你，但是它認為這還不夠，政府應該讓利補貼，高價徵地低價讓地給它。而且這個科技園本來就不符合現在的城市規劃，它又要求更改城市規劃來使得科技園項目獲批"[2]。Y 企業的 W 總也談到了繳納殘疾人保障金的事情。根據相關規定，地方殘聯要向企業收取殘疾人保障金，繳納比例是 1.5%，就是說一百個工人中應該請一個殘疾人，不請的話就按照一個人一年 2 萬元來交。Y 企業三萬多人，要交三四百個名額，也就是每年六七百萬的殘疾人保障金。W 總說："殘疾人保障金不知道是什麼時候的規定，很多年前的流氓條款，殘聯哪有那麼多殘疾人要他們安排，還不是他們自己用了，用不完就收回政府了；況且我們不是不請殘疾人啊，是沒有殘疾人請啊。我們從來沒有交過，現在上面抓得緊了，又來查我們，反正我們就拖唄，可以耍賴，反正政府也經常這樣。"[3]對於 Y 企業的這種坐地要價，A 區有時候也不得不給它面子。比如，在治理滄江污染源的過程中，在對其他小企業採取嚴厲的限制措施的同時，對於 Y 企業要求增加 3 萬噸／天的污水排放量問題，區政府相對就寬容很多，只是要求相關部門要進一步加強 Y 企業的引導和幫助工作，支持其不斷提高治污水平，早日實現達標排放。[4]

---

1 訪談，區政府官員，2013 年 1 月 28 日。

2 同上。

3 訪談，Y 企業 W 總，2013 年 1 月 29 日。

4 區政府工作會議紀要，〔2011〕25 號文，2011 年 6 月 29 日。

然而，作為地方支柱企業的 Y 企業並非如現有研究所設想的那樣與政府是一種“榮辱與共”的“戰略合作”關係，在 Y 企業老總看來，Y 企業並沒有 L 企業那樣大的政策影響力，它的影響力甚至比不上小企業。W 總就認為：“我們有機會製造一些聲音，但小企業更容易解決問題，用錢就可以了，我們更多是打電話，寫報告，‘官方往來’解決不了的，能幫到我們的就不多。”[1] 比較而言，Y 企業坐地要價的成效顯然不如 L 企業對於政績的迎合，政府可以以零地價讓地給 L 企業，可以將已賣出的地收回來給 L 企業，但是不能低價讓地給 Y 企業，也不會因為 Y 企業修改城市規劃。因此，Y 企業對於當地政府有一堆意見。比如，政府認為 Y 企業在紡織科技園的徵地上漫天要價，不符合城市規劃。而 Y 企業認為，這些問題根本上都是政府造成的。因為上級政府規定紡織印染企業如果不在國家或者省裏批准的科技園區內，就不能增資擴產。雖然 Y 企業的污水處理做得很好，基本上達到了國家的排放標準，也未超出當地政府的排放指標控制。但是，由於 Y 企業不是在一個園區中，有好幾個廠區，所以產能提升項目計劃就不能通過審批。所以，Y 企業才想在原有廠房的三舊改造和廠房升級的基礎之上，建立一個科技園區，解決企業做大擴產的問題。但是，政府又卡它說不符合城市規劃，因為“現在城市規劃又變了，舊廠房可以在那個地方，你拆了再建又不行了，因為可能新規劃說新廠房要後退多少米，或者又說這塊地已經改成了商業用地之類的。沒有科技園我們就不能改造，不能擴產”。W 總對此有很大意見：“上面的官為了政績要減排節能，這些決定都是拍腦袋，不分做好做壞，一刀切。”[2] 又比如，對於上面提到的環保問題的政策傾斜，政府認為已經在照顧 Y 企業了，但是，在 Y 企業看來，作為大企業，在環保問題上已經做得非常規範，完全達標，政府當然不能把

1　訪談，Y 企業 W 總，2013 年 1 月 29 日。

2　同上。

它和那些重污染的小企業一視同仁。

　　Y 企業政策影響力的局限不僅與 "依賴性" 有關，也與 "監控度" 有關。就依賴度而言，對於 Y 企業的依賴更多是 "政府" 的依賴而非 "官員" 個人的依賴。W 總就說："領導變化太多，我們這裏 12 年換了 6 個領導，平均兩年換一個。現在基層領導上升途徑都是上面的人到基層鍛煉鍛煉下就走，這成了常態，要的是急功近利，要短期政績，我們的成績是過去的人的成績，所以不會有人會真正為企業的長期發展考慮。"[1] 並且，雖然地方政府在財稅上依賴於它，但是，"反正走不了"。W 總就談到："我們也說要走，把總部搬到北京去，在北京交稅，但是，也不好總是給政府提這個。" 除了無法迎合官員的政績需求之外，Y 企業也沒有努力建立與官員的個人 "關係"，在這種 "公對公" 的坐地要價中，地方官員沒有任何個人衝動去為 Y 企業賣力做事。

　　就監控度而言，雖然政府有時候也對它做出政策讓步，但這種讓步卻因政策監控度的不斷強化而空間逐步收窄。在政府內部監控強化的情況下，對於新能源企業而言，高度的政績依賴既使得地方政府有強烈的 "動力" 去 "破規則" 和 "開綠燈"，也使得地方政府有 "能力" 去遊說同樣政績衝動的上級政府降低監控而提供支持。但是，對於 Y 企業這樣政績顯示度比較低的企業而言，遇上上級監控不斷加強的政策問題時，地方政府往往既缺乏動力也缺乏能力去替企業辦事。在 W 總看來，最初企業落戶的時候政府總是願意為企業破規矩："早前的領導很重視，先不說給了什麼優惠，最重要的表現是 '問題先解決，然後再走流程'，'什麼規則都可以破'。而現在各級各部門官員求 '自保' 而不敢為企業破規矩、為企業找出路。""現在政府更透明更民主了，帶來的效率低下是顯而易見的。不知從什麼時候開始，我們領導為了保證系統安全廉潔，有不成文的規定，本地人不能任一把手，這些不是本地

1　訪談，Y 企業 W 總，2013 年 1 月 29 日。

人，之間的鬥爭太多，誰都不敢隨意行事，為了自身安全，不會為企業着想。" 對政府下面的各個部門而言："領導換得很快，沒有機會培養人就走了，那下面的人又看不到上升的機會，所以也不會幫領導怎麼做。所以，政府協調能力很差，找各個部門，規劃、環保、建設等都是相互推諉，我們有事是可以直接找區領導，但是，哪怕我可以直接打個電話給區領導，現在也沒有用。"[1]

因此，對於與政府的關係，Y 企業的 W 總認為："我們與政府打交道是'被動'的，政府個別領導如果重視，就會給你多一些'方便'；如果不重視，我們也沒辦法。"[2]

三、借力施壓：高風險的銀礦項目

如果說產業轉型升級以及經濟增長的政策目標決定了新能源企業和紡織支柱企業的影響力來源，那麼，在那些涉及到生產安全、環境保護和社會穩定的領域，企業如果有礙於政府相關政策目標的實現，政府對其的依賴度將大大降低，這些企業往往會因為缺乏政府依賴度而喪失議價能力，如果說在政府政策監控弱的時候，它們還能通過利益疏通來影響政策過程，那麼，當政策監控強化而使得地方政府必須面對更大風險的時候，"搞定"當地政府就不是那麼簡單的事情了。在這種情況下，權力的碎片化為借力施壓提供了可能性，企業常常會找"上面"來向地方政府施壓，A 區的 F 銀礦項目正是如此。

大概 2000 年左右，國務院領導帶了一個團到加拿大招商，F 銀礦項目當時是國土資源部負責推介的，項目老闆是加拿大華裔，已經入了加拿大國籍，當時，項目老闆即與隨團的國土資源部門和地方政府簽訂了投資意向書。後來這個老闆就在 A 區進行了前期深入的勘探，勘探

---

1 訪談，Y 企業 W 總，2013 年 1 月 29 日。

2 同上。

的結論是 A 區有亞洲最大的金銀伴生礦，就在 A 區 F 鎮的下面。2009 年，項目方將環評報告書提交給地方政府，要求正式採礦，當時據說銀礦項目老闆已投入勘探、規劃、環保論證和關係等各種前期費用幾千萬。對此，雖然十年前已經簽訂了投資意向書，但是時隔多年，地方政府有了更多的考慮和擔憂。2010 年後，A 區環保部門多次組織專家和有關部門對環評報告書進行審查，並反覆提出環評報告書在水污染源、尾礦庫處理和環境風險等方面存在問題，由於項目方一直無法對政府提出的問題給出正面的回覆，在這樣的情況下，A 區政府也一直拒絕給出環評報告所需的當地政府同意意見書。

A 區顯然有它自己的考慮，對於地方政府而言，這是一個責任和風險大而收益小的事情。從依賴度上來說，這個項目對於地方政府無利可圖，它既沒有新能源企業的政績顯示度，也沒有支柱企業的財稅依賴。同時，這個項目又存在很大的風險。A 區關於 "A 市 A 區 Y 銀礦項目有關情況的說明" 中就提到："凡資源開發或利用，必帶來安全問題——日本核泄漏、去年的紫金礦業污染和韶關冶煉北江鉈超標等等環境事件反覆昭示了此點。就 Y 銀礦項目而言，我區認為，問題的核心，並不是由誰採及何時採的問題，而是安全問題，即生態安全、生產安全和維穩安全等三個互為關聯而又高度敏感的問題。"[1]

首先，在生態安全上，地方政府認為，把礦採出來後，要選礦和洗礦，肯定會大量排放工業污水，雖然項目方在可行性和環保報告上說採用國際先進工業，既節約水又沒有什麼污染，排放的污水水質符合國家三類水標準，甚至說排放的污水經城區秀麗河涌排放到滄江再到西江，而秀麗河涌的水是四類水標準，所以他們排放的污水 "有助於水質的提升"。在地方政府看來這個說法無疑很滑稽，他們對項目方的說法和論證顯然完全不信任。其次，在生產安全方面，採礦帶正好是在 F 鎮中心

---

1 區府辦，《A 市 A 區 Y 銀礦項目有關情況的說明》，2011 年 8 月。

區，上面就有小學、中學和大學等五六個學校，居民學生超過 2 萬人，一旦出事後果不堪設想。並且，F 鎮本來就是溶洞型地質，已經有地陷發生過，一旦出事，那可能就會出現重大安全事故。在地方官員看來，"這可是死人的事情，誰讓這個項目上，他的官帽可能隨時不保。"[1] 此外，開採還涉及到了西江水倒灌的問題。整個採礦帶距離西江主河道只有幾十米，在開礦後，水壓倒逼，可能會導致西江水倒灌，出現重大安全事故。而項目方承諾說保持 100 多米的隔離帶，但是在地方政府看來，一旦開採，主動性完全在他方，礦這麼值錢，會不會守住承諾的 100 多米的隔離帶？地方政府也認為無法控制。最後，在維穩安全上，地方政府以社會反對作為理由，提出 A 區社會各界意見以反對者居多，"我區的人大代表、政協委員、離退休老幹部、各界市民、網民，通過多種渠道表達了反對意見，給黨委政府造成了很大壓力；同時，我區於去年 11 月就《A 區礦產資源總體規劃（2010—2015）》開展了較大規模公眾意見諮詢，公眾均對 F 銀礦的開發表達了反對的意見。"[2] 因此，A 區政府也向上級彙報認為引進此項目有可能對維穩工作不利。

正是基於以上考慮，地方政府不想讓該項目上馬，於是就在環評報告上卡項目的審批，環評報告需要地方政府的意見，地方政府就提出了近 20 個問題，實際上是項目方完全無法解決的問題。這使得項目一直沒有實質性進展。

在這樣的情況下，項目方非常不滿，因為在他們看來，早在 2000 年左右地方政府已經與他們簽訂了投資意向合同書，而地方政府現在的做法相當於違約。不過，他們也並沒有通過司法途徑來尋求問題的解決。他們先是聘請了很多本地的領導老幹部做顧問，這些本地幹部勢力大，可以擺平來自村民和幹部等的不同聲音，當政府有時候拿這些做幌

---

1 訪談，區政府官員，2013 年 1 月 19 日。

2 區府辦，《A 市 A 區 Y 銀礦項目有關情況的說明》，2011 年 8 月。

子拒絕項目方要求的時候，他們可以站出來說幫政府擺平，使得政府沒話可說。緊接着，項目方採取了借力施壓的方式。2011 年 7、8 月的時候，A 區政府突然收到省經信委的通知，省經信委的副巡視員要帶隊下來了解此事。原來是項目老闆通過關係找到原國家領導人的親近的一個工作人員，現為國務院參事，這個工作人員給省委主要負責人寫了一封信，並附了老闆關於項目進展的報告，希望省主要領導親自關心過問此事。最後省領導批示由副省長牽頭經信委參與了解研究處理這件事情。所以經信委就派了工作組下來組織了座談會。不過經信委的態度並沒有特別偏向項目方，他們拒絕了項目方的晚宴邀請，並私下詢問地方政府的態度，地方政府就表示，村民、政府、居民和機關幹部職工都不希望這個項目上。按照 A 區政府官員的說法：省領導就是批示了下，也沒有說就一定讓它上，所以經信委的也就下來了解下情況彙報上去就可以了，地方政府也沒有感受到特別大的壓力。

接下來，項目方又通過中央有關部門向地方政府施壓。這個老闆似乎與中央有關部門領導建立了很好的關係，並且他也有當時的投資意向書作為理據。在這樣的情況下，一位副部長兩次約談了地方政府主要領導。一次是在項目方的陪同下，在北京約見了區政府主要領導，要求地方政府積極配合項目方開發，據說口氣十分不友好，很嚴厲。地方政府如果不支持項目的話，會在執法檢查和違規治理上找麻煩，這次，地方政府是感覺到了“切切實實的壓力”。2010 年上半年換屆，新領導上任後，該名副部長又專程到區裏約見了一次新領導。這次之後，項目方趁熱打鐵找到地方政府，地方政府召集了書記、副書記、分管國土和經貿的副區長、紀委書記等所有可能涉及到責任的相關部門的領導集體接待他，區裏在會上提出兩個條件。第一，希望這個老闆利用和中央有關部委的關係，為區裏多爭取一些用地指標；第二，希望項目方把納米選礦等有技術含量的產業項目放在 A 區來，把地方政府更有收益的項目放在 A 區來。目前，銀礦項目仍在推進過程中。

四、正式溝通：強力治理中的小企業

對於政府強力治理環境污染事件中的小印染企業而言，不管是環境治理政策目標的日益凸顯，還是產業政策的不斷推行，抑或經濟增長目標中其微乎其微的財稅貢獻，都使得政府對它們的財稅和政績依賴度非常低。進而，與成功地利用了權力碎片化來借力施壓的銀礦企業不同，政策監控的進一步強化收縮了國家內部可資利用的空間，上級紀委已經將街道環保所的一位工作人員作為印染廠環境污染的"保護傘"進行了查處並判刑入獄，上面也不會有人敢在這個時候站出來為重污染小企業說話。因此，企業老闆很難通過打通上面的關係來"借力施壓"，並且強力治理也打破了通過人情關係"搞定"當地政府官員的可能性。那麼，這些小企業怎麼辦呢？這時候，印染企業通過"正式溝通"的方式向區委區政府"反映意見"。其一是通過政協的制度化渠道；其二是通過紡織協會的組織化渠道。這裏，所謂"反映意見"是來源於 A 區紡織協會一位秘書長的話，他說："我們不是'維權'，不是與政府'談判'，因為維權和談判是說政府你是錯的，你要改過來；而我們'反映意見'是說我們並不試圖指責政府做錯了，但是希望政府幫忙解決企業發展中遇到的困難。"[1] A 區 2007 年和 2010 年兩度被中國紡織工業協會授予中國紡織產業基地稱號，成為全國 28 個紡織產業基地之一。目前，A 區有 23 家規模較小的紡織染整企業。這 23 家企業，用區政府的定位來說就是"能耗大、污染大、貢獻小"。就貢獻而言，據 2011 年數據顯示，這 23 家企業平均用工才 180 人，平均畝產稅收 2.5 萬元，納稅總額僅佔全區財稅總收入的 0.5%，同時，23 家企業用電量卻佔全區用電量的 4.8%，主要三項污染指標佔了全區的大半：工業廢水排放量佔全區的 56.7%，化學需氧量排放佔全區的 71.9%，氨氮排放量佔全區的 68.2%。[2]

---

1 訪談，紡織（服裝）協會 L 秘書長，2012 年 8 月 14 日。

2 區經濟促進局，《當前 A 區紡織染整業發展狀況調研報告》，2012 年 8 月 7 日。

同時，上級政府對於環保的考核越來越嚴。A 區環保部門負責人就介紹，目前，國家對於環保的監控方式主要有兩方面，即總量控制和減排考核，目標層層下放。這種壓力不僅僅是環保的壓力而言，它也直接影響了 A 區的經濟佈局。因為 "如果排污容量沒有下降，就不能上新的排污項目。我們去年有一家世界 500 強項目，儘管土地和廠房已經解決，但是最終受制於容量指標無法落地。另外，某個地區一旦出現環境污染事故，省政府就可能對整個地區限排限批，比如 S 市就已經發生。如果出現了環境污染事故，可能導致全市都要限排限批"[1]。

在這樣的情況下，A 區在 2011 年 6 月啟動了對於印染企業的整治，提出要 "強力治理" 存在突出問題的污染源，對存在嚴重污染的紡織城印染企業採取 "九查、五限制、四鼓勵、一強化" 措施限制其發展。所謂 "九查" 就是把政府能用上的查企業的手段都用上，比如，查環評手續和環保設施等是否完善、查消防設施是否達標、查污水處理費和排污費是否按政策繳納、查是否違反勞動合同法和是否為工人購買社保、查是否繳納殘疾人基金、查是否存在偷稅漏稅行為等。"五限制" 則主要限制企業污染物排放標準和排放總量，限制用電用水量、限制自取水續期以及限制擴建和土地利用等。[2]

"九查五限制" 政策出台後，印染企業怨聲載道，雖然他們不敢直接指責政府，但是私底下他們卻非常不滿政府，在訪談過程中，他們對政府的怨氣和不滿是最多的。在他們看來，責任並非完全在企業，環保排污問題政府也有很大責任。一方面，政府當時建立紡織工業園時，沒有搞好工業污水處理廠配套，使得印染企業排放的污水只能通過生活污水處理廠處理，從而造成現在的歷史遺留問題；另一方面，城市生活污水處理廠處理容量不夠也完全是由於政府的不當引發：城市污水處理

1　訪談，A 區國土城建和環保局負責人，2012 年 8 月 15 日。
2　區政府工作會議紀要，〔2011〕25 號文，2011 年 6 月 29 日。

廠建立之時居然沒有將污水處理管道和雨水排放管道分開，所以多雨的季節大量雨水直接排放污水處理廠處理，直接導致污水處理總量超標，使得印染企業排放的大量工業污水倒灌到西江，引發嚴重的水污染。因此，在印染企業看來，"政府的失責不應該讓企業來買單"。並且，他們還非常不滿政府的產業政策。YJ 公司的 L 副總就說："政府偏重於高新企業，但什麼是高新，而是要看在產業鏈條中什麼環節。飛機高新，但是機板上的噴漆也是污染行業。"[1] 紡協的秘書長也說："在紡織行業，科技含量最重的就是印染，在傳統行業，中國掌握核心技術的就是印染，是傳統優勢行業，是民生支柱行業。"[2] 紡織協會的會長更直接表達自己的不滿："那些規定有法律依據嗎？就這樣居然還成為正式的文件哦，我們又不是黑社會，我們是合法的企業公民。"[3] 並且，"環保部門就應該每天檢測，超標就立即處理，他們平時又不處理，不指導，就知道罰款。而且，我們都願意政府牽頭企業共同出資來擴大污水廠的處理量，政府又不批"。[4] 2011 年，主導這個政策出台的區領導任期兩年後就調離了，新領導上任。這時候紡織協會 L 會長聽說有人看上他印染廠的那塊地了，就很着急，想知道新領導上來是什麼政策，"是想要明確政府究竟是要繼續查，還是讓我們改造提升"。[5] 但是，"政府對我們'不明不白，不理不睬'，我們做企業現在就是沒有方向，政府不給明確答覆，不知道做官的什麼時候又走了，什麼時候又換了一個新的來。反正就是不給明確答覆"。[6]

在這樣的情況下，因為 L 會長是政協委員，所以當時他就向政協領導打聽，並聯絡了區政協常委會調研組於 2012 年 4、5 月份去紡織園

1　訪談，YJ 公司 L 副總，2013 年 1 月 23 日。

2　訪談，紡織（服裝）協會 L 秘書長，2012 年 8 月 14 日。

3　訪談，JY 公司 L 董事長，紡織協會會長，2013 年 1 月 25 日。

4　訪談，紡織（服裝）協會 L 秘書長，2012 年 8 月 14 日。

5　訪談，YX 公司 T 總，2013 年 1 月 23 日。

6　訪談，JY 公司 L 董事長，紡織協會會長，2013 年 1 月 25 日。

調研，調研後政協常委會提交了一份調研報告給區委。調研報告中寫道："是做工廠還是想做房地產？這是出席座談會所有企業家最關心也是最集中的一個問題。"[1] 這份調查報告反映了印染企業對於政府的十個意見，比如，"企業的環保標準制定要有法可依，不要更換領導就變一套標準，要多考慮政策的延續性，否則會令企業無所適從"。並提出了十個政策建議，包括撤銷"五限制"對企業各種辦證審批的限制等。區委收到這份調研報告後，由主要領導出面召開了與 A 區紡織協會的座談會，會上，"企業代表認為唔好問為企業辦證、報建、驗收等設置障礙，強烈要求廢除，有的企業代表認為企業環保標準執行不連貫，隨意性大，令企業無所適從。"[2] 不過，會上氣氛不對，企業代表很激動，但是區領導態度卻仍然強硬，對於以後的政策走向，最後也沒有給出一個明確的說法。[3] 所以，企業仍然抱怨："開會也沒有什麼用，會長怕事情，當着書記話都不會說了，話不對題，想說話的說不了，說話的都說不到點子上，還被區領導罵了一頓就散會了。"[4]

雖然印染企業想通過座談會來向政府討一個明確的政策表態的方式並不成功，不過，這件事情之後，印染企業越來越多地通過紡織協會這個原有的組織形式來向政府反映意見。協會平時主要是聯絡企業聚會、組織參展、技術培訓和信息溝通。不過，"九查五限制"政策出來以後，印染企業就越來越多地以紡協的名義向政府反映意見，這是因為"單個企業很難溝通，有很多共性的東西，是行業的問題，要抱團解決。而且，企業也不敢單獨出面提意見，提問題多反感"[5]。並且，L 秘書長還認為，以後通過協會反映意見的情況還會越來越多，因為企業不好過，負擔越來越多，與政府的矛盾也會越來越多。比如，在座談會後，

1　區政協常委會調研組，《關於我區紡織企業生產經營情況的彙報》，2012 年 7 月 2 日。

2　區府辦，《區主要領導與區紡協骨幹企業代表座談會會議紀要》，2012 年 8 月。

3　區府辦，同上。

4　訪談，YJ 企業 T 總，2013 年 1 月 23 日。

5　訪談，紡織（服裝）協會 L 秘書長，2012 年 8 月 14 日。

印染企業就以紡協的名義向書記打報告，要求停止執行“五限制”中禁止自取水證續期的規定，要求政府組織有關部門領導專家充分論證是否需要取消自取水。[1] 不過，對於這個紡協的報告，區委主要領導仍然直接批覆禁止企業自取水證續期，因為政府沒有法律手段強行要企業搬遷以“騰籠換鳥”，所以只有通過這些行政禁令來逼着企業最後不得不搬走。

對於強力治理中的小企業而言，他們也為自身政策影響力的弱小而深感無奈，正如一位印染企業老闆抱怨的：“在中國有兩類企業，一類就是像我們這樣老老實實做生意，政府你要我怎麼樣我就怎麼樣，像什麼稅收啊之類的，政府說多少就多少，不會因為今年生意不好就少一些，沒有‘餘地’的；另一類企業，他們很好和政府溝通，就像是房地產企業，應不應該建房子，房子多少容積率等等，他們會要求政府對他們有利的政策，要求政府補助。”[2]

五、利益疏通：日常監控中的小企業

對於那些處於最不利的政策領域的印染小企業而言，在喪失議價能力的時候，強力治理收縮了其可資利用的政策影響空間，而當這種運動式的強力治理成為過眼雲煙之後，利用政策監控的虛化進行利益疏通成為了最為有效的政策影響方式。不過，企業可以成功地利用利益疏通來有效地規避政府的政策，但是，他們卻不可能實現他們提出的諸如紡織工業園配套設施升級和污水處理廠擴建等更為積極進取的政策目標。

在 A 區紡織城環境污染治理中，有一個奇怪的現象是，政府的政策已經非常嚴厲，並且印染企業受到了很大的制約並已怨聲載道。可是，在民眾看來，當地政府基本上是不作為的，他們仍然會認為企業和地方官員之間一定存在着某種利益糾葛。這種政府兩面不討好的情況似乎在基層治理中非常常見。為什麼會這樣？

1　區紡織（服裝）協會，《關於要求暫緩執行停止從滄江河取水的申請》，2012 年 12 月。

2　訪談，YX 公司 T 總，2013 年 1 月 23 日。

在 A 區啟動"九查五限制"一年後，沿岸的村民仍然飽受污染之苦。2012 年 5 月，17 個村民聯名簽署"關於對遭受工業污水嚴重侵害的投訴報告"遞交了 A 省環境保護基金會，投訴工業園、紡織城以及印染企業排放大量工業污水，造成河魚蝦和貝殼類水產品死亡，嚴重污染附近幾千畝農田。隨後，基金會致函區政府要求配合基金會調查，並在 8 月由原省環保局局長、現任省環保基金會常務副理事長牽頭赴 A 區進行水質監測，並與區相關部門負責人進行座談。基金會的調查結果顯示，當地環保部門在各染整廠出水口的確都設有在綫監控裝置，每日不定期抽查四次監測數據，並且，調查過程中發現監測數據的確都顯示正常排放。但是，的確存在嚴重的工業廢水污染問題。調查組認為主要是超出污水處理廠處理能力的常年大量污水倒灌造成的，也不排除一些企業偷排行為。[1] 此外，2013 年初，網民也在人氣很高的 A 區論壇上發帖曝光印染廠污染河流的情況："我想知道這個黑水是哪個廠的，竟然可以肆無忌憚地污染 C 河十幾年。"並附了兩幅排放口被污水染黑航拍鳥瞰圖，隨即引發網民熱議。

污水處理廠的擴能擴容需要從徵地到上級審批的漫長過程，這無疑是造成污染問題仍然得不到根本解決的重要原因。不過，偷排也仍然是一個重要的原因，即便在環境污染的"強力治理"中，偷排現象也並沒有停止。就連其中一個印染企業的老總也說："當然也有企業排黑水，你去舊三洲橋看看，有一個管子每天下午兩三點排出來的都是黑水。"[2] 那為什麼嚴厲的"九查五限制"也沒有能夠制止偷排行為？

在"強力治理"中，"五限制"這樣禁令性的規定以文件形式確認下來並得以嚴格執行，甚至在"再造 C 江"工程聯席會議辦公室這個負責機構已經撤銷之後還仍保持其威力，因為它是以審批形式發生作用，正是這個層面的強監控造成了印染企業的不滿並通過制度化和組織化渠

1　A 省環境保護基金會，《關於群眾投訴染織工業企業污染情況的調研報告》，A 省環基〔2012〕11 號。
2　訪談，YJ 企業 T 總，2013 年 1 月 23 日。

道反映意見。與此形成強烈對比的是"九查"的落實情況，它不是審批性的政策，而是要求各有關部門行動起來切實落實，因而面對更大的執行問題。而整治方案出台施行三個月後，區主要領導就換任了。這進一步使得"九查"陷入停滯，雖然新領導上台後對於"五限制"仍然沒有鬆口，不過"九查"的這種"強力治理"則沒有了下文，領導此次水源整治的聯席會議辦公室也在新領導上任後解散了，借調的常任工作人員都返回原單位工作了。印染企業都承認："'九查'真的查就沒有查過，區長政策出來後兩三個月就調走了，所以說我們這個行業是有福了。"[1] A 區有關部門報告也指出："整治工作遇到較大阻力，各項措施無法按時落實推進，方案存在夭折的可能。"[2]

在"強力治理"弱化的情況下，如果說"五限制"的嚴厲審批限制促發了印染企業的不滿和行動，那麼，"九查"政策監控的虛化則為印染企業通過利益疏通來規避政策提供了可能。對於為什麼"偷排"現象仍然存在，LY 企業的董事長就說："都給你說了，有關係什麼都行，沒關係什麼都不行。"YJ 的 L 總也說："企業 08 年政府說最後一年搞靜電除塵（它可以使煙通的塵排放量下降 90%），否則就不發排污證，所以我們就趕快搞了，投入了 180 多萬，結果今年還有一家企業打電話問我說怎麼搞靜電除塵啊，哇，他們還沒搞，我都不知道為什麼 4 年了它們還能生產，如果沒有排污證，這算不算偷排？"[3]在紡織城的環境污染事件中，已經有街道層面上的官員遭到查處，那怎麼還有基層官員敢於以身試法？不管是企業老闆還是政府官員都提到，企業與基層政府官員的瓜葛並不是一下子可以切斷的，許多人情關係是很早之前已經建立，使得企業仍然可以在"九查"政策監控虛化的情況下大量偷排而不受到懲罰。

1　訪談，JY 企業 L 董事長，紡織協會會長，2013 年 1 月 25 日。

2　《政府決策事項督辦通知書》，A 鎮問督發〔2011〕5 號，2011 年 9 月 26 日。

3　訪談，YJ 企業 L 總，2013 年 1 月 23 日。

第四節　討論：政治嵌入與政策影響

　　企業家對於地方政策過程的影響究竟有多大？本章的案例分析似乎呈現出了矛盾的圖景：一方面，政府對於有的企業做出了讓人驚嘆的讓步；另一方面，即便是地方支柱企業也沒有與政府對等談判的影響力。一方面，企業沒有辦法通過制度化和組織化的方式影響政府的政策；另一方面，企業又能夠使政府難以實現其原本的政策目標。一方面，公眾和媒體會認為企業搞定了政府，所以政府對企業巨額補貼，環境污染問題治理無力；另一方面，不管是地方支柱企業，還是重污染企業和銀礦企業，都積聚了對於政府的大量不滿，認為政府對企業的訴求"不理不睬，不明不白"。

　　這些多元化的關係難以用單一的政商關係模式來把握，"非正式關係"和"發展型地方政府"這兩個主導的理論假設也難以完全對其進行解釋。"非正式關係"的研究把政商之間的關係看作是未充分市場化的體制下建立在利益和交情基礎之上的交換關係，它構成了一種無形的手在影響政府政策過程。然而，在本章案例研究中，首先，企業家並非總是求訴於非正式關係去影響政策，在強依賴之下，企業無需通過人情關係或者利益疏通就可以獲得巨大的政策影響力；其次，企業家也並非總是"能夠"通過"非正式關係"來"搞定"地方政府。在弱依賴強監控之下，由於地方政府官員對於風險和責任的權衡，使得非正式關係的影響力大大削弱；如果這時企業家還能夠"搞定"地方政府，最有可能的是有來自上級政府或部門力量的介入，企業家通過"借力施壓"搞定當地政府。權力的部門分割和層級分割造成了這種自上而下的強監控和逆向"借力施壓"的並存；最後，企業家並非由於企業做大和自主性增強而採取更具對抗性的"正式溝通"方式去反映自己的利益訴求，相反，只有在弱依賴和強監控使得企業無路可走的情況下，企業家才會採取正式的意見反映方式去表達訴求；並且，這種意見反映方式不會因為其制度性或者組織性而獲得更大的政策影響力，相反，它的影響力是最弱的。

　　同時，已有研究認為，發展型地方政府構築了政府與支柱企業 "榮辱與共" 的關係，因此，地方支柱企業具有最大的政策影響力，而這往往也是地方政府難以有效推行環保監管等政策的重要根源。然而，在本章的案例研究中，首先，雖然地方支柱企業總是坐地要價，但是它卻也常常不滿於地方政府的推脫和冷落，那些更有政績 "顯示度" 的小企業卻獲得了驚人的政策影響力；其次，地方企業的做大和市場化程度的提高，可能只是使得企業更隔絕於政府；而政府如果對於企業的政績依賴度低，它就可以完全可以對企業的訴求置之不理；最後，在環保等政策領域，環境污染並不總是由於政府對於經濟績效和財稅收入的追求而無法治理，在很多情況下，重污染企業並非是總是地方的支柱大企業，而往往是眾多產業鏈下游的低端小企業，它們對於地方稅收和政績顯示度等貢獻都非常低，政府之所以仍然無法有效治理這些納稅貢獻很少但卻排污總量大的企業，更多地是由於內部監控的弱化而非財稅和政績的依賴。

　　因此，我們如果只是將企業的規模大小、市場化程度和財稅貢獻等作為變量，就難以完全把握企業政策影響方式和政策影響力的差異。第一，企業的規模大小以及產業屬性並非是決定企業家政策影響力最根本的因素。在案例研究中，支柱性大企業的政策影響力不一定大於中小企業，其對政府的議價能力不一定強於那些擁有政府依賴度的中小企業；雖然新能源企業的政策影響力顯然大於重污染企業，不過，這並不是由於企業自身的議價能力更強，而是來源於國家產業政策和地方政績考核共同催生的地方政府的政績依賴度，也就是說，如果國家產業政策改變或者國家政績考核體系變化，那麼，這些新能源企業的政策影響力可能瞬間化為無形。第二，企業的壯大和企業家力量的崛起也並非是決定其集體行動能力最核心的要素。對於政商關係的研究認為，那些經濟規模越小、技術越簡單和市場進入的資金門檻越低的經濟部門，集體行動能力越低；而在本章的案例研究中，企業的規模特徵等並非是導致企業是否求訴於集體的有組織化利益表達的關鍵變量。印染企業之所以開始通過行業協會等組織載體提出了集體的利益訴求，是在於國家的產業政策和環境監管的強力治理推動了印染企業利益的同一化，並且收縮了單個企業通過利益疏通實現個體化政策目標的政治空間，從而催生了組織化的利益表達。在這樣的情況下，利用行業協會去向政府反映意見可以使得單個企業家處於相對匿名的狀態而對其起到了保護的作用，因此，成為了最優的選擇。反過來，雖然企業規模的增大有助於企業克服集體行動的困境，但是，如果沒有國家特定的政策來推動企業禮儀的同質化，那麼，大企業也完全有可能傾向於以"借力施壓"和"利益疏通"等個體化的方式來實現特殊化的政策目標。

因此，在本章看來，我們必須將國家的制度結構和政策放進來才能夠理解為什麼企業家不得不採取這樣的政策影響方式以及為什麼會產生不同的政策影響力。本章將這種國家的制度結構和政策歸結於"政策監控度"、"權力碎片化"和"政策依賴性"。就"依賴性"而言，政府和官員對於企業的"政策依賴"越大，企業的政策影響力越大。進而，並非做大企業就意味着政府對其的依賴度大，相反，政府對於企業的依賴度很大程度上是來源於國家自身的政策目標，包括國家對經濟增長的追求、國家的產業政策和環保政策等，都影響了國家對於不同企業的不同政策依賴度。就"監控度"而言，自上而下的政策監控越強，企業的政策影響力越弱。而這種監控度則完全取決於政府內部的監控"重點"及其監控"力度"，也就是說，並非特定產業或者特定企業所面對的政策監控是恆一的，當政策監控重點和力度發生變化的時候，企業的政策影響方式或者影響力也可能會相應發生變化，正如案例研究中印染企業所面對的情景。就"權力的碎片化"而言，作為一種"結構性"要素，這種權力在部門和層級之間的分割為企業家的政策影響提供了空間，雖然可資不同企業家利用的程度不同。正是從國家內部的因素考察，本章發現，迎合政府和官員的政績衝動是最有效的獲取政策影響力的方式；與此形成對比的是，正式的反映意見是企業家最無助時的選擇，也是影響力最弱的一種方式。

進而，本章認為，由於目前國家的制度結構和政策仍然是決定企業家政策影響力的關鍵因素，因此，企業家的"政治嵌入性"而非"自主性"是其獲取政策影響力的根本途徑。這種"政治嵌入性"不等同於"非正式關係"，因為後者常常只是指向企業家和官員個人之間長期或者短期的利益輸送和人情交換，而前者除了這種非正式關係之外，還包括了對於國家內部各種制度和政策的利用，特別是利用了國家在"依賴性"、"監控度"和"碎片化"共同作用下所提供的空間，其中涉及到產業政策、官員政績依賴和政策監控弱化等。在已有研究中，未充分市場化被認為是導致國家權力維繫的重要根源，它使得企業家依附於國家。反過來說，市場化被認為是推動企業家獲得自主性的重要源泉，企業規模越大並且越加市場化，它對於政府的依賴越低，企業家的自主性就越高，從而與政府議價能力越高，政策影響力就越強。而本章認為，市場化只意味着企業家"自主性"的提高，但這並不必然意味着其對於地方政策過程影響力的增強。首先，不僅企業家對於政府的依賴，而且政府對於企業家的依賴，是決定企業家政策影響力的關鍵因素。市場化程度的深化只意味着企業家對於政府依賴的下降，並不意味着政府對於企業家依賴的增強，因此，它並非一定會帶來企業家政策影響力的增強。其次，未充分市場化並非是企業依附於政府的全部根源。在案例分析中，不管是紡織企業、印染企業，還是電動車企業都是相當市場導向的企業，政府對其的控制涵括了從環境監管、稅收汲取、城市規劃、生產安全和社會保障等各個方面，也就是說，政府對於企業的權力並非是在所謂的充分市場化中就可以完全消解掉的，因此，市場化的深化並不一定能夠推動企業的自主，並進而推動企業政策影響力的增強。最後，企業家的自主性是否可以轉換為政策影響力還有賴於政治系統本身的特性。在政治系統相當開放的情況下，企業家的自主性最容易轉化為現實的政策影響力，而在政治系統特別封閉的情況下，這種自主性也有可能被激化為政治反對的力量，但是，在政治系統處於兩者之間的時候，企業家既無法通過正式和制度化的渠道獲得切實的影響力，又沒有完全無路可走從而激化為強大的反對力量。在這樣的情況下，相對於自主性而言，決定企業家的政策影響力的是其 "政治嵌入性"。企業家越能夠充分地迎合官員的政績導向，越能夠增強地方的財稅依賴，越能夠借用權力在不同政府層級和部門之間的分割，越能夠利用政策執行監控的弱化等，越能夠獲得政策影響力。反之，如果企業家難以在政府內部找到可以利用的空間，那麼，即便它非常 "自主"，它也難以獲取政策的影響力。也正因如此，企業家往往更傾向於尋求體制內可資利用的空間而非通過體制外更具對抗性的方式來影響政策過程。即便銀礦項目中地方政府有背信違約之嫌，在印染企業強力治理中 "五限制" 也基本上不屬 "依法行政"，但是，企業家都不試圖通過司法或者媒體等更加對抗性的方式來影響政策過程。從這個角度來說，決定企業家的政策影響力變遷和政商關係變遷的因素不僅在於市場化改革本身，還在於國家內部的制度和政策。

第四章

企業家如何進行政策抗爭

正如上一章所討論的，民營企業家與政府有相當的利益共享關係，不管是非正式的私人關係，還是地方經濟增長聯盟。然而，當這種聯盟關係在一定程度上被打破的時候，民營企業家與政府的關係將發生何種改變？企業會採用什麼方式來影響政府決策？其政策影響力如何？在本章 X 省煤礦改革的案例中，在民營企業家剛剛繳納資源價款獲得採礦權的情況下，地方政府通過行政手段強行推動以規模國有煤礦企業為主體的兼併重組，從根本上改變了民營企業家的採礦權。這無疑在相當大程度上打破了原有的關係網絡和經濟增長聯盟。那麼，在民營企業家的根本利益與國家發生衝突的情況下，他們會仍然保持對於國家權力的服從嗎？還是會與國家產生激烈的對抗？抑或他們如何通過正式或非正式的權力博弈來實現其利益目標？即他們獲取政策影響的渠道有哪些？他們的政策影響力如何？在與政府產生糾紛和衝突的過程中，X 省煤改的案例研究表明，一方面，在涉及到採礦權這樣根本的利益衝突的情況下，浙商這樣具體集體身份和商會組織的群體試圖通過省際協調和外部施壓來迫使政策調整和改變；另一方面，在政策制定過程仍然相對封閉的情況下，民營企業家外部施壓的方式並未獲得政策影響力，相反，他們通過與地方政府的合作以及與國有企業的共謀獲取了儘可能的利益，侵蝕了政策的執行和國家的利益。

第一節　私人採礦權的變更

截至 2003 年底，X 省查明的保有煤炭資源儲量 2652.84 億噸，佔全國查明保有資源儲量 10210.56 億噸的 26%，位居全國之首。2004 年 X 省煤炭總產量為 49297 萬噸，佔全國煤炭總產量 195593 萬噸的 25.2%，依然位居全國之首。但是，豐富的煤礦資源卻帶來了頻繁的煤礦安全生產事故，也為地方政府官員增加了很大的政治風險。在這樣的背景下，X 省在過去十多年不斷着力清理非法黑煤窯，整頓關閉小煤窯。然而，2004 年以來的兩次煤改在採礦權上完全相反的改革思路造成了礦權變更的一個典型案例，從中可以看到私人採礦權變更中國家與民營企業家的衝突和博弈。

一、X 省煤改的進程

截至 1999 年底，X 全省辦理了採礦登記的各類煤礦共有 5831 座，其中，43.2% 為年產 9 萬噸以下的小煤礦，還未包括未計入統計的大多年產萬噸以下的 "黑煤窯"。2004 年 4 月 30 日，X 省某煤礦發生特大瓦斯爆炸，36 人遇難，而由於該礦多次層層轉包，使得事故發生後無法確定事故責任人。在此背景下，X 省於 2004 年推動了 "煤炭產權改革"，全省關閉了 4000 多座非法煤礦，並將年產 3 萬噸以下的小煤礦徹底淘汰，試圖通過資源整合遏制頻發的礦難。2006 年新省長到任後繼續力推煤礦產權改革。2006 年 2 月 28 日，在試點的基礎上，X 省政府正式出台了《煤炭資源整合和有償使用辦法》，淘汰關閉核定生產能力 9 萬噸 / 年以下的煤礦，規模達到 30 萬噸以上的煤礦成為整合的主體。同時，整合後的煤礦需交納 "採礦權價款"，焦煤 3.80 元 / 噸，動力煤

1.50 元 / 噸。2007 年 8 月，新的代省長上任。接着，與 2006 年礦權改革方向完全不同，2008 年，X 省開始推動新的礦權改革。2008 年 9 月 2 日，《X 省人民政府關於加快推進煤礦企業兼併重組的實施意見》（下稱《意見》）正式下發，《意見》要求到 2010 年全省礦井個數控制在 1500 座以內，使大集團控股經營的煤炭產量達到全省總產量的 75% 以上。僅僅幾天之後的 2008 年 9 月 8 日，該省某鐵礦發生潰壩事故，277 人死亡，省長引咎辭職，新省長上任。[1] 2009 年 4 月，上述《意見》剛開始進入實施階段，X 省再度提高目標門檻。根據新出台的《X 省煤炭產業調整和振興規劃》，到 2011 年，X 全省煤炭礦井總數由 2598 座減少到 1000 座，到 2015 年減到 800 座，原則上企業規模不得低於 300 萬噸，單井生產規模不低於 90 萬噸，保留礦井要全部實現以綜採為主的機械化開採。2009 年 8 月，國家安監總局等 14 個部委聯合下發《關於深化煤礦整頓關閉工作的指導意見》，重申力爭到 "十一五" 期末（2010 年）把全國小煤礦數量控制在 1 萬座以內。[2] 2009 年 10 月 26 日，國土資源部召開 "全國礦產資源秩序整頓規範總結表揚暨進一步推進整合工作部署電視電話會議"。經國務院批准，國土資源部等 12 部門發出了《關於進一步推進礦產資源整合工作的通知》，要求在 2010 年繼續推行礦產資源整合工作，X 省推行 "國進民退" 的整合小煤礦模式在全國範圍內得以推廣和複製。[3]

通過這次煤改，X 省希望實現以下幾個目標。其一，通過兼併重組大幅度降低煤礦百萬噸死亡人數。X 省提出的目標是，杜絕重特大事故

---

1 "X 回眸：沉重的煤改"，中國煤炭新聞網，2011 年 1 月 19 日，http://www.cwestc.com/newshtml/2011-1-19/185931.shtml。

2 "X 省整合煤炭資源，1000 座煤炭礦井減掉了什麼？" 秦皇島煤炭網，2009 年 8 月 12 日，http://www.cqcoal.com/news/N03/15273_2.html。"X 省煤礦體制改革再推國有化：為何必須是國企"，搜狐，2008 年 5 月 9 日，http://news.sohu.com/20080509/n256753398_2.shtml。

3 "X 省煤炭國有化的紅與黑分析"，中國行業研究網，2009 年 11 月 9 日，http://www.chinairn.com/doc/70310/489295.html。

的發生，到 2015 年百萬噸死亡率下降到 0.1 人以下；[1] 其二，變更煤炭安全生產的隸屬關係。以前地方小煤礦屬縣、市煤炭安監部門監管，省級國有企業兼併後，省煤炭工業局、安監局等部門將承擔其煤炭安全生產的責任；其三，提供煤炭資源利用率。到 2011 年，X 省礦井採區回採率薄煤層要達到 85% 以上、中厚煤層達到 80% 以上、厚煤層達到 75% 以上。原煤洗選加工率達到 70%，煤層氣（瓦斯）抽採量達到 70 億立方米，利用率達到 50%。[2]

根據官方的統計，在此輪煤改之後，X 省煤礦安全生產形勢有了改善。2010 年後，傷亡事故的總量下保持了連續三年死亡人數降在 100 人以內。百內死亡率 0.1% 之下。[3] 不過，這次煤改卻同時也隱藏了很多問題。一方面，安全事故的下降在一定程度上是由於大量的煤礦處於停產狀況。截至 2012 年前後，X 省持有 "煤炭生產許可證" 的煤礦 390 多座，持證改造礦井近 130 座，僅僅佔 X 省煤改後剩餘 1053 座煤礦的一半。大量的兼併和技術改造資金給兼併企業造成了巨大的壓力，許多被兼併的小煤礦無法按期完成技改和投入開採。另一方面，經濟下行的背景下國有煤礦的經濟效益和財政負擔問題開始不斷凸顯。X 省統計局數據顯示，煤炭已結束 10 年來的高速增長，自 2012 年 6 月起，煤炭價格步入下行通道，稅收也開始下降，入庫增值稅僅為 38.51 億元，同比減少 25.53%，減收 13.21 億元。[4] 自 2013 年年初，煤炭銷售收入步入下降通道，2013 年前 5 個月，X 省煤炭利潤同比下降 60%；煤炭企業虧損比重達 44.5%；煤炭開採和洗選業企業停產達 149 戶，佔 X 省全部停產企

1　"X 省礦權國有化停滯"，《南方週末》，2008 年 11 月 6 日，http://www.infzm.com/content/19533。

2　"人民日報發文談 X 煤炭重組，否認國進民退"，鳳凰網，2009 年 11 月 15 日，http://news.ifeng.com/mainland/200911/1115_17_1436015.shtml。

3　X 省煤礦產能建設與安全發展，2014 年 3 月 23 日，X 省煤礦安全監察局政策法規處處長黃文升在 2014 年（第四屆）國際煉焦煤資源與市場高峰論壇上的演講。

4　"X 省煤改爭議再起"，財新網，2012 年 9 月 19 日，http://magazine.caixin.com/2012-09-02/100431857.html。

業的 43.4%。[1] 在這樣的情況下，X 省政府在 2013 年和 2014 年分別出台了救市的煤炭 20 條和煤炭 17 條，採取各種措施，減輕國有煤礦的稅費負擔，並提供自護補貼。包括暫停提取兩項煤炭資金；減半收取煤炭交易服務費；鼓勵電力企業清潔高效就近用煤；妥善解決煤炭企業參與高速公路建設投入資金問題；積極爭取國家宏觀政策支持。[2] 此外，還包括了省以上政府批准的涉煤收費項目一律進行清理；未經省及以上政府批准的涉煤收費項目一律取締；加快煤炭資源稅由從量計徵到從價計徵改革；及時為煤企辦理續貸手續；堅決遏制超能力生產；科學安排煤炭生產總量等。[3]

二、礦權變更

除了以上的問題之外，在 X 省煤改中，更為複雜和凸顯的問題是礦權變更帶來的各種問題。從政策來看，這次煤改在很大程度上根本改變了煤老闆剛剛獲得的煤礦採礦權。暫且不論在實際礦權變更中私人礦主的利益是受損還是受益，但是，整個礦權變更完全是由地方政府行政主導，已經獲得開採權的礦主沒有任何可以影響和改變礦權變更的政策制定的途徑。地方政府單方面確定了礦權變更的所有制形式、股份比例、定價和賠償以及在規定的時間內強制全部完成礦權變更。在礦權變更涉及到龐大利益的情況下，這無疑埋下了抗議和衝突的種子。

第一，大部分私營煤礦被兼併。雖然 2008 年煤改並沒有規定煤礦國有化，但是，煤礦兼併重組方案卻在多個方面不利於私營煤礦。首先，限定重組兼併主體規模。兼併重組方案規定，到 2010 年底，X 省

1　"大型國有煤企中層月薪降八九成"，廣州日報網絡版，2013 年 7 月 18 日，http://gzdaily.dayoo.com/html/2013-07/18/content_2322553.htm。

2　"X 省煤炭新政 20 條措施解讀"，新華網，2013 年 8 月 7 日，http://news.xinhuanet.com/coal/2013-08/06/c_125126644.htm。

3　"X 省‘煤炭 17 條’短期難改煤炭行業狀況"，2014 年 6 月 3 日，http://news.xinhuanet.com/coal/2013-08/06/c_125126644.htm。

內煤礦企業規模不低於 300 萬噸／年，礦井個數控制在 1500 座以內。在全省形成 2—3 個年生產能力億噸級的特大型煤炭集團，3—5 個年生產能力 5000 萬噸級以上的大型煤炭企業集團，使大集團控股經營的煤炭產量達到全省總產量的 75% 以上。其次，大力支持幾大國有煤炭生產企業作為主體，兼併重組中小煤礦，控股辦大礦，建立煤炭旗艦企業，實現規模經營。並且，大型煤炭生產企業兼併重組的礦區劃分範圍進行兼併。最後，雖然兼併重組形式以股份制為主，但是，除了規定的國企之外，其他允許作為兼併重組主體的企業，要通過嚴格的檢驗資質並經省人民政府批准予以公告後，方可兼併重組一些中小煤礦，建立煤源基地。具備一定生產規模的地方骨幹煤礦企業在不影響大型煤礦企業兼併重組的前提下，由所在市人民政府申報，經省人民政府批准後，才可作為主體，兼併重組相鄰中小煤礦。[1]

2009 年，X 省進一步規定，到 2010 年底，全省礦井數量控制目標由原來的 1500 座調整為 1000 座，兼併重組整合後煤礦企業規模原則上不低於 300 萬噸／年，礦井生產規模原則上不低於 90 萬噸／年，且全部實現以綜採為主的機械化開採。已具備 300 萬噸／年生產規模，且至少有一個 120 萬噸／年機械化開採礦井的地方骨幹煤炭企業，也可作為兼併重組的主體。其他作為兼併重組整合主體的地方骨幹煤炭企業（礦井），由各市人民政府提出，原則上應有一個生產規模在 90 萬噸／年及以上礦井作支撐，兼併重組整合後企業生產規模應不低於 300 萬噸／年，所屬礦井至少有一個規模不低於 120 萬噸／年。[2]

第二，政府主導了煤礦兼併重組的定價和補償。X 省兼併重組方案，對於被兼併重組煤礦已繳納資源價款的經濟補償問題進行了規定：

1　X 省人民政府關於加快推進煤礦企業兼併重組的實施意見，X 政發〔2008〕23 號，X 省政府網站，http://www.shanxigov.cn/n16/n1116/n1458/n1518/n34105/6955367.html。

2　"X 省人民政府關於進一步加快推進煤礦企業兼併重組整合有關問題的通知"，X 政發〔2009〕10 號，X 省人民政府網站，http://www.shanxigov.cn/n16/n8319541/n8319612/n8321663/n8322644/n8335559/n8337145/9183414.html。

第一，被兼併重組煤礦如按照 187 號令規定的標準繳納了價款，直接轉讓採礦權時，兼併重組企業應向其退還剩餘資源量（不含未核定價款的資源量）的價款，並按原價款標準的 50% 給予經濟補償，或按照資源資本化的方式折價入股，作為其在兼併重組後新組建企業的股份；第二，被兼併重組煤礦在 187 號令實施前按規定繳納了價款，直接轉讓採礦權時，兼併重組企業應向其退還剩餘資源量（不含未核定價款的資源量）的價款，並按原價款標準的 100% 給予經濟補償，或按照資源資本化的方式折價入股，作為其在兼併重組後新組建企業的股份；第三，對於兼併重組時進行擴界或增層的新增資源，按照 187 號令規定的價款標準再上浮 100% 計徵資源價款。兼併重組企業繳納新增資源價款後，按照資源資本化的方式，以所繳納新增資源價款的 150% 折價入股，作為其在兼併重組後新組建企業的股份。[1]

第三，政府行政手段確保兼併重組在規定時間內完成。2008 年 9 月才出台的《X 省人民政府關於進一步加快推進煤礦企業兼併重組整合有關問題的通知》就提出，到 2009 年，X 省 11 個市要全部完成兼併重組整合方案的報批工作和礦井壓減任務，其中上半年完成一批，三季度再完成一批。對未按規定完成煤礦關閉整頓、兼併重組整合年度任務的實行否決，考核結論評定為不合格。對資源枯竭的礦井一律實施關閉，被兼併重組整合煤礦企業的各類證照到期後一律不再重新換發。復工復產驗收按照 "誰驗收、誰簽字、誰負責" 的原則，驗收合格礦井最終要由設區市的副市長簽字同意，方可復工復產，對安全無保障的和未實現機械化開採的礦井一律停產整頓，不得復工復產。[2]

1　"X 省人民政府辦公廳轉發省國土資源廳關於煤礦企業兼併重組所涉及資源采礦權價款處置辦法的通知"，X 政辦發〔2008〕83 號，X 省人民政府網站，http://www.shanxigov.cn/n16/n8319541/n8319612/n8321663/n8322644/n8335559/n8337145/9183414.html。

2　"X 省人民政府關於進一步加快推進煤礦企業兼併重組整合有關問題的通知"，X 政發〔2009〕10 號，X 省人民政府網站，http://www.shanxigov.cn/n16/n8319541/n8319612/n8321663/n8322644/n8335559/n8337145/9183414.html。

在 X 全省整合後保留的礦井中，國有辦礦 136 處，約佔 12.9%，連同其他國有辦礦，國有辦礦比例約為 19%。以國有企業佔股在 51% 以上的股份制為主要形式的混合所有制企業辦礦 561 處，約佔保留礦井總數的 53%。X 省民營企業辦礦 294 處，約佔 28%。到 2009 年底，據 X 省官方公佈的信息，X 全省重組整合煤礦企業協議簽訂率已達到 97.9%，主體接管到位率 71%。從已批覆和正在批覆方案的情況看，全省礦井個數由 2598 處減少到 1053 處，壓減比例 60%，30 萬噸 / 年以下的礦井全部淘汰關閉，保留礦井全部實現機械化開採。2010 年 1 月 5 日，X 省政府聯合國家發改委在北京召開新聞發佈會，宣佈 X 省重組整合煤礦正式協議簽訂率已高達 98%，兼併重組主體到位率已達到 94%，具有決定性意義的採礦權許可證變更也已超過 80%。到 2010 年春節前，上述三個指標將達到 100%，標誌着 X 煤炭資源兼併重組第一階段任務全面完成。[1]

除了政策上對於私營煤礦採礦權的根本改變之外，在實際兼併重組過程中，由於 X 省煤礦長期的礦權交易中積累的問題，進一步加劇了礦權變更改革中的衝突和糾紛，激化了政府、國有企業與私人煤老闆的矛盾。

第一，對於被兼併企業而言，由於政府單方面硬性規定了礦權變更的補償標準，這使得兼併企業和被兼併企業都在兼併重組中都沒有協商確定補償價款的權利。對於被兼併方而言，在礦權改革正值煤炭價格走高的形勢下，他們不滿政府給出的補償標準。特別是由於許多被整合的煤礦經過了多次的轉手，有些煤老闆獲得採礦權的價格遠遠高出當初原礦主繳納資源補償款的價格，因此，對政府確定補償標準非常不滿。同時，很多被整合煤礦存在產權不清、資產不實、債權債務複雜的情形，還有些仍處於訴訟之中。這使得礦權交易和補償中出現很多糾紛和矛

1　"X 省煤改五年輪回"，《財經》雜誌，2010 年第 4 期，2010 年 2 月 15 日。

盾，也進一步加劇了政府與私人煤礦老闆的糾紛。[1] 此外，許多村辦集體煤礦的經營權在多次的承包經營中更加混亂，國家、集體和私人承包者三者的礦權關係複雜，在兼併重組中補償私人承包者往往引發村集體的群體性事件。此外，地方被兼併重組的煤礦土地使用非法或不規範用地的範圍比例相當高，個別地區甚至達到 80% 以上。煤礦企業在取得採礦權後並不能當然的取得土地使用權，還必須通過先由國家徵收集體土地，然後再通過國家出讓的途徑取得。否則，兼併重組後的煤炭企業佔用的土地、房屋等重大無形資產、固定資產的合法性將存在重大法律障礙，將影響企業正常的生產經營。[2]

第二，對於兼併主體而言，兼併主體自身的利益考慮以及礦權改革補償資金不足也加劇了礦權改革的矛盾。對於兼併企業而言，他們需要返還並補償被兼併煤礦過去繳納的資源價款。而被兼併主體過去繳納的資源價款並沒有相應地劃撥到兼併企業。2004 年開始的礦權改革中政府獲得的煤資源價款按照不同方式出讓來分配比例，中央和 X 省按 "二八分成"，X 省的部分再按照 2：3：5 的比例分配給省市縣三級。市縣當地政府拿這部分錢做了基礎建設和民生工程，作為預算外收入早已支出，不可能再退回這部分經費。在省級層面上，X 省財政雖然還有 "兩權"（採礦權和探礦權）有償出讓的部分款項，資金額 300 億元，歸省國土廳支配。不過，國家已經明確規定這筆錢只能用於資源勘探、國有企業辦社會負擔、地質災難救助等三個方面，因此，也無法劃撥給兼併企業作為補償款。[3] 也就是說，兼併企業要承擔所有的兼併成本，包括資源價款和大筆補償金，他們要為 X 省政府出台的補償規定買單，關閉煤礦的政策成本在一定程度上也轉嫁給了兼併主體。在兼併重組過程中，

---

1 "X 省煤改這本賬"，搜狐網，2011 年 7 月 11 日，http://roll.sohu.com/20110711/n313032285.shtml。

2 "X 省煤改：一個沒有講完的故事"，2010 年 6 月 12 日，http://business.sohu.com/20100612/n272742289.shtml。

3 "X 省煤礦整合資金缺口 3400 億"，網易，2010 年 3 月 19 日。

兼併主體不僅要兼併優質的煤礦，還不得不兼併各種屬不良資產的小煤礦，特別是對於那些煤礦資源接近枯竭或者完全無法改造實行機械化開採的小煤礦。還必須面對被兼併主體的討價還價，甚至漫天要價。

此外，對於兼併主體而言，完成政府的政策目標帶來了巨大的資金壓力。雖然政府對兼併主體進行了多種優惠扶持，包括額外增加年度運力計劃和優先支持上市融資等。2009 年又增加了對於兼併企業稅收減免等優惠政策。而最大的優惠則來自於資源價款的繳納方式。與民營企業必須以現金方式繳納資源價款不同，八大整合主體可以通過"資源價款轉化為國有股本"的方式，變相免去了資源價款的繳納。然而，兼併主體所需資金仍然非常龐大。當時初步估算 X 省煤炭資源整合需要動用資金 5000 億元。其中支付補償款項約 2000 億元，煤礦整改復產所需資金約 3000 億元。[1] 對於部分資金雄厚和融資渠道多樣的國有企業而言，可以籌集到這些龐大的資金，但是，並非所有的兼併主體都有足夠雄厚的資金。除了兼併補償款外，兼併重組整合後，全省煤礦中約有 80% 的礦井需要進行改擴建工程，改造所需資金總額比目前全省規模以上煤礦企業固定資產淨額還要高。X 省焦煤集團在兼併重組後的 2010 年已投入 70 億到礦井的改擴建，今後三年還要投入 190 個億，集團的資金缺口很大。[2] 同時，根據 X 省相關煤改政策，本應在 2009 年年底前付清小煤礦的補償款。然而，經過多次的努力，許多私人礦主仍然沒有拿到補償款。就以媒體曝光的溫州煤老闆的情況為例，被併購的近 500 座溫州人投資的小煤礦，除部分被直接關停的煤礦外，被併購小煤礦主陸續拿到評估價 40%—50% 的補償款，餘款一直沒能拿到手。在 X 省寧武縣有溫州人投資的小煤礦就有 22 座，至今沒能拿到的總餘款估計達 30 億

---

1 "X 省煤礦整合資金缺口 3400 億"，網易，2010 年 3 月 19 日。

2 同上。

元以上。[1]

因此，雖然到 2009 年底，X 省已經宣佈礦權改革順利完成，但是，當時兼併重組雙方簽訂的很多只是意向書，在政府力量主導下，雖然幾乎每家企業都簽訂了兼併重組意向協議，但是簽訂正式合同、主體企業進駐接管、採礦權變更換證、企業名稱預核准登記等不足三分之一。[2] 煤礦兼併重組實際上面對着礦權的複雜性、賠償價款的額度以及資金撥付的進度以及技術改造的困境等眾多問題。

也正是在兼併重組的資金壓力下，到 2010 年，X 省政府出台了補充政策，民營小煤礦除了可以根據評估價由國有企業給予經濟補償之外，也可以折價入股國有企業，以解決煤老闆無法按時拿到退出補償費用的問題。具體股份設置為，國有企業佔 51%，民營資本佔 49%，投資雙方可以共同參與公司管理。在至今沒辦法拿到餘款的情況下，該辦法得到了許多溫州投資人的響應。X 省的這種做法被稱為"改良版"。但是，也有部分溫州投資人沒有接受這樣的"改良"，繼續要求 X 省方面償還補償餘款。[3]

在這些重重矛盾之下，X 省的礦權改革卻力圖通過行政強力要求在規定的近一年內完成，這使得在礦權變更中的各種利益衝突和矛盾必須在短時間內得到實質性的或者表面上的解決，這無疑加劇了礦權變更中各方的壓力。那麼，在政府主導整個礦權改革的主體、價款、進度和目標的情況下，在礦權錯綜複雜以及兼併主體資金壓力巨大而補償進度緩慢而政府又通過行政手段強力推進的情況下，對於已獲取採礦權的私人煤老闆而言，他們將與政府展開何種博弈？

1　"X 省煤改出現 '改良版'，溫州煤老闆入股國有煤企"，中國新聞網，2010 年 9 月 13 日，http://www.chinanews.com/ny/2010/09-13/2528617.shtml。

2　"X 省煤改：一個沒有講完的故事"，2010 年 6 月 12 日，http://business.sohu.com/20100612/n272742289.shtml。

3　"X 省煤改出現 '改良版'，溫州煤老闆入股國有煤企"，中國新聞網，2010 年 9 月 13 日，http://www.chinanews.com/ny/2010/09-13/2528617.shtml。

第二節　抗議：微弱的政策影響

2009 年 X 省煤礦兼併重組正式推動，從正式簽訂整合協議到 2010 年底，通過整合撤出的資金達 7700 多億。[1] 在這些被兼併重組的企業中，有一個身份同質化很強的煤老闆群體，那就是浙商。在煤礦兼併重組中，浙商近 450 家煤企要被兼併或關閉，虧損最大的是那些 2007 年之後投資的煤老闆，他們在價格高位取得煤礦採礦權，煤礦幾經交易，價格已經遠遠超出了最初的資源價款和相應的補償價款。因此，他們對政策的公開反彈最大。[2] 在這個過程中，他們試圖通過以下方式聯合起來抗議來改變煤改的政策制定。

第一，推動浙江省各級政府相關部門調研，包括浙江省國土廳和經濟協作辦、銀監局、原籍地方政府等，以求通過省際協調修改補償標準和儘快獲得補償資金。

對於浙江省政府而言，它最關心的無疑是 X 省煤改可能打碎了浙商資金鏈條，從而可能激發隱藏的民間信貸和金融風險。2009 年 4 月，浙江澤大律師事務所高級合夥人、資源與環境部首席律師吳族春與浙江省國土廳、浙江省經濟協作辦一起啟動了"浙商礦業發展研究"課題。隨後，由浙江省國土資源廳、浙江省經濟協作辦牽頭組織的調研組趕赴 X 省，走訪晉中、臨汾、大同等地浙籍企業。7 月，課題組提交了《浙商在 X 省投資的煤礦企業在 X 省煤礦企業兼併重組背景下可能遭受重大損失》的調研報告至浙江省國土廳、浙江省經濟協作辦。該調查報告中稱，初步估計浙商在 X 省投資煤礦企業約 450 多家、煤礦 500 多座，投資總額在 500—1000 億之間，控制的煤炭資源年產量在 5000 萬噸以上，佔投資 X 省煤礦民間投資的近 1/6。在 10 月下旬，浙江省政府主要

1　"7700 億撤離，X 煤改三年小結"，經濟觀察報網絡版，2011 年 6 月 10 日，http://www.eeo.com.cn/2011/0611/203681.shtml。

2　"交鋒：X 省煤改餘波"，鳳凰網，2009 年 11 月 20 日，http://finance.ifeng.m/a/20091120/1490750_0.shtml。

領導對該調研報告作了批示。緊接着，地方政府也相繼派出調研組赴 X 省進行調研。平陽縣政府派出了一個由分管副縣長帶隊、多個部門人員組成的 13 人調研團，趕赴 X 省多地市進一步了解情況，並提交調查報告給上級主要領導。與此同時，煤老闆比較集中的樂清市、蒼南縣、永嘉縣政府，也將相繼派出調查組前往 X 省調研。[1]

除了政府之外，涉及到信貸風險的銀行部門也進行了調研。2009 年 10 月份，浙江省銀監局和人行杭州中心支行，對投資 X 省煤礦的浙江籍煤老闆的資金信貸情況進行了調研。浙江省銀監局發佈的一份《部分省市出台煤礦新政波及溫州信貸質量亟待關注》調研報告。該報告指出，X 省煤改政策在給溫州商人造成較大衝擊的同時，波及了溫州信貸資產質量，造成經營者流動資金趨緊，進而影響經營者相關貸款的還本付息。人行杭州中心支行則對 X 省煤改新政，對浙江和溫州民間資本的影響進行了調研。相關報告顯示，投資 X 省煤礦的溫州民間資本大部分為礦老闆及股東成員的自有資金，約佔總投入的 70%，其餘 30% 的資金來源為民間集資和民間借貸等兩種形式。[2]

不過，對於浙江煤老闆而言，他們求助於浙江政府主要是希望浙江各級政府出面與 X 省政府溝通協調，以獲得他們希望的補償價款標準以及儘快地拿到補償費用。但是，對於浙江省政府而言，省際溝通顯然更為困難，浙江省更在意的是本省的信貸和金融風險，因此，浙江省對 X 省礦權改革作出的最明確的回應是制定對煤老闆投資虧損後的金融應急方案。

第二，通過商會組織表達更為直白的訴求，對 X 省煤改進行外部施壓。對於煤老闆而言，雖然他們有不滿，但是他們卻仍然對於政府有所顧忌，不管是稅收、安全生產和採礦證照等合法生產上存在問題，而且

---

1 "交鋒：X 省煤改餘波"，鳳凰網，2009 年 11 月 20 日，http://finance.ifeng.m/a/20091120/1490750_0.shtml。

2 同上。

煤改中的賠償價和賠償款等還有待於政府和國有企業幫助落實，"我們的礦還在 X 省，如果讓那邊知道我們出來講，別說 8000 萬的賠償了，就是 8 塊錢都拿不到"[1]。媒體的採訪中也提到，某煤老闆接受央視採訪，結果在一次會議上被 X 省主要領導點名批評。因此，煤老闆更願意在抗議中保持匿名的狀態，求訴於商會組織就成為了一個重要的方式。在此次 X 省煤改中，浙商資本投資促進會在表達浙商訴求上扮演了重要作用。

浙江省浙商資本投資促進會於 2008 年 3 月成立，是經浙江省民政廳註冊，掛靠省經貿委的非營利性社會團體組織，旗下還有浙商資本投資網和浙商投資研究院。該會源於與浙江省經濟建設開發促進會與清華大學合作開設的清華大學總裁培訓班，總裁班培訓了 3000 多名浙江企業主，為商會的成立提供了最初的社會網絡資源。浙商資本投資促進會成立後，主要致力於浙商資本的融資、投資和合作等事務。比如，每月要組織 1 次以投融資為主題的 "VIP 浙商沙龍"，讓與會的投資人和項目方對接；每季與各地各級政府聯合組織 1 次 "浙商資本公益大講堂"；每年組織 1 次 "浙商投資年會" 等等。[2]

2009 年 10 月 31 日，由浙商資本投資促進會下屬的浙商研究會與浙江澤大律師事務所聯合主辦了 "浙商轉型會長論壇"，30 多位 X 省煤老闆參加了會議。[3] 隨後，2009 年 11 月，浙商資本投資促進會向全國人大、國務院、X 省等相關部門發出一份名為《關於要求對 X 省人民政府規範性文件內容的合法性、合理性問題進行審查處理的公民建議書》的特快專遞。要求對《X 省人民政府關於加快推進煤礦企業兼併重組的實施意見》（X 政發〔2008〕23 號，簡稱 "23 號文"）以及《關於進一步加

---

1 "溫州煤老闆的命運"，南方週末網站，2009 年 11 月 24 日，http://www.infzm.com/content/37844。

2 "蔡驊：新浙商 '資本家'"，新華網，http://news.xinhuanet.com/fortune/2009-05/22/content_11416348_1.htm。

3 "交鋒：X 省煤改餘波"，鳳凰網，2009 年 11 月 20 日，http://finance.ifeng.m/a/20091120/1490750_0.shtml。

快推進煤礦企業兼併重組整合有關問題的通知》（X 政發〔2009〕10 號，簡稱 "10 號文"）的合法性和合理性問題進行審查。建議書稱：X 省對煤炭行業進行的結構調整，均稱根據《國務院關於促進煤炭工業健康發展的若干意見》（國發〔2005〕18 號）、《國務院關於同意 X 省開展煤炭工業可持續發展政策措施試點意見的批覆》（國函〔2006〕52 號）文件精神制定，但是，對於中小型煤礦的政策，國發〔2005〕18 號文件提出 "鼓勵大型煤炭企業兼併改造中小型煤礦，鼓勵資源儲量可靠的中小型煤礦，通過資產重組實行聯合改造。而 X 政發 23 號卻提出，通過大型煤礦企業兼併重組中、小煤礦，形成大型煤礦企業為主的辦礦體制；對於合理的煤礦生產規模，國函〔2006〕52 號要求，"儘快完善煤礦准入標準。繼續推進煤礦的整頓關閉，規範資源整合，整合後礦井規模不低於 30 萬噸 / 年，新建礦井規模原則上不低於 60 萬噸 / 年，回採率不低於國家規定"。而 X 政發 10 號提出，"到 2010 年底，全省礦井數量控制目標由原來的 1500 座調整為 1000 座，兼併重組整合後煤企規模原則上不低於 300 萬噸 / 年，礦井生產規模原則上不低於 90 萬噸 / 年"。因此，這份以浙商研究會呈請的 "建議書" 提出，X 政發 23 號、10 號文件不僅否定國務院文件，還涉嫌違反憲法、物權法、合同法、煤炭法、礦產資源法、公司法、立法法等法律。[1]

緊接着，浙商資本投資促進會組織了 "地方產業政策延續性與企業投資信心" 研討會，邀請專家學者、法律界人士和浙江煤老闆討論 X 省煤改政策。其中，"專家團" 共有 20 人，煤老闆代表有 10 餘人。會上討論了七大議題，包括："如果說 X 省煤改是正確的，能否說土地資源、水資源都是國家所有，能否參照 X 省煤改的先進經驗把房地產、小水電等同樣重組做強？"、"X 省制定的相關文件是否背離國務院文件精神？"、"企業間的收併購，由政府指定交易對象、交易時間、交易

---

1 "浙商上書國務院及全國人大反對 X 省煤礦被國有化"，鳳凰網，2009 年 11 月 10 日，http://finance.ifeng.com/roll/20091110/1444711.shtml。

價格是否合適？是否違反行政許可法？"、"X 省相關文件對被收購兼併企業的補償價款確定、支付款項來源的相關規定是否違背公平、等價有償的法律原則？"、"小煤礦的四宗罪：浪費資源、破壞生態、草菅人命、腐蝕幹部，大煤礦是否也存在這些問題？解決這些問題是通過制度化嚴格管理還是重組？"、"如何理解'地方產業政策延續性'？"，"1年、2年、10年還是 100 年不變？民營資本跨區域投資對中國經濟發展有何影響？"。[1]

第三，試圖萬人公開簽名施壓。溫州平陽是浙商"炒煤團"發端地，也是浙江籍煤老闆最集中的縣。據該縣水頭鎮的一煤老闆透露，水頭鎮約 97% 的房子有抵押貸款，其中 50% 以上的貸款與投資 X 省煤炭有關。他估計，平陽以水頭鎮為中心的幾個鄉鎮，投資 X 省煤礦的資金在 300 億元以上。每個煤老闆背後都有很多小股東，涉及的人數以萬計。這些以家庭為單位的小股東們的錢，有的是用工資積攢的，有的是向親戚朋友借的，更多的是用房子抵押向銀行貸的。[2]在這樣的背景下，2009 年 11 月 5 日，30 多位溫州煤老闆計劃在平陽縣水頭鎮組織發起一場"萬人簽名活動"，反對 X 省煤礦兼併重組方案。但是，最終政府要求拆除簽名桌子和橫幅，並出動警車巡邏，萬人簽名無疾而終。[3]

第三節　合作與結盟：強大的政策影響

雖然私人煤老闆對於政策的抗議並沒有實際的影響力，X 省煤改通過自上而下的政治壓力得以迅速推動，大規模的小煤礦兼併得以推行。但是，在這個過程中，私人煤老闆並非就是利益完全受到損害的弱勢群

---

1 "X 省官員低調赴會交鋒煤改，浙商擔心其他省份效仿"，騰訊網，2009 年 11 月 18 日，http://finance.qq.com/a/20091118/001662.htm。

2 "X 省煤礦國有化，溫州炒煤團'萬人簽名'反對未果"，騰訊網，2009 年 11 月 11 日，http://finance.qq.com/a/20091118/001662.htm。

3 "X 省煤炭國有化的紅與黑分析"，中國行業研究網，2009 年 11 月 9 日，http://www.chinairn.com/doc/70310/489295.html。

體，相反，政府的政策在實際執行中受到了侵蝕，私人煤老闆利用可能的空間，無論是地方政府的保護主義、國有企業的資金不足，還是可能的腐敗，在很多時候與地方政府和國有企業達成合作關係，通過曲折的方式實現自己的利益。

一、與地方政府

在 X 省煤改過程中，地方政府對兼併重組並不完全支持，最重要的是礦權變更會使得地方失去部分財力，而礦點大量減少後，也會影響當地的就業和經濟。長期以來，地方政府對煤礦企業有較強的依賴性，這不僅是正常的財稅收入，而且，地方政府還可以通過攤派等各種非正式的方式依靠和引導礦主投入修路、辦學、救災和扶貧等社會事務。當整合完成後，地方政府對於由國有大集團控股的企業的左右能力將消失殆盡。因此，對於市縣鄉鎮地方政府而言，他們自身並沒有關停小煤礦的積極性。在這樣的情況下，在兼併重組中，他們想辦法參與到整合中來，希望儘可能保留地方煤礦，除了通過直接的討價還價和入股煤礦企業之外，也還試圖支持有實力的地方民營企業加入重組兼併，以期讓稅費留在當地。因此，即便有政治高壓的強力推行，市縣鎮級政府與私人礦主仍然有一定的利益同盟，這就為部分能夠仍然維繫與地方政府關係的私人礦主的利益訴求和擴張提供了空間。

在兼併重組過程中，一方面，為緩解地方財政壓力，一些地方政府要求兼併重組主體在煤礦所在地註冊子公司，增加煤炭企業上繳地方稅收的比例；另一方面，一些地方政府則出於地方保護主義，出台了一些"土政策"。比如，有的要求整合主體繳納地方性規費，有的對收購價格提出額外的要求，有的則放寬小煤礦關閉條件、延長煤礦過渡期生產時間等。[1] 還有的國企煤礦兼併之後，被當地鄉鎮和村委要求無償負責當

---

1 "X 省煤改：一個沒有講完的故事"，鳳凰網，2010 年 6 月 12 日，http://finance.ifeng.com/news/20100611/2308184.shtml。

地的修路修橋、建校扶貧等社會公益開支。[1]

此外，地方政府在兼併重組中往往還爭取符合地方利益的產權安排。第一種個情況是選擇兼併企業。雖然兼併重組方案劃分了兼併範圍，但是，並不是所有兼併企業都可以在劃定的範圍內進行兼併。比如，G 市本是 X 省焦煤集團的兼併範圍，但當地政府卻把 99% 的小煤礦交給遠在 X 省北部的另外的國有煤礦企業整合。[2] 第二種情況是對煤礦資產進行搭配兼併。L 市政府就提出，要想整合 A 縣的優質焦煤資源，必須搭配另外一個縣的 36 個無煙煤和電煤小礦，而這些被搭配兼併的小煤礦往往資源少而埋藏深，難以改造成省政府要求的產能 90 萬噸 / 年的煤礦，兼併後只能關閉停產。而當雙方正式簽訂整合框架協議、同意整合這 36 個小礦後，L 市又突然向 X 省政府申請，把兩個優質大礦當地縣政府的 "單獨保留礦井"，而不納入兼併。第三種情況是自己成立能源公司兼併民營煤礦。N 縣就將 22 個煤礦中的 5 個組合成一個縣屬的地方煤炭集團，而其他的 17 個，則讓省屬大型國有煤炭集團去兼併。而有的縣則成立多家能源公司，通過更加靈活的整合方式，對境內民營煤礦進行了收編。[3] 第四種是入股兼併後的煤礦。比如，某縣就強制性規定，在本縣境內所有的民營煤礦整合中，無論大小，都要拿出 16% 的股權注入縣政府控股的煤炭投資有限公司。並且，由於整合境內煤礦整合所需資金至少 60 億元，按照縣政府控股的投資公司的佔股比列，政府至少要拿出 10 多億元，而該縣 2008 年全年的財政收入不過 19 億元。在地方政府財力不足的情況下，政府試圖並不直接進行資金入股，而是用以後用生產的煤炭銷售所得來補齊股權價款。[4]

1　"X 省回眸：沉重的煤改"，中國煤炭新聞網，2011 年 1 月 19 日，http://www.cwestc.com/newshtml/2011-1-19/185931.shtml。

2　同上。

3　同上。

4　"'黑金' 盛宴，X 省 D 縣政府強奪民營煤礦股權"，網易，2010 年 3 月 27 日，http://money.163.com/10/0327/11/62PE1ESU00253B0H.html。

如果說地方政府爭取產權變更的以上四種方式都仍然是屬地方政府與國有兼併重組主體的博弈，那麼，地方政府對於地方利益的保護也為私人煤老闆實現自身目標提供了政治空間。與浙商試圖通過省際政府溝通以及通過商會組織外在施壓卻並沒有取得預期的政策影響形成對比，一些私人煤老闆通過利益地方政府的利益訴求，不僅保存了自身的煤礦，而且在煤改中發展做大。浙江商人黃某在 X 省煤改中成立的煤業集團是一家民營煤業集團，員工約 3500 人，產值 20 億元。黃某最初擁有年產 60 萬噸的鐵炭窯溝煤礦，在當地政府的支持下，2009 年 10 月，他收購了當地另外 4 家煤礦，產能達到 315 萬噸，超過了組建煤業集團300 萬噸的產能門檻。現在 5 個礦儲量有 1.8 億噸。2009 年其所在縣近70% 的 GDP 及稅收由其公司貢獻。根據黃某自己的看法，之所以能夠最終獲得地方政府的支持成為煤礦兼併重組的主體，主要有以下幾個方面的原因：

　　第一，安全生產過關，獲得資格。"1999 年，我初到該縣時，當地有 80 多座大小煤礦、煤窯，經過歷次整頓，到了去年，只剩下十座。其中包括我的鐵炭窯溝煤礦。這些煤礦中，除兩家劃歸另一家國有企業，餘下的要重組成一個煤業集團。其間沒有發生過一次涉及人員傷亡的事故。"[1] 正是由於安全生產過關使得黃某取得了兼併重組的資格。他也不斷加強安全生產投入，提供機械化開採的程度。企業新聘了 60 多位技術人員投入一綫；邀請全國 20 多家企業召開綜採設備招標會，合同總價大約在 6000 多萬元。預計 2010 年 8 月 1 日，產能為 120 萬噸的主體礦將正式投產，其餘 4 座主要煤礦也將於年底完成基礎建設。全部投產後，產值將在 15 億元以上，年可上繳稅金 2 億元左右。[2]

　　第二，反哺地方。黃某在媒體的採訪中談到，"煤礦全讓一個 '外

1　"最後的 X 煤老闆"，2010 年 3 月 30 日，http://news.66wz.com/system/2010/03/30/101783407.shtml。

2　"X 煤改中的浙商傳奇"，2010 年 5 月 21 日，http://www.mlr.gov.cn/xwdt/dfdt/201005/t20100521_149844.htm。

人'包了，總有人不情願，搞點小動作，但這一點政府非常支持，他們主動出面保駕護航。而我也儘量做好各方安撫工作，對離開的人，給他們補償；對留在礦上的人，許諾今後待遇不減。當地人很願意相信我，畢竟我在這裏十年，對這塊土地有感情，光扶貧濟困就投入了近千萬元。"[1] 具體來說，在兼併中，黃某實行三個不變：被兼併煤礦對地方群眾的各項福利不變；原礦長、礦工的工資待遇不變；原礦上人員職務不變。

與其類似，另外一家煤業公司也是一家在礦權改革中存活下來的民企。擔任 X 省某市浙江商會會長的王某，與他人一道投資 10 多個億、經營 5 個煤礦。在這次整合重組中，聯盛煤業作為主體整合了其他 5 個煤礦，不但增加了資源儲量，產能也由原來的 270 萬噸提升到 350 萬噸。[2] 毛某則是 X 省某縣人大代表，也做過市首屆人大代表，還是"X 省功勳企業主"、"X 省特級勞動模範"、"X 省社會扶貧先進個人"等等。在 X 省煤改中，毛福昌於 2009 年 9 月份註冊組建 XF 集團，資產總額逾 10 億元，此後相繼兼併了多個村辦煤礦。[3]

二、與國有企業

除了地方政府想要在煤改中分一杯羹，保留地方的稅費收入或者獲得可能的私人利益之外，對於兼併主體的國有企業，雖然它們在煤改中最初是獲利一方，但是，對大量小煤礦的兼併重組以及後期的技術改造壓力也加深了其資金壓力，特別是在 2010 年煤炭價格和需求走低、經濟形勢下行的情況下。這種資金壓力，加上其中可能的利益輸送，都為私人煤老闆通過與國有企業合作而實現其自身利益目標提供了空間。在

---

1 "最後的 X 煤老闆"，2010 年 3 月 30 日，http://news.66wz.com/system/2010/03/30/101783407.shtml。

2 "X 省煤改中的浙商傳奇"，2010 年 5 月 21 日，http://www.mlr.gov.cn/xwdt/dfdt/201005/t20100521_149844.htm。

3 "X 省煤改後遺症：村辦礦權強行兼併背後的利益之爭"，鳳凰網，2011 年 11 月 28 日，http://finance.ifeng.com/news/region/20111128/5144761.shtml。

這樣的情況下，許多私人煤老闆並非通過集體抗議來表達自身利益，也非通過與地方政府合作成為兼併重組的主體，而是在難逃兼併命運的情況下，規避甚至充分利用兼併重組提供的機會，保障甚而膨脹自身的利益。

第一，私營企業帶帽生產。據媒體報道，在兼併重組過程中，X省煤運集團對一些被兼併私人煤礦，並沒有真正投入資金進行整合及改造、生產。它握有的是一個虛假的"控股權"。通過為私人煤企"帶帽"，它可以坐收一定數額（噸煤大約 10 到 20 元）的"管理費"。比如，X省煤運集團在兩個兼併後成立的公司所佔"51%"股份都為空股，煤運集團並沒有真實投資。[1] 也就是說，被兼併的私人煤礦在繳納一定的管理費用之後，就可以頂着國有煤企的紅帽繼續生產運作。

第二，挖煤抵資。2010 年 7 月 31 日，X省某國有煤企煤礦發生重大爆炸事故，藏在職工宿舍樓地下室的炸藥爆炸，摧毀 10 間宿舍，17 人死亡，104 人受傷。這座原本私人經營的煤礦，被陽煤整合後卻得不到足額的補償款。而作為補償措施之一，有關部門同意原礦主繼續生產一段時間以增加收入。在這個政策下，私人煤老闆拚命加速開採，從而隱藏了重大的安全風險。重大爆炸事故之後，該國有煤企的"整合模式"才發生轉變：籌措巨資補償翼城各被整合礦礦主、接管並親自組織人經營煤礦。[2]

第三，溢價兼併，國有資產流失。在煤礦兼併重組中，隱藏的最大問題就是國有企業溢價兼併。雖然私人煤老闆強烈反對政府單方面決定礦權改革並確定補償款標準，但是，煤老闆利益的損失並非是煤改的整個圖景；就如私人煤老闆雖有集體的尖銳抗議，但是，他們仍然有與地方政府的合作一樣，在煤改過程中，一些私人煤老闆與國企合作，獲得

1　"X省煤改變形記"，中國經營網，2012 年 2 月 11 日，http://www.cb.com.cn/economy/2012_0211/334615.html。

2　同上。

了超出 X 省政府規定的補償款。如果說其中部分情況是由於政府低估了煤礦的價值，是對私人煤老闆利益損失的一種非正式補償，那麼，在這個過程中還存在着遠高於煤礦自身價值的溢價補償。

在對華潤集團宋林案件的查處過程中，就揭示出當時華潤集團溢價收購民營煤企的問題。2010 年，華潤介入收購金業集團，金業集團的估價已接近 100 億元，較此前的評估溢價了 60%。[1] 此外，華潤電力併購兩個鄉辦煤礦中，華潤以噸煤補償 11.7 元、煤礦擁有 1100 萬噸儲量計算對價進行交易。然而，其中一個煤礦實際剩餘儲量為 "不到 200 萬噸" 或 "200 萬噸左右"，另一煤礦剩餘儲量為 "略多於半溝" 或 "200 萬噸左右"。兩個煤礦真實儲量尚不到併購協議所載數字的一半，相差 600 萬到 700 萬噸。僅此一項出價即達 1.28 億元，而若按上述採訪數字計算，華潤則多支付約 7000 萬到 8000 萬元，佔全部交易額四至五成。[2]

除了在反腐中爆出的這些溢價收購之外。煤改中還被爆存在所謂 "陰陽合同"，即對於部分特別優質的資源，有些國有企業最終以高於指導價簽訂兼併協議，但高價的部分出現在協議的附件裏，向上申報時只呈送主本，以便通過審批，形成所謂 "陰陽合同"。[3] 此外，國有企業也存在高價收購劣質資產的情況。一些地區煤礦資源已經枯竭，而投資成本很高的煤礦，則堅持整合主體按政府確定的標準作價，甚至溢價收購。但煤礦資產在整合後的使用價值並不大，有的在整合後就全部報廢，資源又很少，從而造成很大的損失。[4]

1 "華潤投資 X 省煤業往事：宋林身邊的 '危險關係'"，中國輿情網，2014 年 6 月 24 日，http://www.pubtopic.org/News/12269fb284c10abbc89d70c3f03ac968.html。

2 "國有化舊痛復發，華潤 X 省買礦糾紛再起"，中國經營網，2013 年 10 月 26 日，http://www.cb.com.cn/economy/2013_1026/1018915.html。

3 "X 省煤炭重組快馬加鞭：補償標準成主要困難"，鳳凰網，2009 年 8 月 31 日，http://finance.ifeng.com/roll/20090831/1171186.shtml。

4 "X 省煤改變形記"，中國經營網，2012 年 2 月 11 日，http://www.cb.com.cn/economy/2012_0211/334615.html。

三、與村集體的衝突

　　雖然私人煤老闆在煤改中難以通過制度化的渠道表達，但是，相對於村民而言，他們無疑更為強勢。在私人承包了村集體煤礦的案例中，由於礦權交易中產生的各種複雜礦權關係，造成了煤改中的村礦矛盾。

　　第一，村集體礦產價值低估，低價買斷。H村的村辦煤礦，年產能力為 21 萬噸，全廠職工超過 400 人。在兼併重組浪潮中，由於該村辦煤礦兼併重組"採礦證"辦理時限規定截止於 2009 年 12 月 31 日，H村委在 2009 年 12 月 16 日發佈的一份"煤礦兼併重組情況說明"指明：為了及時辦證，避免煤礦井口關閉，希望全體村民認真分析討論兼併重組方案、積極支持村兩委工作。在這樣的情況下，村民大會通過了兼併重組方案，轉讓村辦煤礦給民營資本的鑫飛集團，股權轉讓價款為人民幣五億三千萬元整，內含對甲方（H村村委）集體經濟組織成員的福利補償，預計給每個具有集體經濟組織成員資格的村民補償 50000 元福利費用後，剩餘部分用於解決處理煤礦原有債務和甲方以往所欠集體經濟組織成員分配款 3000 萬元（村民人均 4000 元）。村民們在領取五萬元"福利補償"之後，還被要求與鑫飛集團簽一個"相互制約協議"，協議規定，村民在領到股權轉讓費（所謂福利補償）後，不得無理取鬧、胡攪蠻纏、隨意干涉甲方（鑫飛集團）對賀昌煤礦的技改和經營。最終，這個轉讓方案雖然經過一戶一人的村民代表大會表決通過，但是，村民卻認為他們是不希望煤礦被關閉而無奈的選擇，並且他們認為，兼併補償款低於煤礦的評估價。此後，村民不斷到上級政府上訪。[1]

　　第二，村集體礦產所有權被剝奪。除了村辦煤礦被村民指責低價兼併之外，在很多村辦煤礦，由於經營權和採礦權發生多次交易，特別是 2006 年礦權改革讓私人煤老闆繳納資源費用獲取採礦權，這使得在 2008 年的礦權改革中煤老闆往往成為了兼併補償的對象，而村民和

1　"X省煤改後遺症：村辦礦權強行兼併背後的利益之爭"，《法人》2011 年第 12 期。

村集體無法獲得相應的補償，村集體財產被別的企業兼併重組，村集體礦產所有權被剝奪。這種情況往往導致村民上訪、訴訟，甚而發生流血衝突。

L 煤礦原始投資由村集體投入，是一座典型的集體權屬煤礦。1996年 3 月，村支書和村委簽約承包了村辦煤礦，期限為 15 年。2003 年，村委決定將主礦和新開的礦口統一委託給村民李某經營，期限至 2011年 12 月 31 日。在李某承包李家坡煤礦後不到一年，2004 年，村委會和李某簽訂《村煤礦轉讓協議書》，李某負擔資源價款，而村委則將村辦煤礦採礦權、產權、經營權全部屬李某所有。這個轉讓協議未經村民會議或村民代表會議協商通過，是村民小組及村民委員會負責人擅自同意轉讓的，且 "協議" 內容沒涉及任何利益補償。2008 年，李某又將煤礦轉讓給他人。緊接着 2009 年，煤礦被整合，整合中對該礦進行補償時村民才發現，煤礦已經在整合前越過村民非法轉手，巨額補償和村民無關。村民開始上訪。此案列為縣 "重點信訪案件"。[1]

2011 年 1 月 26 日，X 鄉政府以鄉工業公司的名義與 S 礦承包人簽訂了一份協議書。協議稱，經鄉黨委、鄉政府研究決定，鄉工業公司與承包人做 "一次性處理"，按原來定的承包費，現在一次性處理，承包人在 2011 年 6 月 1 日前一次上交 10 年承包費 450 萬元，然後整合後的一切補償全部歸承包人所有，兩座煤礦的一切債權債務由承包人承擔，與政府無關。協議混淆了煤礦承包經營權和煤礦所有權這兩個概念，同時混淆了 "整合補償款" 和資產併購款兩個概念。[2] 在這樣的情況下，華潤以 "目前核定儲量" 1100 萬噸為基礎，出價 1.7 億元收購了 S 煤礦，1.7 億元併購款項則通過鄉政府配合，給予了承包老闆個人。同時，S 煤

---

1 "國有化舊痛復發，華潤 X 省買礦糾紛再起"，中國經營網，2013 年 10 月 26 日，http://www.cb.com.cn/economy/2013_1026/1018915.html。

2 同上。

礦開辦時向鄉信用社貸款 219 萬元，併購後本息仍分文未還。[1]此後，煤礦原債權人、投資人、普通工人等 11 名代表多次向市檢察院實名舉報集體資產被侵吞。

更為激烈的衝突是 B 村礦的村礦衝突血案。B 礦井始建於 1984 年，屬村辦集體煤礦，1997 年以前生產能力不足 3 萬噸 / 年，1997 年 4 月，村委將煤礦承包給某私人煤焦公司經營，承包期限為 50 年。不過五年之後，也就是 2002 年 5 月 23 日，該私人煤焦公司將煤礦轉讓給另一煤焦有限公司，2008 年底，B 煤礦擴建為年綜採 90 萬噸的現代化礦井。2009 年 6 月，作為獨立主體參與煤炭資源整合。[2]2008 年村委會將 X 省國土資源廳告上法庭，要求支持將村礦的採礦權人、經濟類型，恢復回當初開掘礦井時最先登記的內容。2008 年 11 月 7 日，市中級人民法院受理此案，並於 2009 年 6 月 30 日作出一審判決，確認 X 省國土廳 2002 年作出的變更違法；撤銷被告省國土廳於 2006 年作出的採礦許可證。此外，法院也提出司法建議："將 2002 年 4 月 4 日變更後頒發以及之後延續換發的採礦許可證中採礦權人、礦山名稱恢復，經濟類型由'有限責任公司'恢復為'集體'。"在法院作出一審判決之後，該私人煤焦有限公司的護礦隊攻擊照看煤礦的村民，最終導致 4 人死亡、14 人受傷。[3]

第四節　煤老闆弱勢抑或通天的政策影響

在當前的中國，企業主被想像成為具有無法為外人知的政策影響。在一些政策領域，包括工廠環境污染、舊城改造、土地徵用、勞資衝突

1　"國有化舊痛復發，華潤 X 省買礦糾紛再起"，中國經營網，2013 年 10 月 26 日，http://www.cb.com.cn/economy/2013_1026/1018915.html。

2　"村礦矛盾致 4 死 14 傷悲劇，X 省煤炭重組遇產權難題"，搜狐網，2009 年 10 月 20 日，http://business.sohu.com/20091020/n267531787.shtml。

3　"X 省呂梁臨縣白家峁村礦血案調查"，中國新聞網，2009 年 10 月 22 日，http://www.sx.chinanews.com/news/2009/1022/13242.html。

和經濟監管等領域，雖然我們無法揭開政策過程的黑匣子，但是，企業往往被認為捆綁了政府及其官員，即便有公眾的反對和媒體的監督，企業和企業主似乎仍然能夠讓政府政策服務於其利益。因此，在所謂企業主與公民爭奪對於政策過程的影響中，企業主總是具有更大的優勢。然而，當企業與地方政府的經濟增長聯盟以及官員與企業主的利益共謀在一定程度上被打破的時候，當企業主面對着涉及其財產權這樣的根本利益被侵犯的時候，企業主是否會打破與政府的結盟轉而成為力量強大的反對力量？並且，企業主是否還能夠獲得巨大的政策影響力，成功地表達和實現自己的利益訴求？

在 X 省煤改的案例中，我們可以看到，對於掌有經濟資源的企業主而言，他們對於政策過程的影響有時十分微弱，有時卻又十分強大；有時他們在政府面前十分弱勢，也不乏煤礦被以超低價兼併重組的情況，正當合法利益無法得到維護，也沒有制度化的渠道表達自身的利益訴求，更沒有辦法確保這種利益表達對於政策過程的實質性的影響；但同時，他們有時似乎又有着通天的本事，能夠搞定政府及其官員，能夠讓國企溢價收購。

一方面，在相對封閉的政治系統中，企業主與公民面對着相似的政策環境，它們都缺乏制度化影響政策過程的渠道和權利。從這個層面而言，政治精英仍然是處於絕對的主導和支配地位。在 X 省煤改中，地方政府在政策制定階段並沒有吸納任何民營煤企的意見，地方政府制定的整個煤改方案以行政手段主導市場交易。在煤改實施過程中，諸如浙商試圖採用省際協商和商會組織外在施壓的方式質疑煤改的各項政策及其具體實施方式的時候，地方政府並沒有做出回應，仍然保持了相當封閉的決策過程。同時，地方政府潛在的政治挑戰進行了壓制，對涉及煤改訴訟不予以受理。

另一方面，雖然政治精英處於絕對的支配和主導地位，並不與其他任何社會群體分享政治權力，並不開放政策制定過程，但是，在國家自身整合性和凝聚力不夠的情況下，企業主最終通過利用地方政府和國有企業的利益同盟以及侵蝕國家的整合性來獲取政策影響力，即便只能影響到政策執行，卻也保障和膨脹了其經濟利益。

在煤改中，在壓制煤老闆公開的利益訴求，特別是體制外施壓的同時，地方政府也試圖遏制煤老闆通過各種形式的賄賂來扭曲和侵蝕煤改政策。2008 年 7 月，X 省開始集中開展煤焦領域反腐敗專項整治，開始推動煤焦領域反腐，市各級共出台煤焦領域懲治和預防制度 608 項，着力健全辦案的激勵和制約機制，重點查處政府官員插手煤焦業務入股、牟取暴利、利用審批監管、資金劃撥、票據管理、權錢交易，利用資源整合倒賣國有資源、利用批煤發煤、基本建設、資產評估、大宗物資採購、從事商業賄賂以及私挖濫採背後黑 "保護傘" 等違紀違法案件。據統計數據顯示，截至 2010 年 11 月，各級煤焦領域反腐敗專項鬥爭領導組辦公室共立查案件 2185 件，處分 2353 人。2010 年 1 至 11 月，全省共受理民眾信訪舉報 759 件，立案 591 件，初核煤焦領域違紀線索 718 件，立案查處 591 件，處分違紀幹部 906 人。[1]同時，據 X 省煤焦辦統計，專項行動清繳的各類違法違紀資金共達 304.14 億元，相當於 X 省 2009 年地方財政一般預算收入的近三分之一。資金類型涉及採礦權價款和使用費（193.48 億元）、稅費（37.98 億元）、可持續發展基金（21.10 億元）、礦產資源補償費（12.18 億元）、煤焦炭排污費（8.29 億元）、水資源補償費（7.47 億元）、能源基金（5.67 億元）。[2]

雖然煤焦領域反腐並非只是針對煤改中出現的問題，但是，X 省煤改無疑是整治腐敗的契機，中組部其間赴 X 省調研就強調此點。[3]其中也

---

1 "X 省煤焦領域反腐敗，906 名幹部 '落馬'"，騰訊網，2010 年 12 月 22 日，http://news.qq.com/a/20101222/001817.htm。

2 "X 省煤焦反腐邁向縱深"，民主與法制網，2011 年 1 月 10 日，http://www.mzyfz.com/news/times/ff/20110110/094257.shtml。

3 "民間煤企騰挪國資叢林"，網易網，2010 年 3 月 15 日，http://money.163.com/10/0313/03/61KILUEA00253B0H_2.html。

有相當一些查出的案子與煤改相關。比如，河曲縣陽坡泉煤礦在改制過程中，該縣國有資產管理局和煤管局在審計過程中造成國有資產流失5143.46萬元。河曲縣國有資產管理局原局長趙光英被給予留黨察看一年、行政撤職處分；河曲縣審計局原黨支部書記何芳柳作為企業改制組組長被給予黨內嚴重警告處分。X省政協經濟和人口資源環境委員會主任鞏安庫的案件也與煤改相關。其任職西煤礦安全監察局局長兼黨組書記期間，為在煤改中應關閉的煤礦置換文件，使煤礦得以保留，此後由於該煤礦礦主因礦難事件被捕交待出鞏安庫受賄事件。[1]在反腐專項行動中還查處了蒲縣外貿局原局長喬懷亮違規入股煤礦案，盂縣機關事務管理局原局長羅春林違規投資入股案，平朔煤炭工業公司安家嶺露天煤礦原礦長董典志受賄案，鄉寧縣公安局台頭派出所原所長王睿貪污受賄案等。[2]

雖然煤焦領域反腐專項的確查出了一批案件，但是，它並不可能完全杜絕煤老闆通過各種黑箱操作在煤改中實現自己的利益。在煤改過去近五年後，當年領導煤焦領域反腐專項行動的時任X省省委副書記兼任省紀委書記涉嫌嚴重違紀違法。[3]隨之作為煤改兼併重組主體的X省煤焦集團董事長案，華潤集團董事長宋林案，都陸續查出和曝光，也直指當年煤焦領域反腐只是打擊到冰山一角。

總的來說，封閉的政治系統與薄弱的國家整合性兩者共同決定了企業主的行動策略和影響力。因此，在政策過程中，制約企業主對於權力的侵蝕並不僅僅是將它排斥在政權之外，相反，封閉的政治系統雖然能夠屏蔽企業主的政策影響，但是，一方面，它不利於企業主合法和正當

---

1 "X省煤炭反腐"，鳳凰網，2011年1月21日，http://finance.ifeng.com/news/20110121/3273654.shtml。

2 "X省煤焦領域反腐敗專項鬥爭成果斐然"，X省工人報網站，2010年5月31日，http://www.sx.xinhuanet.com/sxgrb/2010-05/31/content_19937085.htm。

3 "X省人大常委會副主任被調查"，人民網，2014年2月28日，http://fanfu.people.com.cn/n/2014/0228/c64371-24488273.html。

利益的維護；另一方面，它卻也放大了企業主的政策影響，因為它將普通公民同時屏蔽在政策過程之外，如果公民未能夠成功地進行動員和聯絡以激發社會抗爭和公共參與，那麼，在公民與企業主進行博弈的過程中，企業主往往能夠通過侵蝕國家整合性來獲取政策影響力，從而使得社會之間的利益表達和政策影響產生嚴重的失衡，企業主在弱勢的同時成為了非常強勢的社會群體。

第五章

企業家如何解決與政府部門糾紛 *

* 本章內容發表於：Dongya Huang, Chuanmin Chen. 2015. "Revolving out of the Party State: the Private Entrepreneurs and Circumscribing Government Power in China," *Journal of Contemporary China*, 25(97): d41-58.

上一章我們看到，當民營企業家尋求政策影響時，它往往充分利用政府對其的依賴度，不同政府層級和部門之間權力碎片化的空間、與地方官員的非正式關係以及行業協會等來實現自己的政策影響目標。這些方式往往都是體制內的方式，它並沒有公開地質疑和挑戰政府的權力。而 X 省礦權改革的案例則顯示民營企業家體制外的挑戰並不有助於其政策影響力的提升，與政府的合作和與官員的非正式渠道是更有效的方式。接下來，我們還要進一步考察，當民營企業家與政府部門產生糾紛的時候，哪些民營企業家會採取相對對抗的方式來解決這種糾紛，哪些民營企業家更有可能訴諸司法、媒體和集體行動等對於政府而言更有挑戰性的方式來影響政府。

在現有文獻中，研究者認為，民營企業家往往採取非對抗的策略來處理與政府和官員的關係。他們通常嘗試與政府官員建立某種庇護關係來獲得更為有利的政策和特權，這種庇護關係被認為是瀰散在各層級政府和各種規模民營企業家之中。[1] 他們還往往通過成為人大代表或政協委

1 David L.Wank. 1995. "Bureaucratic patronage and private business: Changing networks of power in urban China." in Andrew G. Walder ed. *The Waning of the Communist State: Economic Origin of Political Decline in China and Hungary* (Berkeley, CA: University of California Press, pp. 153-813.

員，以及參與政府發起的慈善和其他非盈利性的捐贈活動來獲取政府官員的幫助以及對於政策的影響。[1] 即便企業遊說日益成為政策過程的一部分，但是私營企業還是在很大程度上傾向於非正式的遊說，依賴於建立與官員的關係來解決各種具體問題。[2] 即便出現了越來越多的商會和行業協會，但它們極少會採取對抗行動來表達企業的利益訴求，私下接觸仍然是處理政府關係最重要的方式。[3] 所有這些非對抗的策略都旨在幫助民營企業家搭建與政府的關係，以及保護它們免於外部的壓力。[4]

然而，雖然總體上民營企業家並未與國家有明顯的對抗，但這並不意味着不同民營企業家與國家的關係不存在差異。基於現有研究，本章將探討民營企業家與政府產生糾紛時的不同解決方式。本章強調解釋民營企業家的糾紛解決方式與解釋民營企業家的政權支持是兩個不同的問題。就 "政權支持" 而言，它是對於當前政治體制的主觀態度。就像陳捷和狄忠蒲（Jie Chen & Bruce J. Dickson）所言，對當前政治體制的支持代表了公民的價值信念，即政權符合他們的道德或倫理原則並在某種程度上表明民營企業家具有和現有政權一致的價值觀。與此不同，本章將解釋民營企業家對於政府糾紛的解決方式，它與政權支持相關，但是不等同。民營企業家採取非對抗的方式解決與政府的糾紛並非一定是由於他們支持現有政權，而他們採取對抗的方式解決與政府的糾紛也並非一定是由於他們反對現有政權。也就是說，解釋糾紛的不同解決方式和解釋政權支持的因素可能不同。在陳捷和狄忠蒲的調查中，當把主觀價值

1　Dali Ma and William L. Parish. 2006. "Tocquevillian moments: Charitable contributions by Chinese private entrepreneurs." *Social Forces* 85.2: 943-964.

2　Yongqiang Gao. 2006. "Corporate political action in China and America: a comparative perspective." *Journal of Public Affairs* 6.2: 111-121; Yongqiang Gao and Zhilong Tian. 2006. "How firms influence the government policy decision-making in China." *Singapore Management Review* 28.1: 73-85; Scott Kennedy. 2009. "Comparing Formal and Informal Lobbying Practices in China: the Capital's Ambivalent Embrace of Capitalists." *China Information* 23.2: 195-222.

3　Margaret M. Pearson. 1994. "The Janus face of business associations in China: socialist corporatism in foreign enterprises." *The Australian Journal of Chinese Affairs*, 25-46; Scott Kennedy. 2009. *The business of lobbying in China,* Harvard University Press.

4　Yuanqiong He, Zhilong Tian, and Yun Chen. 2007. "Performance implications of nonmarket strategy in China." *Asia Pacific Journal of Management* 24.2: 151-169.

加入解釋變量中時，民營企業家的體制背景和政權支持之間的相關性並不是很顯著，相反，主觀價值對於民營企業家的政權支持呈現最顯著的影響。但是因為他們解釋的是被定義為某種價值信念的政權支持，由於可能的內生性問題，所以主觀價值對價值信念的影響肯定會較為顯著，而體制背景的影響可以因此被低估。也就是說，雖然體制背景也許無法改變民營企業家的政權支持，但當他們跟政府機構發生糾紛時，體制背景對他們的糾紛解決方式可能會發揮重要的影響。

本章中，我們嘗試闡述民營企業家"體制旋轉門"的兩種機制，即吸納進入體制和下海離開體制，與民營企業家的糾紛解決方式有不同的相關性。當民營企業家與政府部門產生糾紛時，下海離開體制的企業家更傾向於採取對抗方式，他們是新興社會階層中的潛在挑戰者。我們認為中國市場轉型的獨特路徑使原來的政治經濟精英願意並有能力去挑戰政府，因此，中國市場轉型的獨特路徑所帶來的政治後果對政治發展將產生重要的影響。

本章所採用的數據來源於 2006 年的中國私營企業大型調查，該調查由中共中央統戰部、中華全國工商業聯合會、國家工商行政管理總局以及中國民（私）營經濟研究會共同成立的私營企業研究課題組聯合開展，從 2002 年起，每兩年在全國範圍內進行一次，每次調查所採用的問卷不是完全相同。2006 年的調查數據包括了民營企業家與政府產生糾紛時所採取的不同解決方式的相關問題，我們將在本章中使用 2006 年的調查數據。2006 年的調查分別由中華全國工商業聯合會和國家工商行政管理總局實施。工商聯在全國 31 個省按 0.55% 的比例進行多階段抽樣調查，它按社會經濟發展水平抽取縣和縣級市，再按城鄉與行業分佈隨機抽取被調查企業。一共發放了 2360 份問卷，回收了 2301 份問卷，回收率為 97.5%。工商局在他們分佈在 15 個省未公開的常年觀測點實施調查，一共發放了 1600 份問卷。在每個觀測點對私營企業進行系統隨機抽樣。回收 1536 份問卷，回收率為 96%。工商聯和工商局共回收了

3837 份問卷。在這次調查中，工商聯和工商局分佈培訓了各地調查員，由調查員在 2006 年 4—6 月實施入戶調查。[1] 由於對於此次調查問卷，我們無法了解到抽樣更詳細的情況，因此，我們對於基於此次調查數據得出的結論是否可以推論到整個民營企業家階層保持謹慎的態度。另外，由官方實施的抽樣調查中，調查對象可能存在某種程度上的自我審查問題。不過，樣本數據對於大部分問題回答的差異性分佈非常顯著，並且，本章也將主要關注更為可靠的變量。

第一節　體制旋轉門：進入和離開體制

在現有研究中，研究者尤其關注體制旋轉門的作用，不管是國家吸納民營企業家進入體制，還是原有的政治經濟精英下海離開體制成為民營企業家，後者包括了兩個部分，即下海經商大潮中離開體制的政治精英以及國有集體企業轉制中離開體制的經濟精英。現有研究認為，這兩種體制旋轉門對民營企業家的順從有相似的影響，它們都使得民營企業家與國家的利益被捆綁在一起，從而順從並維護現有政權。這種體制旋轉門被認為是政黨國家調適性最重要的組成部門，換言之，體制旋轉門中的民營企業家最不可能對抗國家，因為他們已經嵌入體制之中。

狄忠蒲就認為，通過吸納民營企業家進入體制和鼓勵黨員官員下海經商，中國共產黨越來越與私營部門融為一體。[2] 他將中國的紅色資本家分成兩類。一類是下海民營企業家，即具有體制工作背景的民營企業家，如原來的地方官員和國有企業經理層等。他們中的大部分人在經商之前就已經入黨，是更有可能支持現有政權的企業家；另外一類是吸納（co-opted）民營企業家，在政治吸納中，民營企業家通過成為人大代表、政協委員或諸如工商聯和行業協會成員等方式被吸收進入體制內，

1　中華全國工商業聯合會：《1993—2006 中國私營企業大型調查》，中華工商聯合出版社 2007 年版。

2　Bruce J. Dickson. 2007. "Integrating wealth and power in China: the communist party's embrace of the private sector." *The China Quarterly* 192: 827-854.

他們也被認為往往更傾向於支持現有政權。[1] 此外，現有研究中對民營企業家的調查通常同時使用體制旋轉門的兩種機制來測量政治嵌入。例如，陳捷和狄忠蒲對民營企業家進行分類，如將具有黨員身份、前政府官員、前國有企業經理和基層黨員都劃為已嵌入體制內的紅色資本家，這些紅色資本家被認為傾向於和國家有更強更廣泛的聯繫。[2]

在這些研究中，進入和脫離體制被認為對民營企業家與國家關係有相似的影響。就吸納進入體制的影響而言，政治吸納被認為是中國共產黨政治調適性的重要特徵，是市場轉型和經濟發展中獲取新興社會階層服從和保持政治穩定的重要策略。通過政治吸納，國家招募、監控和獎勵體制外的經濟精英以抑制其對於現有政權潛在的政治挑戰。[3] 同時，與匈牙利等東歐國家的政治吸納不同，中國的政治吸納被認為主要不針對更具挑戰性和危險的社會力量，即知識分子和青年，而是主要針對更為溫和而不具政治挑戰性的民營企業家，這些民營企業家往往不要求政權變革。[4] 通過政治吸納，民營企業家在政治上嵌入國家體制之中，在制度上與現有政權融合在一起。這種政治和經濟精英的聯盟削弱了民營企業家潛在的對抗，使得他們並不像東歐的民營企業家那樣去推動民主轉型。[5] 最終，在市場轉型中政黨國家的權力並沒有因此而削弱，政治吸納

---

1 Bruce J. Dickson. 2003. *Red Capitalists in China: The Party, Private Entrepreneurs, and Prospects for Political Change* (Cambridge: Cambridge University Press; Bruce J. Dickson. "Who Consents to the 'Beijing Consensus'? Crony Communism in China."

2 Jie Chen and Bruce J. Dickson. "Allies of the state: Democratic support and regime support among China's private entrepreneurs."

3 Elizabeth J. Perry. 2007. "Studying Chinese politics: farewell to revolution?." *The China Journal*: 1-22.

4 Bruce J. Dickson. 2000. "Cooptation and corporatism in China: the logic of party adaptation." *Political Science Quarterly* 115.4: 517-540.

5 Christopher A. McNally and Teresa Wright. 2010. "Sources of social support for China's current political order: the 'thick embeddedness' of private capital holders." *Communist and Post-Communist Studies* 43.2: 189-198; Eun Kyong Choi and Kate Xiao Zhou. 2001. "Entrepreneurs and Politics in the Chinese Transitional Economy: Political Connections and Rent-seeking." China Review: An Interdisciplinary Journal on Greater China 1.; Dorothy Solinger. 1992. "Urban Entrepreneurs and the State: The Merger of State and Society." in Arthur L. Rosenbaum ed. *State and Society in China: The Consequence of Reform*, Boulder. Colo.: Westview Press, pp.121-142; Dorothy J.Solinger. 2008. "Business Groups: For or Against the Regime?" in Bruce Gilley and Larry Diamond eds. *Political Change in China: Comparisons with Taiwan*, Boulder, Colo.: Lynne Rienner Publishers.

甚至使得政黨國家扭轉了市場轉型可能帶來的權力萎縮，保持了政治統治的穩定。[1]

就離開體制的影響而言，雖然市場轉型論認為民營企業家日益獲得相對於國家的自主性，並隨着力量的強大日益形成對於現有政權的挑戰，但是，權力延續論和權力轉換論兩者都認為民營企業家與現行體制有着共同利益，原有的政治經濟精英在市場轉型時期下海經商時，他們所擁有的政治權力和資本能夠被轉化為各種形式的經濟優勢，他們因其體制背景而與現有政權有更多的利益交換。[2] 一方面，在市場化改革的過程中，雖然中國市場轉型中的公有資產侵佔並不像俄羅斯那麼普遍，但是仍然存在直接的產權轉換。因此，下海民營企業家往往需要依靠政黨國家來獲得利益和庇護，成為國家的同盟。另一方面，由於未充分的市場化，下海民營企業家可以因其體制背景而有更多機會建立與政府官員的庇護關係，從而，有更多政治資本來獲取稀缺資源以及非正式的政策影響途徑，而無需通過對抗的方式解決與政府部門的糾紛。[3]

總而言之，這些研究表明，被吸納的企業家和下海企業家都不願意去挑戰現行體制，他們與現有體制結成了利益同盟。但是，另外一些數據分析卻發現了與此相矛盾的結果。數據分析發現，吸納的企業家和下海的企業家擁有不同的政治資本。就吸納的企業家來說，對於擁有人大代表身份和沒有人大代表身份的民營企業家的企業固定效應分析發現，擁有人大代表身份與企業的營業利潤顯著地正相關。[4] 1993 年至 2011 年

1　David L. Shambaugh. 2008. *China's Communist Party: Atrophy & Adaptation*. Berkeley, CA:University of California Press.

2　David S.G. Goodman ed. 2008. *The New Rich in China: Future Rulers, Present Lives*, London and New York, Routledge.

3　William L.Parish and Ethan Michelson. 1996. "Politics and markets: Dual transformations." *American Journal of Sociology*: 1042-1059; Yanjie Bian and John R. Logan. 1996. "Market transition and the persistence of power: the changing stratification system in urban China." *American Sociological Review* 61.5: 739-758; Rona-Tas, Akos. 1994. "The First Shall Be Last? Entrepreneurship and Communist Cadres in the Transition from Socialism." *American Journal of Sociology* 100(1): 40-69; Ivan Szelenyi and Eric Kostello. 1996. "The market transition debate: Toward a synthesis?." *American Journal of Sociology*: 1082-1096; Pei Sun, Mike Wright, and Kamel Mellahi. 2010. "Is entrepreneur–politician alliance sustainable during transition? The case of management buyouts in China." *Management and Organization Review* 6.1: 101-121.

4　Truex, Rory. 2014. "The Returns to Office in a 'Rubber Stamp' Parliament." *America Political Science Review*, May:1-17.

之間在上海和深圳證券交易所所有上市公司的數據也顯示，人大代表和政協委員的政治身份確實能夠為企業的成功帶來很大的幫助，政治身份使企業家能夠更好地獲得債務融資、稅收優惠待遇，更多的政府補貼，和通過企業交易優先進入上級監管的行業。[1] 相反，就具有體制工作背景的企業家來說，基於 1995 年的全國調查數據分析發現，體制內工作背景對企業的成功並沒有明顯的幫助，比較而言，作為社會資本的家庭親戚朋友關係網絡更為重要。[2] 對於中國市場轉型的研究也強調，在俄羅斯由於休克療法導致廣泛的公有資產侵佔，因此，新的資產階級不得不尋求政治精英和政權的庇護，與國家結成了聯盟。而中國的市場轉型沒有實行大規模的私有化，漸進市場改革使得包括下海企業家在內的民營企業家往往都是從草根小企業慢慢發展壯大，因此，他們並不像俄羅斯的資本家那樣完全依靠政治權力的庇護。雖然他們還是不得不與政府官員建立良好關係以保證獲得經濟資源，但是體制工作背景似乎對他們的成功並不是那麼重要。[3] 另外，研究數據表明，有體制工作背景的民營企業家似乎比被吸納的企業家對現行體制有更多的不滿。雖然蔡欣怡的研究不是關注吸納企業家和下海企業家之間的差異，但她的調查發現，有體制工作背景的私營企業家對於獲得銀行貸款的困難有更多的抱怨，而吸納企業家則更認為自己容易獲得銀行貸款。而且，有體制工作背景的企業家比沒有任何體制工作背景的人在獲得銀行貸款、安全生產場所、稅費等方面有更多的抱怨。他們也更多地提出政府的政策需要得到改進，比如保護私有產權、稅收政策和信貸政策等。[4]

基於這些數據分析，下海企業家似乎比被吸納的企業家擁有更少的政

1 Sean, T. Lux, Russell Crook, and David J. Woehr. 2011. "Mixing business with politics: A meta-analysis of the antecedents and outcomes of corporate political activity." *Journal of Management* 37.1: 223-247.

2 李路路：《民營企業家的個人背景與企業"成功"》，《中國社會科學》1997 年第 2 期，第 134—146 頁。

3 Szelényi, Iván. 2010. "The New Grand Bourgeoisie under Post-Communism: Central Europe, Russia and China Compared." Working Paper No. 2010/63, World Institute for Development Economics Research, United Nations University.

4 Tsai, Kellee S. 2007. *Capitalism without Democracy: The Private Sector in Contemporary China*. Ithaca, N.Y.: Cornell University Press.

治資本，他們甚至比普通的企業家要求更高，抱怨更多。那麼，下海企業家是否與被吸納的企業家一樣傾向於與國家合作而非對抗？當他們與政府部門發生糾紛的時候，他們是否也傾向於採取非對抗的方式來解決糾紛，還是更傾向於與政府對抗以限制國家權力而非強化和服從國家權力？

第二節　民營企業家如何解決與政府部門的糾紛

2006 年全國私營企業大型調查中包括了一個多項選擇問題，要求受訪者說明他們是如何解決與政府部門之間的糾紛。這個問題是："到目前為止您的企業遇到與管理部門的糾紛時，通常用什麼辦法解決？"一共有九個選項，如表 5-1 所示：

表 5-1　如何解決與政府部門之間的糾紛

保持沉默	默默忍受
採取非對抗方式	私下協商、自行解決
	請求當地政府或者上級主管部門解決
	通過工商聯或私營企業協會解決
採取對抗方式	提請仲裁機構仲裁或向法院提出訴訟
	自發聯合起來爭取解決
	向報紙等輿論工具反映
缺失值	其他
	未答

本章綜合了所有的選項並將它們重新分成三類。第一類是保持沉默並忍受。這是最被動的方式。民營企業家雖然有極大不滿，但仍然忍受可能不公平的待遇。第二類是採取非對抗方式，包括三種選擇：私下協商、自行解決，向當地政府或上級政府機關尋求幫助，求助於工商聯、行業協會和同業公會等商會組織。我們認為，非對抗方式意味着民營企業家不願意公開挑戰政權，與政府決裂。他們要麼利用與官員的個人關係，要麼充分利用不同政府機構和不同級別政府之間的權力碎片化來解

決糾紛。在這個過程中，他們依靠於政府權力來解決糾紛，而不是質疑和限制這種權力。至於工商聯或其他商業協會，許多案例研究發現，他們仍然受控於政府，而不是作為公民社會組織存在。行業協會採取的最好策略仍然是與當地政府官員培育良好關係，採取非對抗的方式與政府打交道。[1] 依靠這些商會組織來解決糾紛表明民營企業家不敢或不願意公開挑戰政府，他們不願意通過法律或大眾媒體來表達他們的利益。並且，由於工商聯和私企協會等組織在官僚層級中處於較為弱勢的地位，在民營企業家不試圖通過施加外在壓力來解決糾紛的情況下，依賴這些組織解決與政府部門的糾紛並不會給政府造成太大的挑戰，對於政策過程的影響力也相當有限。第三類是採取對抗方式。所謂"對抗"方式並非意味着暴力，而是意味着民營企業家通過外部施加壓力而非與官員交換忠誠和利益來追求自身利益。在這種情況下，儘管法院和媒體可能受控於政府，但無論是提起訴訟，還是向媒體公開糾紛，抑或聯合起來向政府施加壓力，民營企業家都做好與政府和官員決裂的準備，對政府構成了挑戰。這些方式往往是在質疑和限制政府的權力，而非增強政府的權力；它們是在挑戰現有的權力結構，而非複製現有的權力結構。

另外，這個問題是多選項。雖然大部分受訪者僅選擇一個選項，但仍然有一部分受訪者同時選了屬以上三種不同類型的選項。在這種情況下，我們將其選項編碼如下：如果受訪者選擇了一個或多個對抗型選項，那我們就將他視為對抗型，不管他可能選擇了其他非對抗型的或保持沉默型的方式。如果受訪者沒有選擇任何對抗型的選項，僅僅選擇了非對抗型，那我們就視他為非對抗型，不管他是否選擇了保持沉默型。

1　Ole Bruun. 1995. "Political Hierarchy and Private Entrepreneurship in a Chinese Neighborhood." in Andrew G. Walder ed. *The Waning of the Communist State: Economic Origins of Political Decline in China and Hungary*, CA: University of California Press; Kristen Parris. 1999. "The Rise of Private Business Interests." in Merle Goldman and Roderick MacFarquhar eds. *The Paradox of China's Post-Mao Reforms*, Cambridge: Harvard University Press; Kenneth W. Foster. 2002. "Embedded within state agencies: Business associations in Yantai." *The China Journal*: 41-65; Jonathan Unger. 1996. "Bridges: Private business, the Chinese government and the rise of new associations." *The China Quarterly* 147: 795-819; Margaret M. Pearson. 1994. "The Janus face of business associations in China: socialist corporatism in foreign enterprises." *The Australian Journal of Chinese Affairs*: 25-46; Kennedy Scott. *The Business of Lobbying in China*.

如果受訪者沒有選擇對抗型或非對抗型選項，而選擇了保持沉默型，那我們就指定他是保持沉默型。最後，如果受訪者選擇了其他方式，不管他是否選擇了其他選項，都會被當作缺失值。在這次調查中，只有八個受訪者選擇了其他方式。

表 5–2　如何解決與政府部門之間的糾紛

		頻率	百分比（％）	有效百分比（％）	累計百分比（％）
有效值	非對抗型方式	1229	32.0	70.3	70.3
	保持沉默型	187	4.9	10.7	81.0
	對抗型方式	333	8.7	19.0	100.0
	合計	1749	45.6		
缺失值	其他／未回答	2088	54.5		
	合計	3837	100.0		

表 5–2 樣本中民營企業家與政府糾紛解決的方式。值得注意的是，超過兩千個受訪者沒有回答問題，這存在兩個可能的原因。其一，受訪者拒絕回答；其二，由於問卷中並沒有對民營企業家是否與政府部門發生糾紛進行提問，因此，缺失值也有很大可能是由於許多民營企業家並未與政府部門產生過糾紛造成。而對於後一種情況，一方面，可能是由於受訪者建立了與政府官員非常良好的關係，因而可以預防任何可能的糾紛出現；另一方面，也可能是民營企業家實際上確實未與政府部門發生過糾紛。考慮到以上的種種可能性，從其他變量中推斷出缺失值是不合理的。因此，我們將不對這些缺失值進行分析。

在有效案例中，首先，1229 個受訪者（大約佔有效案例的 70%）通過非對抗方式來解決跟政府機構之間的糾紛。這個結果支持了現有研究的結論，即民營企業家通常很少挑戰政府；第二，僅有少量的受訪者（大約 10%）選擇保持沉默並忍受。這意味着即便大部分有效受訪者訴求於非對抗的方式解決與政府部門的糾紛，但是，近九成的有效受訪者在處理與政府部門的糾紛時並非選擇沉默和忍受，而是積極採取行動，不管是對抗還是非對抗，尋求糾紛的解決；第三，仍然有少部分的民營企業家採取對抗的方式來解決與政府部門的糾紛，大約 20% 的有效受訪者選擇採取對抗方式來解決糾紛。

在這個樣本數據中，糾紛解決方式的差異可能來自於糾紛的不同。一些糾紛必須通過法律解決，其他一些更有可能通過與官員的非正式關係解決。然而本章認為，不同類型的糾紛更多時候是隨機分佈在不同的樣本案例中，並且，大部分的受訪者僅選擇單一選項，只採取一種方式解決糾紛。因此，我們把解決糾紛的方式作為民營企業家相對穩定的傾向，可以反映出他們與政府之間的不同關係。基於此，本章試圖分析當糾紛發生時誰最有可能與政府對抗。

第三節　誰是潛在的挑戰者？

本章主要聚焦在一個解釋變量：民營企業家的體制工作背景。我們試圖分析當民營企業家與政府部門產生糾紛時，具有體制工作背景的下海企業家與採取對抗性糾紛解決方式之間的相關性，探討脫離體制的民營企業家是否比那些沒有體制工作背景的企業家更具有對抗性。為此，我們還將控制政治吸納、經濟依賴、主觀價值以及人口屬性和企業所在地區等相關變量。

一、體制旋轉

對於哪些屬具有體制工作背景的下海企業家，現有研究有不同的界定。有時這個概念很包容，指的是所有曾經在黨政機關、事業單位和國有企業工作過的民營企業家。[1] 有時它則指有黨員身份的前黨政官員和國

---

1 Kellee S.Tsai. *Capitalism without Democracy: The Private Sector in Contemporary China*; Lulu Li. "the Personal Background and the Success of the Private enterprises."

企經理。[1] 在本章中，我們將有體制工作背景的下海企業家界定如下：第一，它指的是在下海之前曾在黨政機關和事業單位任職的所有幹部以及國有企業負責人，後者不僅包括國企經理層，還包括企業承包責任制下的國企承包人；第二，我們排除了那些曾在國企工作的普通員工，他們可能很熟練並擅長自己的業務，但是它們相對而言並沒有較之於無體制背景的民營企業家更多的政治資本。正如現有研究表明，國企的前技術人員和專家經商可能會取得成功是因為他們的專業技能和良好的業務，而不是體制資本。[2] 第三，在這個問題是多項選擇的情況下，只要受訪者選擇其中一種上述被定義為體制工作背景的工作經驗，我們就認為他是具有體制工作背景。

如表 5-3 所示，下海民營企業家佔有相當高的比例，他們佔了總數的 50% 以上。同時，大約有 17% 的受訪者曾在黨政機關和事業單位中任職。他們當中，僅 8 個受訪者在經商之前是縣處級以上幹部。在本章中，由於縣處級以上幹部案例數量過少，我們將不討論體制工作背景不同級別的影響。在此基礎之上，我們假設當與政府部門發生糾紛時，具有體制工作背景的下海民營企業家更有可能採用對抗的方式解決糾紛，即採取仲裁、訴訟、媒體和集體行動的方式。

表 5-3　體制工作背景

		頻率	百分比（%）	有效百分比（%）	累計百分比（%）
有效值	否	1250	32.6	45.8	45.8
	是	1482	38.6	54.2	100.0
	合計	2732	71.2	100.0	
缺失值		1105	28.8		
合計		3837	100.0		

1　Jie Chen and Bruce J. Dickson. "Allies of the state: Democratic support and regime support among China's private entrepreneurs."

2　Iván Szelényi and Eric Kostello. "The market transition debate: Toward a synthesis?"

表 5-4　在黨政機關和事業單位的職位

		頻率	百分比（%）	有效百分比（%）	累計百分比（%）
有效值	一般幹部	462	12.0	67.4	67.4
	科級幹部	163	4.2	23.8	91.2
	縣處級幹部	52	1.4	7.6	98.8
	縣處級以上幹部	8	0.2	1.2	100.0
	合計	685	17.9	100.0	
缺失值	未答	3152	82.1		
	合計	3837	100.0		

　　同時，因為吸納進入體制的民營企業家可能會更加傾向於採取非對抗性的方式，因此，我們將"政治吸納"作為重要的控制變量。一方面，民營企業家被吸納為人大代表、政協委員和工商聯會員等，本來就在一定程度上表明他們與地方黨政部門有較為緊密的關係，也就是說，與黨政部門關係較為緊密的民營企業家可能才能夠被吸納進入體制。因此，他們更可能通過非對抗的方式解決糾紛，而非通過外在施壓；另一方面，民營企業家也可能因為被吸納進入體制而與黨政部門結成更緊密的同盟，並更可能充分利用他們的政治身份去追求自身利益，所以，他們沒必要採取對抗方式去解決與政府部門的糾紛。

　　本章將從以下兩個方面來測量政治吸納。第一，政治身份。從最廣泛意義上來，被吸納的民營企業家包括四種類型：人大代表，政協委員，共產黨員以及工商聯和行業協會等組織成員；[1] 從更為嚴格的界定來說，工商聯成員和行業協會會員等往往被排除在外；[2] 從最狹義的定義

1　Bruce J. Dickson. 2003. *Red Capitalists in China: The Party, Private Entrepreneurs, and Prospects for Political Change*, New York: Cambridge Vniversity Press.

2　Tsai, Kellee S. 2007. *Capitalism without Democracy: The Private Sector in Contemporary China*. Ithaca, N.Y.: Cornell University Press.

來說，中共黨員身份也被進一步排除，而只有人大代表和政協委員包括在其中，因為共產黨員往往被認為過於消極，並不形成對行動有影響的政治身份。[1] 本章中，我們將使用最廣泛的定義來測量政治吸納，我們將控制以下政治身份：共產黨員，人大代表、政協委員以及工商聯、行業協會和同業公會等會員。這些政治身份都使得民營企業家能夠進入體制內，擁有體制身份。同時，由於具有民主黨派黨員身份的民營企業家的比例相對比較高，我們也控制八大民主黨派黨員這個變量。第二，私營企業中是否有黨組織。2002 年中國共產黨十六屆全國代表大會修改了共產黨章程，第一次規定了私營企業中的黨組織的職責和功能。從那時起，黨組織在私營企業中快速建立。我們假設私營企業建立黨組織的行為表明了民營企業家或多或少對共產黨的認同，至少它表明了民營企業家可以包容黨組織存在於企業中，並願意與它們共存。

如表 5–5 和表 5–6 所示，大約 19% 的受訪者是人大代表，26% 的受訪者是政協委員。此外，大概 36% 的受訪者是共產黨員，75% 左右的受訪者加入了掛靠在黨政機構的工商聯、行業協會和同業公會等組織。此外，超過 30% 的私營企業成立了黨組織。

表 5–5　政治吸納

	是	否	有效百分比（%）	缺失
人大代表	19	81.0	100	0
政協委員	26.2	73.8	100	0
工商聯、行業協會和同業公會會員	75.0	20.7	95.7	4.3
共產黨員	36.4	53.4	89.8	10.2
民主黨派成員	4.5	85.3	89.8	10.2

1　Sean, T. Lux, Russell Crook, and David J. Woehr. 2011. "Mixing business with politics: A meta-analysis of the antecedents and outcomes of corporate political activity." *Journal of Management* 37.1: 223-247.

表 5-6　私營企業黨組織

		頻率	百分比 （％）	有效百分比 （％）	累計百分比 （％）
有效值	否	2111	55.0	65.2	65.2
	是	1129	29.4	34.8	100.0
	合計	3240	84.4	100.0	
缺失值		597	15.6		
合計		3837	100.0		

二、主觀價值

　　民營企業家政權支持與解決與政府糾紛的方式兩者並不能等同，採取非對抗方式解決糾紛並非一定表明對現有政權的認同，反之亦然。但是，那些在價值觀上更認同現有政權的人可能會較少對抗政府，他們在與政府的糾紛中可能會傾向於採取對抗方式或者保持沉默。因此，我們需要控制民營企業家的主觀價值。

　　在 1999 年至 2005 年間八個縣和縣級市的調查發現，民營企業家在政治、社會和經濟問題上與官員有着相似的立場。他們對中國當前經濟和政治改革的速度感到滿意，並傾向於維護現有秩序。[1] 即使是那些被認為是最可能成為中國民主驅動力量的自立型資產階級，他們往往也是支持法治，但不要求民主，也不支持西方民主，他們沒有將民主化與自身利益聯繫起來。[2] 2006 年至 2007 年之間對沿海五個省份民營企業家進行的系統抽樣調查也發現，民營企業家傾向於支持現行體制，並且，包容的民主價值觀、生活滿意度、政策滿意度和腐敗觀點在內的主觀價值，對於民營企業家的政權支持有着顯著性的影響，民營企業家與政治精英

1　Bruce J. Dickson. 2003. *Red Capitalists in China: The Party, Private Entrepreneurs, and Prospects for Political Change*, New York: Cambridge Vniversity Press.

2　An Chen. "Capitalist development, entrepreneurial class, and democratization in China."

共享的價值認同被認為是其政權支持的基礎。[1]

　　基於此，我們需要控制主觀價值對民營企業家糾紛解決方式產生的影響。在 2006 年的問卷中並沒有與政治態度直接相關的問題，因此，本章通過來兩種方式來測量主觀價值：對私營企業中黨組織作用的認知以及民營企業家的生活滿意度。第一，對於民營企業家中黨組織作用的態度。我們假設，如果民營企業家對企業中的黨組織作用持比較積極的看法，那麼就表明他對現有體制持比較溫和甚至支持的態度，反之，如果他對企業中的黨組織持比較消極的看法，那麼就表明他對現有體制持比較反感和不支持的態度。由此，我們使用了一組關於對私營企業中黨組織作用的態度的問題來衡量民營企業家對共產黨和現有體制的態度。五個問題如下：

表 5-7　關於對私營企業中黨組織作用的態度

您認為私營企業裏的黨組織是否應該發揮幫助經營者掌握黨和政府的方針政策、法律法規的作用？
您認為私營企業裏的黨組織是否應該發揮協助企業做好決策的作用？
您認為私營企業裏的黨組織是否應該發揮開展員工思想政治工作，指導企業文化建設的作用？
您認為私營企業裏的黨組織是否應該發揮協調勞資關係，維護企業和員工利益的作用？
您認為私營企業裏的黨組織是否應該發揮處理企業和政府部門以及其他組織的關係的作用？

　　受訪者被要求用"是"或"否"來回答這些問題。雖然受訪者可能隱藏他們的真實想法，給出比較積極的答案，但如表 5-8 所示，超過半數的受訪者不贊成黨組織在私營企業決策制定和公關協調方面發揮作

1　Jie Chen and Bruce J. Dickson. "Allies of the state: democratic support and regime support among China's private entrepreneurs,"; Bruce J. Dickson. "Integrating Wealth and Power in China: The Communist Party's Embrace of the Private Sector."

用。受訪者最贊成黨組織在傳達政策和思想工作方面發揮作用，大約分別有 70% 和 65% 的人贊成。55% 左右的受訪者認為黨組織應協助處理勞資關係。因為上述每兩個問題的回答之間的相關性較弱，如表 5-9 所示，我們將一次把這五個變量放入回歸模型中。

表 5-8　對企業黨組織作用的態度

	是	否	有效百分比（%）	缺失值
傳達政策	70.3	23.2	93.5	6.5
企業決策	47.8	45.7	93.5	6.5
思想工作	65.1	28.4	93.5	6.5
勞資關係	55.6	37.8	93.4	6.6
公關	48.1	45.4	93.5	6.5

表 5-9　對企業黨組織作用的態度的 φ 係數（phi 相關係數）分析

	傳達政策	決策	思想工作	勞資關係	公關
傳達政策	1.000				
決策	0.134				
思想工作	0.171	0.148			
勞資關係	0.144	0.277	0.200		
公關	0.172	0.237	0.170	0.242	1.000

　　第二是生活滿意度。陳捷和狄忠蒲發現，民營企業家對自身的社會、經濟和政治地位越滿意，他們就越支持現行體制。比較而言，對於解決糾紛的方式，對於自身社會經濟和政治地位評價越高則可能會導致更高的政治效能感，從而更可能對抗政府。總的來說，不管生活滿意度和對抗性糾紛解決方式之間可能是正相關還是負相關，我們仍需控制生活滿意度。

　　為了測量生活滿意度，我們使用了問卷中三個關於民營企業家經濟、社會和政治地位自我評價的問題形成一個總的指標。對於每個問題，受訪者被要求在十分制基礎上給自我評價打分，1 代表自我評價的最低水平，10 代表最高水平。[1] 為了確保內部一致性，我們對三個問題進行了信度分析，克倫巴赫 α 係數是 > 0.871，內部一致性相當好。由此，我們綜合這三個問題形成一個受訪者自我評價的總指標。表 5-10 展現了結果。這個三個問題形成的 "生活滿意度" 的總指標平均得分是 16.62，高於均值 15。與社會經濟地位的自我評價相比，政治地位的自我評價相對比較低。總體上，我們假設生活滿意度越高，當與政府糾紛發生時，民營企業家就越不可能採取對抗方式。

表 5-10　生活滿意度

	平均分	標準差	案例數
相比其他社會成員而言，你如何評價你的經濟地位？	5.74	1.798	3722
相比其他社會成員而言，你如何評價你的社會地位？	5.74	1.863	3713
相比其他社會成員而言，你如何評價你的政治地位？	5.13	2.199	3684
總指數（3-30）	16.62	5.242	3679

三、經濟依賴性

民營企業家對政府的經濟依賴被認為是其順從於政黨國家的重要解釋。過去幾十年間，儘管中國經歷了從再分配經濟向市場經濟的劇烈轉型，但國家權力並沒有萎縮。未完成的市場化導致國家權力持久地控制着重要的經濟資源，如土地、金融和財政補貼等。所有這些都為民營企業家與政府官員建立緊密關係提供了巨大動力。在這種經濟依賴之下，對於民營企業家而言，與政府對抗並不是一個好的選擇。相反，民營企

1　原始數據中 1 代表最高水平，10 代表最低水平，本研究對其進行了重新編碼。

業家往往通過建立與政府官員的庇護關係以追求自身長遠利益。[1]

　　反之，隨着企業規模的不斷擴大，雖然私營企業可能仍然依賴於政府獲取稀缺的經濟資源，但是，它們與政府討價還價的能力往往也隨之增強。就如發展型地方政府研究所發現的，地方政府不得不依賴大型企業以獲得稅收、就業及其他政績。[2] 政府及其官員越依賴私營企業，私營企業對於政府政策過程的影響就越大。政府對於私營企業的依賴使得民營企業家開始能夠與當地政府討價還價，要求稅收優惠、低價土地、審批的綠色通道以及社會監管中的寬鬆執法等。[3] 另外，研究者也認為，隨着民營企業家規模的擴大和實力的增強，"關係"的重要性逐漸降低，他們往往通過遵守法律和規章來與政府互動。[4] 案例研究也表明，由於電子產品企業面對激烈的市場競爭，並且它們往往是大型民營企業家，因此，它們往往更願意採取對抗方式解決與政府的糾紛。[5]

　　基於此，本章控制"經濟依賴"的變量。我們假設民營企業家越依賴政府，他們就越不可能採取對抗方式。反之，民營企業家越少依賴政府，他們就越可能採取對抗方式。進而，本章採取"企業規模"來測量企業的"經濟依賴"性。所謂"企業規模"即企業的總資產，它直接影響到企業的自主性和討價還價能力。我們預計，隨着企業規模擴大，民營企業家的經濟實力不斷增強，他們會更加獨立，從而更傾向於採取對

1　Yanjie Bian and John R. Logan. 2000. "Market transition and the persistence of power: the changing stratification system in urban China."; Yang Cao, Victor G. Nee, and Xueguang Zhou, "Comment: Controversies and evidence in the market transition debate. Author's reply." *American Journal of Sociology* 105.4: 1175-1195.

2　Andrew G. Walder. 1995. "Local governments as industrial firms: an organizational analysis of China's transitional economy." *American Journal of sociology*: 263-301; Jean C. Oi, and Andrew G. Walder. 1999. *Property Rights and Economic Reform in China*, Stanford. CA: Stanford University Press; Jean C.Oi. 1995. "The role of the local state in China's transitional economy." *The China Quarterly* 144: 1132-1149.

3　Hongbin, Li and Li-An Zhou. 2005. "Political turnover and economic performance: the incentive role of personnel control in China." *Journal of Public Economics* 89.9: 1743-1762.

4　Douglas Guthrie. 1998. "The declining significance of guanxi in China's economic transition." *The China Quarterly* 154: 254-282.

5　Scott Kennedy. 2009. *The Business of Lobbying in China*, Harvard University Press.

抗方式去解決與政府部門的糾紛。如表 5–11 所示，在有效案例中，總資產少於 100 萬、超過 500 萬、在 100—500 萬之間的私營企業，各佔總數的三分之一左右。

表 5-11　私營企業規模（2005 年）

		頻率	百分比（%）	有效百分比（%）	累計百分比（%）
有效值	少於 100 萬元	832	21.7	33.1	33.1
	100—200 萬元	828	21.6	32.9	66.0
	多於 500 萬元	856	22.3	34.0	100.0
	合計	2516	65.6	100.0	
缺失值		1321	34.3		
合計		3837	100.0		

四、人口屬性和企業所在地區

除了經濟依賴和主觀價值外，我們還控制受訪者的人口屬性和企業所在地。根據現有研究，受過良好教育的人，中年人以及男人更可能有較高的政治效能感，因此，他們更可能採取對抗方式。因此，我們控制受訪者的性別、年齡和教育背景。如表 5–12 到表 5–14 所示，受訪者最大年齡是 80 歲，最小的只有 17 歲。86% 的民營企業家都是男性，14% 的是女性。只有 17% 的受訪者是本科和研究生學歷。

表 5-12　年齡

	數量	最小值	最大值	平均數	標準差
年齡	3808	17.00	80.00	44.4023	8.33517
有效值（方式）	3808				

表 5-13 性別

		頻率	百分比（%）	有效百分比（%）	累計百分比（%）
有效值	男性	3293	85.8	86.0	86.0
	女性	535	13.9	14.0	100.0
	合計	3828	99.8	100.0	
缺失值	未答	9	0.2		
	合計	3837	100.0		

表 5-14 教育

		頻率	百分比（%）	有效百分比（%）	累計百分比（%）
有效值	小學	58	1.5	1.5	1.5
	初中	480	12.5	12.6	14.1
	高中或中專	1396	36.4	36.6	50.7
	大專	1211	31.6	31.7	82.4
	本科	500	13.0	13.1	95.5
	研究生	170	4.4	4.5	100.0
	合計	3815	99.4	100.0	
缺失值	未答	22	0.6		
合計		3837	100.0		

此外，我們還控制了“企業所在地區”。2006 年的調查問卷按企業所在省份將其所在地分成三個區域：中國東部、西部和中部。一些研究表明，企業所在地區影響到政企關係。例如，蔡欣怡對比了溫州模式、蘇南模式、南方模式以及內陸模式，不同地區的市場化程度是有差別的，這也解釋了民營企業家採取不同策略處理與政府關係的原因。比如，在內陸，市場發展最為落後，民營企業家對政府很不滿，但是他們

更傾向於採取勉強接受或迴避忍耐的方式。[1] 其他研究也表明，在市場發達的南方，民營企業家更樂意與他們的同鄉而不是政府官員建立緊密的關係。[2] 基於此，我們預計中國東部的民營企業家比西部和中部的更有可能採取對抗方式。表 5–15 表明中國東部的民營企業家佔了約 61% 以上，中部大約 20%，西部約 13%。

表 5–15　地區

		頻率	百分比 （%）	有效百分比 （%）	累計百分比 （%）
有效值	東部	2528	65.9	65.9	65.9
	中部	800	20.8	20.8	86.7
	西部	509	13.3	13.3	100.0
	合計	3837	100.0	100.0	

五、多分定類變量對數回歸分析的結果

表 5–16 顯示了多分定類變量對數回歸分析的結果。我們將非對抗的糾紛解決方式作為因變量的參照項，並在所有相關性分析中控制人口屬性和企業所在地區。然後我們逐步將解釋變量和其他的控制變量加入模型中，包括體制背景、政治吸納、主觀價值和經濟依賴。當所有變量加入時，有效觀察值總共有 745 個。相比於 3837 份問卷中報告了與政府部門之間糾紛解決方式的 1749 個個案，由於自變量缺失值的存在，導致了有效個案數量的減少。不過，自變量的平均有效個案數都超過了 50 個。

本章通過 2006 年全國私營企業大型調查數據，試圖發現民營企業家的體制背景與政府糾紛解決方式之間的相關性。通過控制幾組自變

1　Tsai, Kellee S. 2007. *Capitalism without Democracy: The Private Sector in Contemporary China*. Ithaca, N.Y.: Cornell University Press.

2　秦海霞：《關係網絡的建構：民營企業家的行動邏輯以遼寧省 D 市為個案》，《社會》2006 年第 5 期。

量，本章的回歸模型呈現以下結果。首先，模型一中，我們將解釋變量"體制工作背景"放入，並在人口特徵和企業所在地區兩個控制變量之外，控制了"政治吸納"。數據結果顯示，體制工作背景與民營企業家保持沉默沒有顯著的相關性。不過，它與對抗性的糾紛解決方式有較為顯著的正相關性（P<0.05），斜率係數〔Exp（B）〕大約是1.6。這意味着，相對於非對抗性的糾紛解決方式，那些有體制工作背景的企業家比沒有體制工作背景的人有接近兩倍的可能性選擇對抗性的方式解決與政府部門的糾紛。同時，相對於非對抗性糾紛解決方式，人大代表的身份與民營企業家對抗性糾紛解決方式以及沉默都是顯著的負相關。由於內生性問題，我們不能分辨是人大代表更不願意與政府對抗和保持沉默而願意訴求於非對抗性方式解決與政府部門糾紛，還是不對抗和保持沉默的民營企業家更容易被吸收進人大。不過它已經與下海企業家身份的糾紛解決方式形成了鮮明對比。同時，中國東部的民營企業家在與政府糾紛中保持沉默顯著負相關，而女性企業主與保持沉默是顯著正相關。那意味着中國東部的民營企業家更樂意採取行動而不是保持沉默和忍受，而女性企業家更傾向於保持沉默，這點符合我們的假設：發達地區企業家和男性企業家更願意採取行動。但是與非對抗的參照項相比，他們對對抗沒有顯著影響。另外，企業黨組織的建立和企業家的沉默呈顯著負相關。其他指標包括政協委員、黨員和各類商會成員，以及年齡和教育背景，對民營企業家的沉默或對抗都沒有顯著影響。

在模型二中，我們將主觀價值加入到回歸模型中。表5-16表明，當控制人口特徵、企業所在地、政治吸納和主觀價值的情況下，體制工作背景仍然顯著（P<0.05），它與對抗性糾紛解決方式呈顯著正相關。這意味着，相對於非對抗性糾紛解決方式而言，有體制工作背景的民營企業家更傾向於採用對抗性的方式解決與政府部門的糾紛。同時，相對於非對抗性糾紛解決方式，人大代表的身份仍然與保持沉默顯著負相關，不過，在本組數據中，它與對抗性糾紛解決方式相關性不再顯著。

對於新加入的主觀價值，民營企業家的個人生活滿意度，即自身社會經濟和政治地位評價，與對抗性糾紛解決方式呈顯著負相關。雖然這似乎意味着民營企業家生活滿意度越高就越不傾向於採用對抗性方式解決與政府部門糾紛，但由於內生性問題，我們不能作出這種結論。此外，女性民營企業家仍然更大可能保持沉默。其他控制變量，包括年齡、教育、企業所在地和各種商會成員身份都與因變量的關係不顯著。

在模型三中，我們加入了以企業規模測量的經濟依賴的變量，也就是說將解釋變量和所有控制變量都放入了回歸模型。表 5–16 中的結果顯示，體制工作背景與對抗性糾紛解決仍然呈顯著正相關，斜率係數〔Exp（B）〕稍微增加到 1.8。這意味着，當與政府部門發生糾紛時，離開體制的民營企業家，包括前黨政機關和事業單位幹部和國企經理層，比沒有體制工作背景的民營企業家近乎兩倍的可能採取對抗方式解決糾紛。同時，人大代表和共產黨員身份與對抗性糾紛解決方式呈顯著負相關，而政協委員則與對抗性糾紛解決方式顯著正相關，私營企業是否建立了黨組織與民營企業家是否保持沉默也呈顯著負相關。此外，民營企業家的生活滿意度和對抗性糾紛解決方式仍然呈顯著負相關。對於新加入的控制變量，即 2005 年私營企業的規模，它與和對抗性解決糾紛方式以及保持沉默相關性均不顯著。其他控制變量，如企業所在地、各種商會成員身份，黨組織作用的態度與因變量都沒有顯著相關性。

第四節　討論：市場轉型與下海企業家

在本章對 2006 年全國民營企業家大型調查的數據分析中，雖然我們對於將基於樣本數據的結論推廣到整個民營企業家階層持謹慎的態度，不過，樣本數據的確呈現出了一些有趣的發現。第一，"體制旋轉門"的兩種機制，即進入和脫離體制，與民營企業家解決糾紛方式的相關性完全不同。雖然大部分民營企業家仍然採用非對抗的方式，即通過私下協商以及求助於本級政府、上級政府部門和工商聯等商會組織來解

表 5-16　多分定類對數回歸模型分析

體制工作背景	模型 1				模型 2				模型 3			
	默默承受型		對抗型		默默承受型		對抗型		默默承受型		對抗型	
	B (S.E.)	Exp (B)	B (S.E.)	Exp (B)	B (S.E.)	Exp (B)	B (S.E.)	Exp (B)	B (S.E.)	Exp (B)	B (S.E.)	Exp (B)
	0.119 (0.237)	1.127	0.479** (0.189)	1.614	0.120 (0.249)	1.128	0.479** (0.195)	1.614	0.279 (0.298)	1.322	0.618** (0.243)	1.854
人大代表	666** (0.305)	0.514	0.408* (0.215)	0.665	565* (0.313)	0.568	334 (0.224)	0.716	447 (0.355)	0.639	483* (0.283)	0.617
政協委員	0.246 (0.250)	1.278	0.285 (0.191)	1.330	0.257 (0.261)	1.293	0.354** (0.197)	1.424	0.382 (0.305)	1.465	521** (0.238)	1.683
工商聯、行業協會、同業公會成員	-0.169 (0.295)	0.844	-0.254 (0.234)	0.775	-0.170 (0.313)	0.843	-0.190 (0.243)	0.827	-0.093 (0.383)	0.911	0.003 (0.324)	1.003
中共黨員（VS 非中共黨員）	-0.021 (0.251)	0.980	-0.253 (0.198)	0.776	-0.007 (0.261)	0.993	-0.286 (0.201)	0.751	0.016 (0.306)	1.016	-0.537*** (0.254)	0.585
民主黨派黨員（VS 非民主黨派黨員）	0.162 (0.125)	1.176	0.221 (0.345)	1.247	0.187 (0.465)	1.206	0.166 (0.356)	1.181	-0.164 (0.669)	0.849	0.046 (0.462)	1.047
企業黨組織	-0.482* (0.266)	0.618	0.013 (0.196)	1.013	-0.453 (0.281)	0.636	0.140 (0.208)	1.151	-0.728** (0.340)	0.483	0.060 (0.262)	1.062
對企業黨組織作用態度	No		No		Yes		Yes		Yes		Yes	
生活滿意度					-0.008 (0.026)	0.992	-0.049** (0.019)	0.953	-0.003 (0.031)	0.997	-0.053** (0.025)	0.948

	模型 1				模型 2				模型 3			
	默默承受型		對抗型		默默承受型		對抗型		默默承受型		對抗型	
	B (S.E.)	Exp (B)	B (S.E.)	Exp (B)	B (S.E.)	Exp (B)	B (S.E.)	Exp (B)	B (S.E.)	Exp (B)	B (S.E.)	Exp (B)
2005 年私企規模									0.192 (0.188)	1.211	0.219 (0.151)	1.245
年齡	0.013 (0.015)	1.013	-0.007 (0.012)	0.993	0.017 (0.015)	1.018	-0.001 (0.012)	0.999	0.028 (0.018)	1.028	0.005 (0.015)	1.005
女性（VS 男性）	0.654** (0.304)	1.924	0.238 (0.266)	1.269	0.542* (0.326)	1.720	0.166 (0.276)	1.181	0.493 (0.425)	1.638	0.494 (0.330)	1.639
教育背景	0.054 (0.111)	1.056	0.110 (0.086)	1.116	0.104 (0.118)	1.109	0.112 (0.089)	1.119	0.008 (0.142)	0.992	0.090 (0.110)	1.094
東部（VS 西部）	-0.506* (0.295)	0.603	-0.155 (0.252)	0.856	-0.485 (0.311)	0.616	-0.275 (0.257)	0.760	-0.573 (0.367)	0.564	-0.256 (0.307)	0.774
中部（VS 西部）	-0.527 (0.341)	0.590	-0.057 (0.278)	0.945	-0.465 (0.354)	0.628	-0.117 (0.282)	0.890	-0.575 (0.423)	0.563	-0.368 (0.353)	0.692
數量	1015				988				744			
Nagelkerke R Square	0.051				0.061				0.092			

決與政府部門的糾紛，但是，並不是所有的民營企業家都依靠非對抗的方式來解決糾紛，有的民營企業家只是保持沉默，而其他一些則傾向於採取更具對抗性的方式解決糾紛。在與政府發生糾紛的民營企業家中，具有體制工作背景的民營企業家與對抗性的糾紛解決方式之間呈現顯著而穩健的正相關。這意味着那些脫離黨政體制的企業家在處理與政府糾紛的過程中更為強勢和更具對抗性，他們更願意通過法律、大眾媒體和集體行動，而不是非正式關係來解決與政府之間的糾紛。與此形成鮮明對比的是，那些進入體制成為人大代表的民營企業家與對抗性糾紛解決方式呈現顯著的負相關，儘管由於內生性問題，我們無法確定因果關係，但是，它也表明，"體制旋轉門"的兩種機制與政府糾紛解決方式的相關性完全不同。這與現有關於中國紅色資本家和政治吸納的研究結論存在相當差異。現有研究認為下海企業家和被吸納的企業家都是政黨國家的盟友。儘管一些學者質疑政治吸納的作用，認為進入體制的民營企業家存在着推動內部變革的可能性，從而成為國家內部的革命者，但是，很少研究關注下海企業家脫離體制可能存在的不同後果。而我們的數據分析發現，脫離體制的私營企業家比進入體制的企業家更有可能成為潛在的挑戰者。

第二，中國市場轉型的獨特道路是下海企業家對抗性的可能解釋，因為它使得脫離體制的政治和經濟精英願意和有能力挑戰現有政權。正如現有研究發現的，直接的權力轉換（power conversion）在中國的漸進市場改革中並不普遍存在。原有的政治和經濟精英佔有資產的機會較為有限。由於漸進改革和對於產權專制中相對較為嚴格的控制，使得直接的資產侵佔和權力轉換只是局部的現象。同時，中國的政治體制在市場轉型中仍然保持不變，市場改革仍然是局部的，仍有擁有龐大的國有經濟和政府對於經濟的普遍干預。因此，中國的市場轉型與俄羅斯市場轉型中原有的政治經濟精英大量侵佔國有資產不同，也與東德、波蘭和匈牙利等東歐國家推進系統和透明的全面私有化不同。這種漸進的市場改革的政治後果之一即在於造成了下海企業家的政治對抗性。一方面，中國下海企業家不像俄羅斯脫離體制的前政治經濟精英那樣不得不尋求體制的保護；另一方面，相對於那些仍然留在體制之中在職的官員，體制工作背景帶給下海企業家的好處並沒有那麼多。在職的官員更有可能把權力變成財富，他們的家人和親戚都擁有更多的特權和政治資本影響政策過程並獲取各種優惠和特權；而脫離體制的下海企業家與其依賴過去的體制資本，不如重新通過其社會資本尋求對於企業成功的幫助。因此，脫離體制的下海企業家並不會比那些沒有體制工作背景的民營企業家有更多的機會去影響政策過程，從而也不會比沒有體制背景的私營業主有更多機會通過非對抗方式解決糾紛。此外，就如蔡欣怡研究發現，下海企業家甚至對政府有更多的要求和抱怨。比起那些沒有政府工作背景的，他們更了解政府和政治。因此他們對官員的權力濫用和不公平的制度和政策更加敏感。並且，比起那些從下崗工人、農民和個體戶等起家的、完全沒有體制工作背景的民營企業家來說，他們更加有能力對抗政府。還有一些下海企業家本身在體制內的經歷就使得其對體制存在不滿，因為下海部分是由於政府機構改革中精簡人員和競崗失敗而不得不離開。

基於以上的數據分析結果，從體制性工作背景與對抗性糾紛解決方式之間顯著而穩健的正相關中，我們試圖得出以下初步的判斷。首先，民營企業家並非都是國家的盟友，他們之中存在潛在的挑戰者，具有體制工作背景的民營企業家最有可能要求政治改革。本章將政權支持和糾紛解決方式區分開來，探討當與政府發生糾紛時，脫離體制的民營企業家對民營企業家的對抗的影響。我們認為，不管民營企業家在主觀態度上是否與現有政權共享相似的政治價值觀以及不管他們從根本上是否支持現有政權，當他們與政府及其官員討價還價、訴訟法律、通過媒體施加壓力以及自行集結起來表達抗議的時候，他們事實上就已經在限制和挑戰國家的獨斷權力，而非認同和強化這種權力，他們將國家權力置於普遍性的法律規則之下，置於媒體和公眾的公意壓力之下，要求國家權力受到約束。即便他們只為自身利益而非公共利益而行動，而不是為了公共利益，但卻在有助於推動政治的發展。

其次，中國市場轉型的政治後果對於中國的政治發展具有重大影響，脫離體制的政治和經濟精英是潛在的體制挑戰者。一方面，根據"沒有資產階級，就沒有民主"的理論斷言，隨着經濟的發展和市場轉型中新興社會階層的出現和壯大，民營企業家會成為中國政治轉型的推動力量。位於經濟發達地區的企業和規模大的企業更有可能享有相對於國家的自主性，這些民營企業家因而更有可能成為政治轉型的推動力量。然而，我們的數據分析卻表明，企業規模和所在經濟發展程度不同的地區，都不構成影響企業與政府糾紛解決方式的因素，規模大的企業和經濟發達地區的企業並不更加具有對抗性。相反，無論企業規模大小和所在不同區域，脫離體制的民營企業家都比沒有過體制工作背景的民營企業家更具對抗性；另一方面，大部分現有研究認為，市場轉型在中國之所以沒有催生與國家抗衡的民營企業家階層是在於中國共產黨政治吸納的策略，政治吸納使得民營企業家進入體制成為國家的盟友。本章與政治吸納的研究一樣認為，經濟發展和市場轉型並不一定催生要求政治變革的民營企業家階層，但是，本章的研究認為，政治吸納模型過於強調民營企業家與現有政權的利益共享及其順從，而忽略了掌有了經濟權力的新興社會階層中可能存在的潛在挑戰者。實際上，不僅政治吸納會影響民營企業家的政治作用和角色，而且，中國獨特的市場轉型道路導致的路徑依賴也會影響民營企業家與國家的關係。正如我們的數據分析表明，並不是來自於下崗工人、農民和個體戶等弱勢群體的民營企業家更有可能挑戰現有政權，而是市場轉型期脫離體制的下海企業家更有可能質疑、約束和挑戰政治權力。也就是說，中國市場轉型的獨特路徑使脫離體制的原有政治和經濟精英更具對抗性，它在一定程度上決定了誰是擁有日益巨大經濟權力的新興社會階層中可能的政治挑戰者。

第六章

企業家如何組織起來 *

* 本章內容發表於：黃冬婭、張華：《民營企業家如何組織起來：基於廣東工商聯系統商會的分析》，
《社會學研究》2018 年第 4 期。

前幾章討論了企業家影響政策過程的方式以及決定其影響力的因素。這一章我們要討論一下民營企業家的組織化問題。在西方政府過程理論中，組織化的利益集團遊說是政策過程重要的一環。在中國，一種理論的想像是，民營企業家的組織化程度越來越高，他們的訴求逐漸從個別化特殊化的訴求轉變為組織化訴求，從而推動政治的多元化。在第二章中我們看到了商會行會已經通過政協團體提案表達自身的政策訴求。那麼，是否民營企業家的組織化程度越來越高，從而成為政策過程中重要的角色呢？本章將基於廣東工商聯系統的商會行會組織的問卷調查，考察民營企業家如何組織起來，特別以商會行會的活躍度和凝聚度兩者來進行測量其組織化程度，據此剖析影響其組織化發展的因素。

第一節　企業家的正式組織如何可能

一、研究回顧

　　現有研究中，研究者嘗試超越多元主義和階級支配的爭論，分析企業家如何組織起來。其中，"統治集團"的研究強調企業家非正式的組織化。在這些研究看來，與勞工不同，企業家利益不需要並很少通過正式組織得到表達，相反，他們往往通過內部人圈子、連鎖董事會和私人網絡構成緊密的集團；[1] 另一些研究則認為，企業家利益仍然需要通過正式組織來表達。[2] 格朗認為，就企業家與國家的關係而言，公司國家（company state）和社團國家（associative state）不同。前者是企業利益直接與國家發生關係，而後者是企業利益通過商會組織作為橋樑與國家發生關係。在後一種情況下，商會組織是企業家最重要的組織化載體。[3] 斯密特就認為，連鎖董事會和社會網絡分析都缺少了對於正式組織的分析，對企業家組織化的研究應考察擁有巨大財富的資本家為何加入商會組織，在競爭和利益分化的情況下商會組織如何可能。[4]

1　Warner, W. Lloyd, and Darab Unwalla. 1967. "The system of interlocking directorates." in W. Lloyd Warner, Darab B. Unwalla, and John H. Trimm (eds.), *The Emergent American Society: Large-Scale Organizations*. New Haven: Yale University Press. pp.121-57. Allen, Michael Patrick. 1974. "The structure of interorganizational elite cooptation: Interlocking corporate directorates." *American Sociological Review*.39(3). Mizruchi, Mark S., and Michael Schwartz. 1987. "The structural analysis of business: An emerging field." *Intercorporate Relations*,. New York: Cambridge University Press. Useem, Michael. 1979. "The social organization of the American business elite and participation of corporation directors in the governance of American institutions." *American Sociological Review* 44(4). Gerlach, Michael L. 1992. *Alliance Capitalism: The Social Organization of Japanese Business*. Berkeley and Los Angeles: University of California Press.

2　Schmitter, P. C. & W. Streeck. 1999. "The Organization of Business Interests: Studying the Associative Action of Business in Advanced Industrial Societies." MPIFG Discussion Paper. No. 99/1. Cologne, Max Planck Institute for the Study of Societies. Traxler, F. & G. Huemer (eds.). 2007. *Handbook of Business Interest Associations, Firm Size and Governance: A Comparative Analytical Approach*. New York and London:Routledge.

3　Grant, W. 1993. "Pressure Groups and the European Community: An Overview." in S. Mazey & J. Richardson, eds, *Lobbying in the European Community*. Oxford: Oxford University Press.

4　Schmitter, P. C. & W. Streeck. 1999. "The Organization of Business Interests: Studying the Associative Action of Business in Advanced Industrial Societies." MPIFG Discussion Paper. No. 99/1. Cologne, Max Planck Institute for the Study of Societies.

企業家正式組織的首要問題是集體行動困境。研究者以微觀個體理性選擇為起點探討組織化問題，分析集體行動的邏輯對於商會組織的影響。在奧爾森看來，由於搭便車以及交易費用的存在，商會組織達到一定規模之後，招募會員的邊際成本會上升。當邊際收益等於邊際成本時，組織邊界達到最大。現實中總是人數少而獲利大的集團能有效地克服集體行動困境而組織起來。[1] 斯密特則認為，商會規模與其集體行動能力之間的關係應是 U 型，規模太大或者太小都會使得會員傾向於採取非正式的共謀性集體行動，而非組織化的（associative）集體行動。[2]

然而，在中國背景下，企業家組織化的影響因素並不能僅僅歸結於集體行動困境，國家管控無疑是無法迴避的問題。一方面，國家對社團註冊登記管理的限制和不定期的清理整頓都限制了社團的成立和運作；另一方面，國家控制也使得商會依附於國家，缺乏相對於國家的自主性，難以具備為會員服務和負責的會員性，從而侵蝕了其組織化。斯密特認為，會員邏輯（logic of membership）對於商會組織十分重要。商會組織往往通過提供"會員服務"和"會員參與"來吸引和組織會員。[3] 而在中國，國家的控制侵蝕了社會組織的自主性，其仍然習慣於依賴政府，[4] 並傾向於尋求建立與官員的非正式"關係"來實現目標。[5] 甘思德通過對中國鋼鐵行業協會的研究認為，協會行動力低下在於作為國企的大

1　Olsen, Mancur. 1997. *The Logic of Collective Action*.MA: Harvard University Press.

2　Schmitter, P. C. & W. Streeck. 1999. "The Organization of Business Interests: Studying the Associative Action of Business in Advanced Industrial Societies." MPIFG Discussion Paper. No. 99/1. Cologne, Max Planck Institute for the Study of Societies.

3　Schmitter, P. C. & W. Streeck. 1999. "The Organization of Business Interests: Studying the Associative Action of Business in Advanced Industrial Societies." MPIFG Discussion Paper. No. 99/1. Cologne, Max Planck Institute for the Study of Societies.

4　陳健民、丘海雄：《社團，社會資本與政經發展》，《社會學研究》1999 年第 4 期。

5　趙秀梅：《中國 NGO 對政府的策略：一個初步考察》，《開放時代》2004 年第 6 期。Solinger,D.J. 1992. "Urban Entrepreneurs and the State: The Merger of State and Society." in Rosenbaum, Arthur Lewis (eds.), State and Society in China: The Consequences of Reform. Boulder, CO:Westview Press. Bruun, Ole. 1993. *Business and Bureaucracy in a Chinese City: An Ethnography of Private Business Households in Contemporary China*. Berkeley: University of California.

型鋼鐵企業往往有與政府部門和領導直接的接觸渠道，有主管部門的直接代言，因此，不需要通過行業協會來採取集體行動。[1] 相反的研究也顯示，在經濟發達地區，與政府轉制或者推動成立的行業協會不同，自發成立的行業商會組織更加具有自主性，能夠發揮較強的行業組織、服務、管理以及與政府溝通的作用。[2] 甚至，溫州民間商會被認為與政府逐步從關係性合意走向了準制度化合作。[3]

將社會組織化程度低下歸因於國家控制，意味着國家放鬆控制之後社會組織化會迅速發展。但是，就現實而言，在俄羅斯和前東歐國家，社會主義體制瓦解後，雖然國家控制的放鬆使得商會數量顯著增加，[4] 但自發的商會組織仍然缺少至下而上的參與性和代表性，面臨着會員不斷流失的問題；[5] 同時，就理論而言，國家除了可能是控制之手，更可能是扶助之手，國家與市場對商會發展具有 "雙重賦權" 的效應，商會組織與國家的縱向網絡也可能強化橫向網絡。[6] 具體而言，國家的扶助之手主要體現在以下三方面。

1. 組織。大部分東歐國家在轉型後迅速建立了三方架構，國家在其中扮演了關鍵性的作用，它推動或者鼓勵了代表性的商會組織建立，承認並且保護一個或少數商會組織。例如，匈牙利建立了強制性的商業聯合會（Chambers of Commerce）來參與政府相關公共服務和政策

1　Kennedy, Scott. 2009. *The Business of Lobbying in China*. MA: Harvard University Press.

2　郁建興：《在政府與企業之間：以溫州商會為研究對象》，浙江人民出版社 2004 年版。郁建興：《民間商會與地方政府：基於浙江省溫州市的研究》，經濟科學出版社 2006 年版。

3　陳剩勇、馬斌：《溫州民間商會：自主治理的制度分析──溫州服裝商會的典型研究》，《管理世界》2004 年第 12 期。

4　Duvanova, Dinissa. 2007. "Bureaucratic Corruption and Collective Action: Business Associations in the Post Communist Transition." *Comparative Politics* 39(4).

5　McMenamin, Iain. 2002. "Polish Business Associations: Flattened Civil Society or Super Lobbies?" *Business and Politics* 4(3).

6　汪錦軍、張長東：《縱向橫向網絡中的社會組織與政府互動機制──基於行業協會行為策略的多案例比較研究》，《公共行政評論》2014 年第 5 期。

制定，以區別於利益代表性商會。[1] 捷克則邀請五個商會成立了企業工會和商會協會協調委員會（Coordinating Council of Business Unions and Associations），所有涉及到勞工和僱主的政策在提交立法之前都必須提交三方機構。在這個過程中，國家並非是被動的利益和政策輸入的接收者，相反，它創設或者承認了相關的制度安排。[2]

2. 賦權。研究者發現，國家可以影響不同利益集團的動員組織能力；[3] 政府結構、行政能力和政府聽取社會組織意見的意願都會影響社會組織的發育程度。[4] 進而，對行業協會的研究認為，行業協會的發展需要"雙重賦權"，即企業賦權與政府賦權的結合。[5] 甚而，有的研究者認為，擴展民間性不可能完全避免行業協會失靈：商會組織往往希望依附於政府而分享政府的權威和公共資源以謀求生存和發展；[6] 不僅商會組織的政治和政府資源是吸引會員入會的重要原因，[7] 而且只有當商會組織嵌入到地方治理結構之中，地方黨政部門放權於商會組織時，它們才能夠對會員有足夠的吸引力；只有商會組織被吸納到黨政體系中並與地方官員保持私人關係時，它們才能夠獲取政策影響力。[8] "依附式自主性"、"權益性共生" 和 "碎片化法團主義" 等概念也被用來描繪對國家的資源依

---

1 Cox,Terry & Laszlo Vass. 2000. "Government-interest Group Relations in Hungarian Politics since 1989." *Europe-Asia Studies* 52(6).

2 Lehmbruch, Gerhard. 1991. "The Organization of Society, Administrative Strategies, and Policy Networks." in Czada, Roland M. & Adrienne Windhoff-Héritier (eds.), *Political Choice: Institutions, Rules, and the Limits of Rationality*. Boulder, CO:Westview Press. Schmitter, Philippe C. & Gerhard Lehmbruch (eds.). 1982. *Patterns of Corporatist Policy-making*. Beverly Hills:Sage. Wilson. Frank L. 1983, "Interest Groups and Politics in Western Europe: The Neo-Corporatist Approach." *Comparative Politics* 16(1).

3 Skocpol, Theda. 1995. *Social Policy in the United States: Future Possibilities in Historical Perspective*. Princeton:Princeton University Press.

4 管兵：《城市政府結構與社會組織發育》，《社會學研究》2013 年第 4 期。

5 徐家良：《雙重賦權：中國行業協會的基本特徵》，《天津行政學院學報》2003 年第 5 期。

6 江華：《民間商會的失靈及其矯正——基於溫州行業協會的實證研究》，《經濟體制改革》2008 年第 1 期。胡輝華、陳世斌：《邏輯偏離：市場內生型行業協會內部運作的組織分析——以 G 省 J 行業協會為例》，《中國非營利評論》2015 年第 1 期。

7 Dickson, Bruce J. 2003. *Red Capitalists in China: The Party, Private Entrepreneurs, and Prospects for Political Change*, Cambridge: Cambridge University Press.

8 Holbig, H. 2006. "Fragmented Corporatism: Interest Politics in China's Private Business Sector." Paper for the ECPR Joint Sessions, Workshop 25. 'Interest Politics in Post-Communist Democracies', Nicosia.

賴。[1]

　　3. 塑造組織形態和策略。國家還可以塑造社會組織的形態和策略。[2] 近年來，黃曉春對中國社會組織的研究不斷強調，國家對於社會組織的影響不僅僅在於"總體支配"和"分類控制"，[3] "模糊發包"的社會組織領域政策執行以及"條、塊、黨群"分割的治理體系等都使得中國的社會組織具有高度嵌入地方行政網絡、非穩定的發展預期、因面臨不確定的資源供給格局而工具主義發展等，還影響了社會組織對其活動領域、活動地域和運作過程的自主性。[4]

　　已有研究對理解我國企業家的組織化問題提供了相當的理論洞察。不過，現有研究仍然存在模糊不清或者爭議之處。第一，組織化的界定。已有文獻在討論企業家組織化問題時往往側重點有所不同，"集體利益代表"、[5] "橫向網絡"、[6] "組織凝聚力"、[7] 代表性、[8] "群體利益制度化"，[9]

1　王詩宗、宋程成：《獨立抑或自主：中國社會組織特徵問題重思》，《中國社會科學》2013 年第 5 期。Noakes, Press & Stephen William. 2011. Advocacy Under Authoritarianism: Transnational Networks in China. Ph.D: Queen's University Dissertation. Zhan, Xueyong & Shuiyan Tang. 2013. "Political Opportunities, Resources Constraints and Policy's Advocacy of Environmental NGOs in China." *Public Administration* 91(2). Spires, A. J. 2011. "Contingent Symbiosis and Civil Society in an Authoritarian State: Understanding the Survival of China's Grassroots NGOs." *American Journal of Sociology* 117(1). Holbig, H. 2006. "Fragmented Corporatism: Interest Politics in China's Private Business Sector." Paper for the ECPR Joint Sessions, Workshop 25. 'Interest Politics in Post-Communist Democracies', Nicosia.

2　Skocpol, Theda & Morris P. Fiorina (eds.). 2004. *Civic Engagement in American Democracy*. Washington,D.C: Brookings Institution Press.

3　黃曉春：《當代中國社會組織的制度環境與發展》，《中國社會科學》2015 年第 9 期。

4　黃曉春、嵇欣：《非協同治理與策略性應對——社會組織自主性研究的一個理論框架》，《社會學研究》2014 年第 6 期。

5　Schmitter, P. C. & W. Streeck. 1999. "The Organization of Business Interests: Studying the Associative Action of Business in Advanced Industrial Societies." MPIFG Discussion Paper. No. 99/1. Cologne, Max Planck Institute for the Study of Societies.

6　汪錦軍、張長東：《縱向橫向網絡中的社會組織與政府互動機制——基於行業協會行為策略的多案例比較研究》，《公共行政評論》2014 年第 5 期。

7　Coleman, W. & W. Grant. 1988. "The Organizational Cohesion and Political Access of Business: A Study of Comprehensive Associations." *European Journal of Political Research* 16(5). 紀鶯鶯：《當代中國行業協會商會的政策影響力：制度環境與層級分化》，《南京社會科學》2015 年第 9 期。紀鶯鶯：《轉型國家與行業協會多元關係研究——一種組織分析的視角》，《社會學研究》2016 年第 2 期。

8　江華、張建民：《民間商會的代表性及其影響因素分析——以溫州行業協會為例》，《公共管理學報》2010 年第 4 期。

9　管兵：《城市政府結構與社會組織發育》，《社會學研究》2013 年第 4 期。

以及"集體行動能力、[1] 政策影響力 [2] 等概念所指向的組織化面向都存在一定差異。分析對象有時是會員加入協會的動力機制及其對協會的認同和評價,有時分析的是協會如何吸引和代表會員,有時分析的是協會自身組織的運作,還有時分析的是在集體抗議和政策遊說中與政府的關係。第二,對於影響社會組織化的因素存在不同的判斷。已有研究不僅對商會組織規模對於其集體行動能力的影響、企業規模對於其組織化意願的影響存在不同的判斷,進而,對於國家是扶助之手還是控制之手也存在不同的判斷。特別是由於已有研究大部分是定性研究,而關於浙江商會的大樣本分析仍主要停留在描述性統計之上,因此,基於更新鮮的田野定性訪談資料和大樣本的結合將有利於我們澄清這些爭論。

二、研究對象

本章基於對"組織化"概念的多層次操作化界定,力圖分析企業家正式組織的基本機制。資料來源有以下兩個部分:第一,定性訪談。基於 2016 年廣東省商會行會組織調查,調查主要覆蓋珠海、中山、惠州和廣州四個經濟較發達城市的地市、縣區和鎮街三個層級的近 50 個行業協會、異地商會、綜合性商會和鎮街商會。第二,大樣本分析。問卷調查於 2016 年 3—5 月開展,覆蓋了廣東省全部 21 個地級市和順德區,涵括了省市區(縣)級工商聯和鎮街工商聯(商會)的 297 家直屬商會。問卷調查進行區域配額,根據配額由當地工商聯派發,並指定"商會秘書長"填寫。

從數據獲取的方式可以看到,第一,本章通過商會探討企業家的組織化問題。企業家可能還存在非正式組織或者更為隱秘的超級富豪俱樂

1　Olsen, Mancur. 1997. *The Logic of Collective Action*.MA: Harvard University Press.

2　Zhang, Changdong. 2015. "Non-Governmental Organisations' Policy Advocacy in China: Resources, Government Intention and Network." *China: An International Journal* 13(1). 紀鶯鶯:《當代中國行業協會商會的政策影響力:制度環境與層級分化》,《南京社會科學》2015 年第 9 期。

部，但商會無疑是最為常見的正式組織。雖然它們常常被認為並不有力，但數量卻在驚人地增長，並且成為了大部分企業家不可迴避、不得不參與的組織。因此，通過商會探討企業家的組織化仍恰當並具意義。第二，工商聯直屬商會組織與掛靠行政部門的商會可能存在一定差異，特別是在行政資源方面。但是，僅聚焦於工商聯系統商會保證了本章所研究的商會組織與國家的制度聯繫相同，從而在"國家控制"的制度背景保持恆定的情況下探討商會組織化的機制。[1]第三，樣本代表性問題。在問卷發放過程中，各級工商聯組織可能傾向於將問卷發放給較為活躍的商會組織，因為這些商會組織往往會與工商聯有更緊密的聯繫。雖然這會使總體推論會產生偏差，但是，在隨機樣本很難獲取的情況下，這297 個商會組織已經存在相當的差異，分析這種差異，也可有助於一窺組織化的機制。

第二節　將企業家組織起來：國家、市場與鄉緣

廣東工商聯系統的商會組織基本上處於相同的制度環境之中，即廣東省放鬆商會註冊登記和管理後而實行的"五自"和"一業多會"。那麼，在國家放鬆登記管理門檻的背景下，在面對集體行動的困境之下，企業家究竟依靠何種資源能夠組織商會？在廣東的田野訪談中，可以看到，國家、市場與鄉緣網絡是企業家組織的三大組織資源。

一、依靠國家組織起來

在 20 世紀八九十年代，政府各行政主管部門推動了各類行業協會的建立。最近幾年，國家已逐步推動行會商會與政府行政主管部門脫

1　根據 2006 年出台的《廣東省行業協會條例》以及同年廣東省委省政府頒佈的《關於發揮行業協會商會作用的決定》，行業協會、商會實行"自願發起、自選會長、自籌經費、自聘人員、自主會務"的"五自"原則，並實行無行政級別、無行政事業編制、無行政業務主管部門的管理要求，將政府與行業協會、商會之間定位為指導與被指導、監督與被監督的關係。並且，2012 年，廣東省委省政府發佈了《關於進一步培育發展和規範管理社會組織的方案》，允許一業多會。

鉤，推動經濟類社團的自組織。然而，"國家組織社會" 仍然存在，並且出現了新的形式。

第一，國家創建商會。20 世紀八九十年代，政府主管部門主要是推動建立行業協會，並提供辦公場所、聘請工作人員。目前，雖然行會商會與政府行政主管部門脫鉤，但國家仍然在推動以下兩類經濟類社團的建立，即區域性商會和青年商會。區域性商會包括鎮街商會和社區商會。在鎮街商會建立的過程中，國家要建立鎮街商會的日常機構和挑選領導班子。在調研中，基本上所有的鎮街商會都掛靠在鎮街經濟辦，依託於政府機構的人員開展日常運作。同時，國家還得幫助商會把領導班子搭建起來，特別是在那些鎮街行政資源和經濟資源較少的地方。珠海市香洲區推動了 9 個鎮街商會全覆蓋，然而，有的鎮街五六年找不到老闆做會長。有的鎮街太基層，對企業家都沒有吸引力，大老闆在政治上和名譽上都沒有什麼可圖。在這樣的情況下，如何調動企業家的積極性？一個重要的辦法就是進行政治安排。雖然政協中工商聯界別有比例，但是一些地方實際上早就突破了這個比例，可以把企業家安排在其他界別，有的區這個比例佔到約 1/3。除了鎮街商會，國家還力圖把商會向基層延伸，這就出現了社區商會和樓宇商會這樣的新形式。在珠海香洲，第一個社區商會是梅花街道辦鴻運社區商會。商會最初是區工商聯書記直接推動建立的，當時他支持創建會長創建了社區商會，解決貧困老人、苦難家庭、文體活動和再就業等問題。最近幾年，國家對民營企業家統戰工作的重心是青年企業家。在廣東，在雙重管理時期，各地就已經推動了各種青年企業家聯合會或青年商會的成立，提供辦公場所，對會長人選把關，推動各類活動的開展。在要求政社脫鉤後，政府仍然提供各種資源。例如，佛山市高明區青年商會由高明區團委推動成立，目前的情況依然是團委提供辦公場所（訪談記錄，佛山市高明區青年商會執行會長，2016 年 4 月 5 日）。

第二，依託國家資源組織起來。依託國家資源實現自組織指的是行會商會利用政治和行政資源來吸納和組織會員。首先，依靠政治關聯組織起來。很多行會商會依靠它們所擁有的獨特政治關聯來吸納和組織會員，這種政治關聯包括商會的官員顧問、推薦會員成為人大代表和政協委員等。即使對於異地商會，他們大多不在工商聯推薦本地政協委員的界別中，但是，他們可以推薦會員到家鄉擔任體制內職務或者到本會會員有投資的地區擔任職務，這也成為它們吸引會員的重要資源。"我們與湖北省政府的聯繫比較多，湖北政府有楚商大學，雷軍、李彥宏和省長省委書記等都參加；商會也去湖北考察，為會員站台，協調當地政府支持會員回原籍投資（訪談記錄，珠海市湖南商會會長，2016 年 3 月 9日）。珠海市常德商會秘書長就推舉了很多會員到常德擔任政協委員。此外，在一業多會的情況下，具有政治關聯還可以防止行業協會的分裂。白雲區酒類專賣行業協會於 2007 年成立，理事以上單位 50 多個，會員 500 多人，是白雲區唯一的酒類行業協會。在會長看來，一業多會並不會造成協會分裂，因為該協會由酒類專賣局推動成立，"沒可能分裂出去。老闆這麼多，誰聽誰的？還是要政府、書記出面"。"我們協會的活動，只要工商聯書記在他一定會參加，這讓企業覺得有信心、有面子、溝通順暢。"（訪談記錄，廣州市白雲區酒類專賣行業協會會長，2016 年 3 月 17 日）越秀區汽車用品商會會長更直接地說："政府應該給更多資源，這樣不用動員他們（會員）就能來參加活動，工商聯領導和職能部門領導來含金量就高。"（訪談記錄，廣州市越秀區汽車用品商會會長、康煌貿易有限公司董事長，2016 年 3 月 18 日）其次，依靠行政資源組織起來。目前，廣東省得大部分經濟類社團已經實現政社脫鉤，然而，向社會組織轉移政府職能，這建立了政府、社團和會員之間新的聯繫，這種新聯繫將會員捆綁在他們可能並不想加入的商會行會中。珠海市中小企業發展促進會原來掛靠在珠海市科工貿信局，脫鉤後承接了中小企業成長工程（訪談記錄，珠海市中小企業發展促進會會長，2016 年 3 月 9 日）。中山市高新技術民營企業商會原來掛靠在科技局下，目前主要是承接政府購買服務（訪談記錄，中山市高新技術民營企業商會秘書長，2016 年 3 月 10 日）。惠州市信用聯合會承接惠州的企業授信（訪談記錄，惠州市信用聯合會會長，2016 年 3 月 11 日）。還有飲食業商會承接國家級酒家的評定，酒類商會承接辦理區內酒類材料的審查和培訓，肉菜市場商會承接肉菜市場行業人員培訓工作，紡織行業協會承接企業清潔生產單位評定材料初審，電商商會承接政府電商服務中心，等等。此外，國家還有其他資源"培育"行會商會。比如，珠海市委組織部每年撥 150 萬培訓經費，組織行會商會會長和秘書長等到大學聽課培訓（訪談記錄，珠海市工商聯會員部部長，2016 年 3 月 9 日）。利用這些行政資源，商會可以設定門檻要求只有會員參加商會才能參加政府項目投標、接受政府項目初審等，從而將會員吸引組織起來。

二、依靠市場組織起來

在廣東，相當多的商會行會是企業家自發成立、自發組織，以至於統戰部門和工商聯發現它們對於數量呈井噴的企業家自組織失去了工作"抓手"。對於部分商會行會而言，成員之間並沒有更深入的市場合作，成員間的聯繫主要依靠組織企業家之間日常的聯誼活動。這些聯誼活動形式多樣，包括節日聚會、慈善活動、團體旅遊、培訓，等等。不過，如果單純依靠聯誼活動，協會可能會較為鬆散。除了依靠聯誼活動組織起來這種最為初級的形式，部分行業協會已經開始依靠市場合作實現更緊密的組織聯繫，具體包括日常市場服務、產業鏈合作、行業規則制定、跨行業經濟合作以及以商養會等。

第一，商會的日常市場服務。大部分行會商會都有為企業提供基礎的會員市場服務，包括市場信息、政策信息和業務培訓等，屬最基本的服務項目，也是企業入會最基本的考慮。酒業協會秘書長對於日常服務就提到，"去年（協會）組織大大小小推介會、品酒會，還聯絡去香港參加食品展和培訓"；"去年被稱為史上最嚴的食品安全法出台，一支酒包裝不合格也要罰幾萬。我們（協會）諮詢法律顧問和食藥局，出台規範化指南，提醒會員各個方面要注意的事項，結果我們有兩個會員單位被食藥監抽查都合格了"（訪談記錄，廣州市越秀區酒類行業協會秘書長，2016 年 3 月 18 日）。

第二，會員之間的市場合作。行業合作和跨行業合作是商會實現有效自組織的重要機制。行業合作主要是行業上下游的合作關係。相對於聯誼活動和日常行業服務，市場合作更緊密地捆綁着企業家。中山黃圃鎮是全國最大的廣式臘味生產基地，中山黃圃鎮食品臘味行業協會有110 家會員，大多是本行業的大企業。協會參與了取消燒臘製品"酸價"國家標準，提出國家的強制性標準酸價指標不能準確客觀地反映醃臘肉製品脂肪氧化標誌的程度，而宜用過氧化值標誌作為代表脂肪氧化程度指標。在這個過程中，會長單位組織召開本市行業酸價座談會，聽取會員企業意見，並聯合包括利口福和煌上煌等在內的大國企籌集取消酸價論證研檢資金，協會會長和常務副會長企業捐款 10 萬元作為論證經費，副會長企業捐款 5000—50000 元不等。最終，取消酸價標準的訴求獲得國家批准（訪談記錄，中山市黃圃鎮食品臘味行業協會會長，2016年 3 月 10 日）。同時，與行業協會不同，綜合性商會、鎮街商會和異地商會中的經濟合作是跨行業的。中山市經濟促進會是跨行業的綜合性商會，成立於 2014 年，80 多個會員單位大部分是本市大企業，入會需要兩位常務副會長推薦，協會繳納的會費很少，基本靠贊助。2015 年協會開展活動 165 場，包括幫助會員與招商部門對接，搭建與華泰衛視的合作關係，幫助企業家走出去等。"去年我們有個會員企業收購了中山電梯廠，但中山是電梯基地，訂單市場競爭非常激烈。我們就介紹他到湖北荊門，當地給他 2000 多畝地，把上下游搬過去，該地區所有的訂單都給他，還免稅。"（訪談記錄，中山市經濟促進會會長，2016 年 3 月10 日）

三、靠鄉緣網絡組織起來

商會行會依靠人際網絡團結、組織企業家。許多商會最初吸引會員就是依靠人際網絡。對部分企業家而言，發起商會行會就是為了拓展人際網絡，有"江湖地位"；部分企業家參加協會既不是為了獲取政治行政資源，也不是為了獲取市場經濟資源，而是由於會長是熟人而被"拉入夥"，之所以持續繳納會費，也是為了"給面子"。

在人際網絡中，鄉緣網絡尤為重要。在經濟類社團登記管理放寬之後，異地商會數量迅猛增加。中山市的 89 個商會中，除了 24 家鎮街商會和 30 家行業商會之外，還有 35 家異地商會（訪談記錄，中山市工商聯副主席，2016 年 3 月 10 日）。中山市古鎮就有 23 家異地商會，僅浙江省就有 7 家異地商會在古鎮。2015 年古鎮還成立了異地商會聯盟，便於溝通交流（訪談記錄，中山市古鎮工商聯副主席 / 秘書長，2016 年 3 月 10 日）。在珠海這個外來人口居多的城市，2012 年以來新增 60 家商會中有 34 家是異地商會。其中，僅湖南籍的企業家就實現了每個湖南地級市都在珠海有異地商會。2000 年，湖南籍企業家成立了湘籍企業家協會；2009 年後，協會處於解散狀態，分化出了湖南各地級市的異地商會；2014 年，又重新成立珠海湖南商會，同時各地級市異地商會仍然存在。

通過建立老鄉之間的網絡，解決醫療、糾紛、慈善和因在異地缺少市民待遇而遭遇的各種困難等，鄉緣網絡成為聯合、組織企業家的重要機制。珠海河南商會秘書長就談到："發展新會員的時候問我，為什麼加入商會？我就覺得我也不清楚，我自己探索。我對人宣傳的時候說，這是河南人的組織。……都是老鄉，有地域感情，不是給老闆打工。"在珠海市，常德籍商人有 7 萬人左右，有 130 家會員企業。商會秘書長認為："商會是'沙灘效應'，就是說它是流動的，有留下來的，有退出的。會員入會都是想解決問題，解決不了就退出了。"珠海河南商會和常德商會秘書長都談到，商會吸引會員很看重的一件事就是搭建與醫院同鄉醫生的關係網絡。河南商會甚至成立了"醫療委員會"，把各大醫院河南籍專家每家找 3—5 個，到商會會所開展義診。誰家有病人，幫忙調床位、找醫生等。除了醫療資源，扶助貧困也是鄉緣網絡的重要功能。"2014 年，有個河南籍農村大學生得病，學校找到我們（珠海河南商會），我去醫院看看，在會員中籌了 7 萬多元，也找了媒體報道，最後珠海社保局幫助解決了。因為這個事情（的影響），有些人回流回來（成為會員）。"（訪談記錄，珠海市河南商會秘書長，2016 年 3 月 9 日）

第三節　商會組織化：規模、活躍度與凝聚力

商會組織由國家扶助、市場賦權、人際網絡彙聚而成。雖然這些組織資源將商會建立起來了，但是，它們的組織化水平仍然存在相當差異。有些商會組織運作活躍且凝聚力強，有些則鬆散且活動陷於癱瘓。根據廣東工商聯內部人士的判斷，組織良好、一般和癱瘓的商會組織大概各佔 1/3（訪談記錄，廣東省工商聯副秘書長，2016 年 3 月 5 日）。這就我們需要進一步探討，究竟為何商會的組織化程度存在巨大差異。

一、因變量測量與描述

對於"組織化"的概念，研究者的界定和測量主要有個方面。第一，行業代表性。江華和張建民在對商會的"行業代表性"進行測量時，主要涵括了三方面內容，即壟斷性、覆蓋率和自主性，[1] 這些內容考慮到了相對於國家的自主性和相對於企業的壟斷性和覆蓋率。第二，集體行動力。鄧燕華和阮橫俯以"組織行動力"來分析農村老年人協會的組織化程度；[2] 在分析社團組織時，管兵認為"群體利益制度化"須以社

1　江華、張建民：《民間商會的代表性及其影響因素分析——以溫州行業協會為例》，《公共管理學報》2010 年第 4 期。

2　鄧燕華、阮橫俯：《農村銀色力量何以可能》，《社會學研究》2008 年第 6 期。

會組織是否能穩定地、多次性地為社會群體代言來衡量。[1] 具體到商會，斯密特和斯特瑞克認為，商會的"凝聚力"主要看會員面對問題時是否傾向於通過商會採取集體行動；[2] 紀鶯鶯將商會的組織凝聚力界定為組織彙聚、聲稱和表達其成員利益訴求的能力。[3] 第三，政策影響力。有研究者認為，商會組織是否能夠向國家表達集體訴求是組織化的關鍵一環。狄忠蒲認為，會員遇到困難時是否會試圖通過協會來解決問題是衡量商會的重要標準。[4] 斯密特和斯特瑞克認為，"影響力"與"凝聚力"同樣重要，商會組織要能夠代表會員向政策過程施加影響；[5] 張長東和紀鶯鶯的研究也都聚焦於商會組織的政策影響力，即商會是否能夠整合和代表不同利益訴求向政策過程施加影響。[6]

在現有研究基礎之上，本章考慮了以下因素。第一，自主性是自變量而非因變量，特別考察商會組織相對於國家的自主性是否會影響其組織化。第二，本章不只是考察商會作為組織機構自身的特性，還特別考察商會組織與會員的聯繫、參與和代表。由此，本章將從以下幾個方面測量商會的"組織化"。

第一，規模。本章不使用"入會率"測量商會的規模，這是考慮到與行業協會有較為明確的入會率（行業協會會員數／特定地區本行業的

1 管兵：《城市政府結構與社會組織發育》，《社會學研究》2013 年第 4 期。

2 Schmitter, P. C. & W. Streeck. 1999. "The Organization of Business Interests: Studying the Associative Action of Business in Advanced Industrial Societies." MPIFG Discussion Paper. No. 99/1. Cologne, Max Planck Institute for the Study of Societies.

3 紀鶯鶯：《商會的內部分化：社會基礎如何影響結社凝聚力》，《公共管理學報》2015 年第 1 期。紀鶯鶯：《轉型國家與行業協會多元關係研究——一種組織分析的視角》，《社會學研究》2016 年第 2 期。

4 Dickson, Bruce J. 2003. *Red Capitalists in China: The Party, Private Entrepreneurs, and Prospects for Political Change*, Cambridge: Cambridge University Press.

5 Schmitter, P. C. & W. Streeck. 1999. "The Organization of Business Interests: Studying the Associative Action of Business in Advanced Industrial Societies." MPIFG Discussion Paper. No. 99/1. Cologne, Max Planck Institute for the Study of Societies.

6 Zhang, Changdong.2015. "Non-Governmental Organisations' Policy Advocacy in China: Resources, Government Intention and Network." *China: An International Journal* 13(1). 紀鶯鶯：《當代中國行業協會商會的政策影響力：制度環境與層級分化》，《南京社會科學》2015 年第 9 期。

企業數）可以測量之外，異地商會和綜合性商會的入會率很難測量，因為該地區特定籍貫的企業總數很難統計，綜合性商會涉及的企業範圍和數量則更是沒有邊界。因此，本章用會員數量測量商會的規模；進而，會員數量在其他模型中將被作為自變量，考察規模是否會影響商會組織化的其他面向。現有研究認為組織規模對組織化的影響是 U 性曲綫，考慮到規模對因變量的非綫性關係，我們增加了規模平方這一自變量，規模和規模的平方我們都做了對數處理。

第二，活躍度。"活躍度"指的是商會組織是否處於有名無實的癱瘓、半癱瘓狀態。在田野訪談中，我們發現，活躍的商會組織中所需要的專職秘書處人員往往更多；相反，癱瘓或半癱瘓的商會組織中專職的秘書處人員往往很少。這是由於以下兩個方面的緣由。一方面，活躍的商會往往有更多的專門委員會和業務部門。比如，青年委員會、女企業家委員會、綜合部、業務部、會員部等，從而有更多的秘書處人員。另一方面，活躍的商會有時還有以商養會的業務，因而秘書處需要的人員也更多。比如，廣東省物流行業協會以商養會，它有 16 個專業工作委員會、7 個專業服務中心、5 個專業服務平台。秘書處就相當於一個企業的總部，由各個專業委員會具體負責這些企業的相關事宜，再由各委員會主任向秘書處彙報，因此，秘書處就更為龐大（訪談記錄，廣東省物流協會幹事，2017 年 3 月 5 日）。故我們以"秘書處人員數量"來測量協會的活躍程度。

第三，凝聚力。有的商會有數量龐大的秘書處人員，但卻是由於商會存在以商養會等情況，從而出現商會很活躍，但卻與會員的組織聯繫很薄弱的情況。因此，我們要進一步考察商會的"凝聚力"，即商會與普通會員的關係。本章將凝聚力分為兩個層次，即"至上而下的凝聚力"（會員性）和"至下而上的凝聚力"（參與性）。所謂"會員性"指的是，商會從上至下組織和服務會員的凝聚力；而"參與性"指的是會員至下而上地積極參與商會活動的凝聚力。本章用兩個方面來測量"會員性",即組織會員大會數量(上一年度)和聯繫會員數量(年度)。其中,考慮到"會員大會數量"少的商會並不意味着以其他形式開展的組織活動少,本章進一步以上年度"聯繫會員次數"來測量商會至上而下組織和服務會員的會員性。同時,本章用兩個問題來測量商會的"參與性"。第一個是我們將詢問填答者(商會秘書長)對於會員參與積極性的主觀評價,即對於"會員對於協會活動和日常事務並不積極參與",選擇"符合"、"不符合"或者"不好說"。第二個是根據填答者(商會秘書長)對於以下問題的回答來測量對協會利益代表性的主觀評價,"遇到問題時,會員很少通過本會與政府及有關部門溝通",選擇"符合"、"不符合"或者"不好說"。

二、自變量測量與描述

基於已有研究文獻,本章將分析"集體行動的邏輯"和"自主性的邏輯"兩組變量納入分析模型;基於定性訪談,本章進一步將"組織資源的邏輯"相關變量納入分析,分別考察國家資源、市場資源和鄉緣網絡資源對於商會規模、活躍度和凝聚力的影響。

1. 集體行動的邏輯

為了考察理性行動者假設下"集體行動的邏輯",本章主要着眼於組織規模,問卷詢問商會的"會員總數"。在第一個模型將商會的規模作為因變量之後,本章其他的模型都將商會的組織規模作為自變量處理。

2. 自主性的邏輯

對於"自主性的邏輯",本章運用兩個關鍵變量來分析,即商會成立類型和商會經費來源。第一,商會成立的類型。問卷詢問商會"成立起源"。本章將它作為三分定類變量,即"政府部門轉制"、"政府倡議組織"和"自發組織"。其中,將回答是"核心成員牽頭"和"多數成員自發"、"分會獨立"設置為"自發組織";將回答是"其他"或者缺失值設置為缺失。第二，商會的經費來源。如果商會的第一大經費來源是會費，將其記為 1；如果是領導班子贊助、服務型收入和以商養會和其他收入來源，都記為 0。

3. 組織資源的邏輯

（1）國家資源。本章通過三個變量來進行測量。第一，政府支持。由於商會組織的"政治關聯"我們很難通過問卷了解，同時考慮到有政治關聯的商會可能會獲得更多的政府資源，因此，問卷詢問"政府對貴會是否有支持"、"政府對貴會主要有哪些支持方式（可多選）"。將之編碼為三分變量，即"沒有支持"、"直接支持"和"間接支持"。所謂"直接支持"指的是政府對商會的直接資源投入，包括如下選項："資金補助"、"提供辦公場所"、"職能轉移"和"購買服務"；"間接支持"則包括如下："陪同領導參觀／訪問"、"黨政幹部出席活動"、"政府官員視察、接見"、"政府組織培訓"。第二，體制內工作經歷。即"副會長以上領導班子成員中，是否有體制內機構（政府機關、國有企業、事業單位等）工作的經歷？"，為二分變量，即"有"或者"無"。第三，政治吸納。即詢問會員中有無各級人大代表或者政協委員，也為二分變量，即"有"或者"無"。

（2）市場資源。第一，大企業會員。本次問卷調查中"大企業會員"並沒有使用客觀的企業規模，而是詢問填答者：本商會包含本地區或本行業："全部大企業"、"大部分大企業"抑或"少數大企業或者中小企業"。這是因為，考慮到不同地區和不同行業"大企業"的規模可能存在較大差異，而對於商會組織而言，本商會是否吸引到本地或者本行業的"大戶"加入是較為清晰的認知，即便"大戶"在客觀規模指標上存在很大差異。第二，龍頭企業任會長。考慮到龍頭企業出任會長可能更能吸引會員的參與，問卷詢問"會長是否是本行業／本商會的龍頭企業或者影響比較大的企業"。

（3）鄉緣網絡資源。考察相對於行業性商會和地區綜合性商會，異地商會的鄉緣網絡是否會有更強的組織凝聚力。我們詢問 "商會類型"，即綜合性商會、行業性商會還是異地商會。

4. 控制變量：層級

已有研究認為，不同層級的商會的政策影響力存在差異，層級越高政策影響力越大，層級越低政策影響力越低。[1]因此，本章將商會的層級（省、地級市、區縣、鎮街）作為控制變量。

表 6-1　變量定義及描述性統計

變量名	描述	百分比（%）	個案數	定義	最小值－最大值	平均值	標準差	觀測值
因變量								
商會規模	會員人數 1. 50 以下 2. 100 以下 3. 100–300 4. 300–500 5. 500–1000 6. 1000 以上 999. 缺失	5.39 28.96 45.79 10.44 4.38 3.70 1.35	16 86 136 31 13 11 4	連續變量，取值為： （1=25） （2=75） （3=200） （4=400） （5=750） （6=1200） （999=25） 商會規模的平方	3.22–7.09 10.36–50.27	5.07 26.48	0.88 8.95	297 297
秘書處人數	秘書處專職工作人員人數：0–20 999. 缺失值	89.2 10.8	249 30	連續變量，取原值	0–20	2.671	1.997	249
會員大會次數	會員大會或會員代表大會的次數， 1. 召開 1–2 次； 2. 召開 3–5 次； 3. 召開 5 次以上 999. 缺失	86.53 8.42 2.69 2.36	257 25 8 7	連續變量，取值為： （1=1.5） （2=4） （3=6）	1.5–6	1.84	0.99	290
聯繫會員次數	聯繫會員的次數， 1. 3 次以下； 2. 3–5 次； 3. 5–10 次； 4. 10 次以上； 999. 缺失	9.09 35.35 23.23 28.28 4.04	27 105 69 84 12	連續變量，取值為： （1=2） （2=4） （3=7） （4=12）	2–12	6.89	3.62	285

1　紀鶯鶯：《當代中國行業協會商會的政策影響力：制度環境與層級分化》，《南京社會科學》2015 年第 9 期。

變量名	描述	百分比（%）	個案數	定義	最小值－最大值	平均值	標準差	觀測值
參與積極性	會員對商會活動參與積極性， 1. 不積極 2. 不好説 3. 積極參加 999. 缺失值	10.77 12.46 71.04 5.72	32 37 211 17	虛擬變量，取值為： 1. 積極參加； 0. 不積極和不好説	0–1	2.602	0.676	280
反映問題	通過商會向政府溝通反映問題， 1. 不積極 2. 不好説 3. 積極反映 999. 缺失值	15.15 19.19 59.60 6.06	45 57 177 18	虛擬變量，取值為： 1. 積極反映問題； 0. 不積極和不好説	0–1	2.444	0.743	279
自變量								
層級	商會註冊等級層級： 1. 街鎮 2. 區（縣） 3. 市級 4. 省級 999. 缺失	9.09 26.94 54.55 9.09 2.36	21 80 162 21 7	類別變量，取值為： 1＝街鎮和區縣級 2＝市級； 3＝省級	1–3	1.53	0.66	290
發起方式	商會成立的起源： 1. 政府部門轉制 2. 政府倡議組織 3. 自發 999. 缺失值	3.38 38.38 54.55 3.70	10 114 162 11	類別變量，取值為： 1＝政府部門轉制； 2＝政府倡議組織； 3＝自發	1–3	2.53	0.57	286
商會類型	1. 地區異地商會 2. 地區綜合性商會 3. 行業性商會 999. 缺失值	23.6 27.6 43.8 5.5	70 82 130 15	類別變量，取值為： 1＝地區異地商會； 2＝地區綜合性商會； 3＝行業性商會	1–3	2.21	0.82	282
會費比例	第一大經費來源： 1. 會費 2. 領導班子讚助 3. 服務收入 4. 以商養會 5. 其他 999. 缺失值	67.68 2.36 1.35 1.35 20.88 6.40	201 7 4 4 62 19	虛擬變量，取值為： 1＝第一大經費來源是會費； 0＝第一大經費來源不是會費	0–1	0.68	0.47	297

變量名	描述	百分比（%）	個案數	定義	最小值－最大值	平均值	標準差	觀測值
政府工作經歷	領導班子成員中是否有體制內工作經歷： 1. 沒有 2. 有 999. 缺失值	 76.43 22.22 1.35	 227 66 4	虛擬變量，取值為： 1. 領導班子成員中有體制內（政府機關、國有企業和事業單位）工作經歷； 0. 無	0–1	0.222	0.416	293
人大政協	會員的政治安排： 是否有人大代表 是否有政協委員	 52.19 68.69	 155 204	虛擬變量，取值為： 1. 會員中有人大代表或政協委員； 0. 無	0–1	0.71	0.46	297
大企業會員	商會包含本地區或本行業： 1. 全部大企業 2. 大部分大企業 3. 少數大企業或者中小企業 999. 缺失值	 9.76 41.75 45.79 2.69	 29 124 136 8	虛擬變量，取值為： 1. 商會包含全部或者大部分大企業； 0. 商會包含少數大企業，或者基本是中小企業	0–1	0.471	0.500	289
龍頭企業	會長是行業龍頭企業： 1. 不是 2. 是 3. 不好説 999. 缺失值	 11.11 79.80 8.42 0.67	 33 237 25 2	虛擬變量，取值為： 1. 會長是本行業的龍頭企業； 0. 不是	0–1	0.80	0.40	295
政府支持方式	政府對貴會有哪些支持方式： 0. 沒有支持 1. 資金補助 2. 提供辦公場所 3. 資助參展 4. 職能轉移 5. 購買服務 6. 陪同領導參觀 7. 黨政幹部出席活動 8. 政府官員視察 9. 培訓	 19.53 21.5 19.19 11.44 12.45 12.12 34.34 35.35 24.92 30.30	 58 64 57 34 37 36 102 105 74 90	類別變量，取值為： 0. 沒有政府支持； 1. 政府直接支持（資金補助、提供辦公場所、職能轉移和購買服務）； 2. 政府間接支持（資助參展、陪同領導參觀、黨政幹部出席活動、政府官員視察和培訓）	0–2	1.39	0.83	297

註：我們處理了商會規模和經費來源的缺失值，將商會規模的缺失值取最小值 25，經費來源的缺失值按第一大經費來源不是會費處理，其餘變量的缺失值都作刪除處理。

三、數據結果

在數據分析中，因變量 1-4 的 "商會規模"、"秘書處人數"、"會員大會次數" 和 "聯繫次數" 均為連續變量，採用的是綫性 OLS 模型。而我們將因變量 5 "參與活動積極性" 和因變量 6 "通過商會反映問題" 設置為虛擬變量，採用了 Logit 回歸模型。實證的結果見表 6-2。

表 6-2　多元回歸模型結果

| | 規模 | 活躍度 | 凝聚力 | | | |
| | | | 會員性 | | 參與性 | |
	商會規模（對數）	秘書處人數	會員大會次數	聯繫次數	參與活動積極	通過商會反映問題
規模（對數）		1.050	0.080	6.072***	1.853	1.848
規模平方（對數）		-0.047	-0.001	-0.601***	-0.143	-0.187
大企業	0.241**	0.606**	0.005	0.448	0.685*	-0.016
龍頭企業	0.273**	0.066	0.141	0.453	0.258	0.160
發起						
轉制（對照組）						
倡議組織	-0.421	0.081	0.324	-0.132	0.164	-0.596
自發	-0.481	-0.110	0.384	-0.341	0.648	-0.776
第一大經費來源會費	0.010	-0.712**	-0.315**	-0.182	0.711**	-0.347
政府工作經歷	0.083	-0.471*	-0.327**	0.456	0.345	0.299
人大政協	0.098	0.377	-0.218*	-0.552	-0.087	0.030
政府支持						
無						
直接支持	0.055	-0.062	0.386*	-0.703	1.455***	0.580
間接支持	0.230*	0.163	0.175	-0.751	0.963***	0.336
商會類型						
異地商會（對照組）						
綜合性商會	-0.147	0.227	0.179	0.477	0.074	-0.015
行業性商會	-0.176	1.031***	0.103	0.617	0.421	-0.233
層級						
市級（對照組）						
街鎮、區縣	-0.452***	-0.437	0.199	-0.917*	-0.232	0.099
省級	-0.052	0.324	0.380*	1.067	1.312*	-0.370

	規模	活躍度	凝聚力			
			會員性		參與性	
	商會規模（對數）	秘書處人數	會員大會次數	聯繫次數	參與活動積極	通過商會反映問題
截距	5.196***	-1.885	1.141	-7.685	-6.977*	-3.425
樣本數	263	222	259	256	263	266
R^2	0.1424	0.1679	0.0854	0.0915	Pseudo R^2	Pseudo R^2
Ad R^2	0.0977	0.1073	0.0290	0.0347	0.1390	0.0338

注：* P < 0.05；** P < 0.01；*** P < 0.001。

1. 商會規模：龍頭企業和大企業效應。商會組織的規模往往不代表其組織化的水平。會員多、規模大的商會也有可能處於癱瘓狀態，相當多的會員並不繳納會費、活躍度低、凝聚力和代表性都弱。在這種情況下，哪些商會組織的規模可能更大？本章的數據分析顯示，龍頭企業擔任會長，商會包含本地區或者本行業的全部或大部分大企業，其商會組織的規模更大（p<0.05）。此外，在控制變量部分，相對於地市級的商會組織，街鎮和縣區的商會組織的規模更小（p<0.01）。

2. 商會活躍度：大企業效應和行會效應。在本章的分析中，商會的秘書處人員數量往往體現了商會組織的活躍度，商會組織越活躍，開展的活動越多，所需要的秘書處人員越多。然而在很多情況下，秘書處人員的增加，商會活躍度的提升，並不一定意味着凝聚力的提升，它有可能只是少數精英或者積極分子在開展活動。

首先，商會活躍度並不存在規模效應。規模並不對商會的活躍度有顯著的影響。這意味着活躍度並不存在集體行動的效應。其次，商會活躍度也不依靠會員邏輯。數據分析表明，商會完全可以不依靠會費和會員而運作，相反，第一大經費來源是會費的商會活躍度明顯更低（p<0.05）。這意味着，如果商會組織除了會費以外的經費來源很少，那麼，商會也更可能虛弱無力。再次，商會活躍度並不依靠國家資源的激發，即政治資源，包括政府支持、人大代表政協委員會員和會長的政

府工作經歷，並不對秘書處人數產生正向影響；會長的政府工作經歷甚至與對秘書處人數呈顯著負相關（p<0.1）。最後，數據分析顯示，商會的大企業會員與商會活躍度有顯著的正相關，呈現出大企業效應（p<0.05）。在商會的各種類型中，行業性商會比異地商會的活躍度明顯更高（p<0.01）。

3. 商會凝聚力：會員性的規模效應以及參與性的政府和大企業雙重賦權效應。

（1）會員性的規模效應。與商會規模與其活躍度不存在顯著相關性不同，商會的規模對商會由上而下地組織和服務會員的行為有顯著相關性。根據數據顯示，聯繫會員次數與規模顯著正相關（p<0.01），而與規模平方顯著負相關（p<0.01），即規模越大或者越小都會顯著地減少商會聯繫會員的次數。值得注意的是，商會的會費依賴和國家資源都並不能夠提升商會由上而下的組織能力以及服務會員提高凝聚力。一方面，會費依賴與會員性呈現顯著負相關。與理論假設商會越依靠會費就越可能加強對會員的組織和服務不同，更加依靠會費的商會的秘書處人數更少（p<0.05）、會員大會次數更少（p<0.01）。可見，有強烈會費依賴的商會不僅活躍度低，而且會員性也很弱。同時，商會的不同發起方式，包括轉制、國家倡議組織和商會成員自發組織，都並不與會員性呈現顯著相關性。另一方面，國家資源並不能推動商會組織建設和服務於會員，體制工作經歷的會長、人大代表政協委員會員、政府支持都與聯繫會員次數沒有顯著相關性，體制工作經歷的會長（p<0.05）和人大代表政協委員會員（p<0.1）甚至與會員大會次數呈現顯著負相關。

（2）會員參與性的政府和大企業雙重賦權效應。一方面，那些擁有政府資源的商會組織，會員參與積極性的評價顯著地更高。如數據所示，就政府資源而言，政府支持的商會，不論是直接支持，還是間接支持，主觀認知的會員參與積極性都顯著增加（p<0.01）。另一方面，商會包含本地區或本行業的全部或大部分大企業，在秘書長看來，會

員的參與積極性越強（p<0.1），並且越傾向於通過商會與政府部門溝通（p<0.05）。這在一定程度上說明，可能是那些含括了本地或者本行業大企業會員的商會，其在本地的影響力越大。也就是說，會員不是因為商會有政治關聯而訴求於商會與政府溝通，更可能的原因是，商會擁有大企業會員而更有影響力，會員更可能訴求於商會來與政府溝通。

第四節　組織化的機制：組織資源和組織規則

在將組織化程度具體化為規模、活躍度和凝聚力三個維度，並進一步把凝聚力劃分為參與性和凝聚力的基礎之上，通過數據分析，結合定性訪談，我們可以看到組織資源對於商會的組織化非常重要；同時，活躍度與會員性又存在相當不同的邏輯。

一、組織資源與商會組織化

1. 集體行動邏輯難以完全解釋商會的組織化差異。根據數據分析，商會的規模對商會聯繫會員的次數有顯著的 U 型效應，但它卻對商會活躍度沒有顯著影響。這說明在很大程度上可能是由於商會的活躍度並不有賴於對商會會員的集體協調和組織。對於很多精英俱樂部型的商會而言，不管規模大小，它們主要依賴少數精英或者積極分子的活動，甚至可以通過以商養會等形式支持其運作，有自己龐大的產業，商會規模本身並不會構成活躍性的困境。

2. 自主性邏輯並不成立。商會自主成立和會費依賴兩者並沒有推動商會提升其組織化程度、更好地組織和服務會員，相反，會費依賴甚至會降低商會的活躍度和凝聚力。與政府部門轉制的商會相比，政府倡議組織和會員自發成立的商會，在規模、活躍度、凝聚力和利益代表性上都沒有顯著差異；同時，依靠會費作為一大經費來源的商會，雖然主觀認知的會員參與性更加積極，但是，其活躍度更弱，會員大會的次數也更少。可能的解釋是：較之於其他經費來源的商會，會費依賴的商會由於資源短缺更加渙散無力。在訪談中，多個商會也反映會費依賴運作舉步維艱："希望省裏下文支持購買服務，（否則）我們只能靠會費維持，就連法律法規酒質培訓都跟不上了"（訪談記錄，廣州市白雲區酒類專賣行業協會會長，2017 年 3 月 18 日）；"能不能拿一些政府補貼、項目給商會做，這樣我們不只依靠會費，就能搞活躍些"（訪談記錄，廣州市越秀區汽車用品商會會長、廣州市康煌貿易有限公司董事長，2017 年 3 月 19 日）。

3. 國家與市場提供的組織資源非常重要。

首先，國家的確是企業家組織起來的扶助之手，不過它無助於商會的會員性。如數據結果所示，政府給予支持的商會，不論是直接支持還是間接支持，在秘書長看來，會員參與積極性的評價都會顯著更高。但同時，國家資源並不能顯著激發商會的活躍度，並不對秘書處人數產生正向影響。會長的政府經歷甚至與會員大會的次數呈現顯著負相關。這顯示了國家扶助之手所具有的兩面性，即國家的確推動了部分商會的建立和組織，政治關聯和行政資源往往也確是行會商會吸引會員參與的重要資源，但它卻無助於甚至損害商會的會員性。在會員看來，承接政府職能使得一些商會行會依靠行政資源吸納和維繫會員，但不向會員提供服務："現在企業壓力大，我參加了 25 個商會，商會會費最低 5000，最高 5 萬，中裝協差不多 10 萬……這些商會都是有各種來頭的，不參加年檢不了，不參加不能參加招投標，不參加不能參加評比，不參加不能參加定級……"（訪談記錄，廣州市越秀區工商聯副主席、六榕街商會會長、珠江建築總經理，2016 年 3 月 18 日）

其次，市場資源對商會組織有很強的賦權效應，不過它也無助於解決商會組織聯繫和服務會員的會員性問題。龍頭企業會長有助於商會規模，這是"拉人入會"和"江湖地位"的機制在發生作用，但這並不意味着龍頭企業會長的作用可以直接轉換為商會的活躍度、凝聚力和利益代表性。大企業會員有助於商會活躍度。依據現有研究，大企業會員有兩種可能的後果，即大企業的集體行動能力更強，更有助於商會組織化；[1] 大企業有可能有個別化的政治關聯，會採取單獨行動，從而損害商會集體行動的能力。[2] 與現有研究的結論不同，本章發現，含括了本地或者本行業的大企業會員的商會，其活躍度更高，也更可能通過商會向政府表達訴求；但是，大企業會員並不會提升商會的會員性，它更可能帶來的是少數積極分子和精英的活躍度。定性訪談揭示，之所以有這種"大企業俱樂部效應"，是由於大企業的優勢體現在更多"商機"，大企業更有可能發展出以商養會的形式，也更可能參與到行業標準制定之中。就以商養會而言，"能夠實現以商養會的商會一般是有發展階段比較高、運作比較好的大企業"（訪談記錄，廣東省工商聯副秘書長，2016 年 3 月 8 日）。比如，2013 年，珠海民企商會與珠海金控出資合作設立了珠海橫琴新區民商匯產業投資基金公司，基金管理公司註冊資本 3 億元。基金公司為珠海市優質民營企業提供金融服務支持。此外，商會在建民企商會大樓，10 年前政府就"劃撥"了土地（訪談記錄，珠海市民企商會，2016 年 3 月 9 日）。此外，行業協會的活躍度更高。這可能是由於行業協會擁有更多的產業鏈進行市場合作。比如，順德燃氣具商會於 2008 年成立，目前擁有 90 多家會員企業，企業數量佔全國總數的 1/5，產值約佔全國的 30%。協會在相當程度上依託產業鏈組織，全國 70% 的企業集中在廣東省、浙江省和湖南省內的幾個鎮，正是上下游的產業鏈催生了這種產業集群效應和專業鎮的形成。會員中有行業巨頭，如萬家樂、萬和、得力、美的、前鋒（四川）、康寶、神州等整機企業，以及合勝、百威、金志、基露亞、祥基等專業配件企業。市場

1 Traxler, F. & G. Huemer (eds.). 2007. *Handbook of Business Interest Associations, Firm Size and Governance: A Comparative Analytical Approach*. New York and London: Routledge. 江華、張建民：《民間商會的代表性及其影響因素分析——以溫州行業協會為例》，《公共管理學報》2010 年第 4 期。

2 Haggard, Stephan, Sylvia Maxfield, and Ben Ross Schneider. 1997. "Theories of Business and Business-State Relations," in Ben Sylvia Maxfield and Ben Ross Schneider, *Business and the State in Developing Countries*, pp.36-62, Ithaca: Cornell University Press. 紀鶯鶯：《商會的內部分化：社會基礎如何影響結社凝聚力》，《公共管理學報》2015 年第 1 期。

資源提供的緊密產業鏈合作更可能激發商會的活躍度。"在這些產業集中的地區參加行業協會有行業信息、會員之間有供應關係，所以也搬不走。越依靠產業獲得發展，行會越活躍。"（訪談記錄，廣東燃氣協會理事長、佛山市順德區燃氣商會副會長，2016 年 4 月 5 日）

最後，鄉緣網絡推動了異地商會的組織。但是，異地商會並沒有較之於行業協會和綜合性商會組織化程度更高。一個可能的解釋是：在很多時候，依靠鄉緣網絡組織起來與依靠國家和市場並不矛盾，因為鄉緣網絡往往是整合政治資源和經濟資源的載體。一方面，鄉緣網絡往往成為企業強化經濟合作的載體。在中山市，企業組織了紅木家具、辦公家具、木紋家具等行業協會。在具體的行業協會之下又成立了個多個異地商會，比如，紅木家具行業協會有 7000 多個企業，同時又成立了紅木家具湖南商會、紅木家具廣西商會、紅木家具五華商會等異地商會（訪談記錄，中山家具商會會長，2016 年 3 月 10 日）。珠海常德商會依靠以商養會促進發展，於 2013 年 7 月成立投資公司，每股 3 萬元，公司化管理，確定法人，貸款人將盈利的三個點給付商會（訪談記錄，珠海市常德商會秘書長，2016 年 3 月 9 日）。另一方面，有時鄉緣網絡也成為政治資源的載體。某異地商會據說有當地市政府 100 多個鄉籍黨政官員作為顧問團，後該會分裂為多個異地商會，據說是因為官員之間有紛爭，各自支持企業家組成不同的地級市異地商會。中央政府近年來清理黨政官員在社團兼職之後，這些官員已經不再擔任協會的顧問，但是，"還有其他辦法，比如可以成為會員，你知道還是人情社會"（訪談記錄，A 市某異地商會秘書長，2016 年 3 月 9 日）。

4. 控制變量：商會層級。縣區和鎮街基層商會組織顯著地更加渙散。相對於市級商會，區縣和鎮街的基層商會商會規模（對數）顯著更小（p<0.01）、秘書處人員更少（p<0.1）、聯繫會員次數更少（p<0.05），顯示出基層商會在規模、活躍度和凝聚力幾方面呈現出鬆散的特徵。正如定性訪談部分所揭示，基層商會組織甚至都找不到企業願意擔任會長

單位，基層商會的渙散在相當大程度上與基層國家和市場資源的缺失密切相關。

二、活躍度與會員性的差異化邏輯

在商會組織化機制的分析中，商會的活躍度和會員性有相當不同的邏輯，國家與市場的組織資源並無助於商會的會員性。從數據結果來看，商會的活躍度有很顯著的大企業俱樂部效應；商會的參與性有大企業效應且政府支持也對其有顯著的正向相關性。但是，在商會的會員性上，市場、政府資源和鄉緣網絡都並未對會員性有所助益。活躍度和會員性的邏輯差異顯示出，商會活躍度高並不意味着它就一定會員性強，的確存在活躍度高的精英俱樂部型商會，即依靠少數積極分子或者精英，特別是會長單位、副會長單位和常務理事單位等在內的領導班子的市場合作、以商養會和行業標準制定等會提升商會的活躍度。

在訪談中，國家資源注入和市場資源注入都無法解決會員性的問題是一個凸現的問題。國家試圖通過考核商會會員服務和活動來解決會員性的問題，而商會自身則試圖通過內部組織規則來"籠絡住"會員。

1. 國家考核與會員性。一些地方工商聯開始推行"考核"，用意不僅是尋求工作的"抓手"，也在於通過"考核""幫助"行會商會"運轉起來"，它是一種國家組織社會的新形式。廣州市越秀區是考核商會行會的試行者。在政社脫鉤後，之前掛靠工商聯的行會商會只是工商聯的團體會員，而不再有掛靠關係。2015 年越秀區工商聯頒發了"團體會員獎勵方案"，除了考核商會"支持參與區工商聯日常活動（30 分）"、"扶貧和慈善工作參與（30 分）"等之外，還考察商會行會的組織情況，比如，"會員數據庫完善（30 分）"、"行業商協會自身活動開展（24 分）"、"行業商協會會員發展（10 分）"、"參政議政、承接政府職能轉移和社會公共事務（30 分）"等。根據考核情況，區工商聯給予一定的獎勵，這種考核向下傳遞，有的行會商會會長也會根據考核的情況來獎罰商會秘書長。這種國家考核是否可以推動行會商會的自組織還是只是推動行會商會對上負責？一個有趣的現象是，訪談中會長都表示贊同考核，而秘書長都表示不贊同考核。從會長的角度看，由於會長平時工作忙，有自己的企業，兼職做會長，所以沒有那麼多時間管理商會，而考核可以幫助督促秘書長的工作，讓商會運轉起來："我認為這個考核對我們是一個促進，各個老闆都有自己生意、少理日常工作，商會工作靠秘書長帶動，我感覺考核會給秘書長壓力，推動創新"（訪談記錄，廣州市越秀區肉菜市場商會會長，2016 年 3 月 18 日）；越秀區食品商會會長也表示："上次考核我們第二名，考核之後，秘書長工作更加積極。我給工資獎金也可以以考核作為參照。（聽說）一個會長就每月扣秘書長 500 元，如果達不到優秀就繼續扣"（訪談記錄，廣州市越秀區食品商會會長，2016 年 3 月 18 日）。與會長的想法不同，秘書長的考量無疑揭示了"國家組織企業家"隱含的問題。一位秘書長說："不用考核，工作做得好不好，會員自己知道，做得好就繳納會費，做得不好就自然不繳納了，你考核我有什麼用呢？你考核的內容與會員要求的內容不一樣怎麼辦？"（訪談記錄，廣州市摩托車配件行業商會秘書長，2016 年 3 月 17 日）並且，"我是執行者，是根據理事會的決定執行，不是我想做什麼就做什麼的，你考核我沒有理由的。考核應考核整個協會，秘書長就是執行，不行就炒掉。（而且）考核方案需要考慮到會員評價，否則會員不來玩了"（訪談記錄，廣州市越秀區酒類行業協會秘書長，2016 年 3 月 18 日）。聽了秘書長的反對後，也有個別副會長表示："考核沒有必要，會員覺得好就是好。"（訪談記錄，廣州市百貨商會副會長，2016 年 3 月 17 日）

2. 商會內部組織規則與會員性。對於商會而言，即使有龍頭企業會長、有大企業會員、有市場合作，仍然難以解決會員性問題。相當部分商會開始通過完善內部組織規則來解決這一問題。

首先，會長輪值制。通過會長輪值調動領導班子的積極性，將理事和副會長都凝聚在一起；讓輪值的會長組織各種活動，調動會員的積極性。比如，惠州揭陽商會就實行輪值會長制。"副會長以上每個月輪值，改變商會會長說了算的情況，培養每個人對商會事務的關心，充分發揮大家的才能。每個輪值會長組織會員參加一次有意義的活動，參觀學習、講座等，去年月月有活動，大家很開心。"（訪談記錄，惠州市揭陽商會會長，2016 年 3 月 16 日）Z 市的 H 省異地商會的案例特別突出。當時，新成立的 H 省異地商會想收編各個 H 省地級市的異地商會，特別是設有黨委的 C 市異地商會。在各種辦法都不奏效後，"H 省異地商會的最後手段就是推會長輪值制，讓各個地級市商會輪值"（訪談記錄，Z 市 C 市商會秘書長，2016 年 3 月 9 日）。

其次，會員聯絡制。一些商會還通過會員聯絡制強化與會員的聯繫和服務。在惠州，閩籍人士有 10 多萬人，惠州市福建商會 2010 年成立，常務副會長 36 家，副會長 15 家，理事 14 家，其中在常務副會長之上又設立 15 常委，共有會員單位 350 多家，其中，上市企業有 11 家，還有一批國家高新企業。據商會人員介紹，惠州就只有一家福建商會，這非常不易。"不像潮汕人，他們有揭陽商會、潮州商會、汕頭商會、潮陽商會，潮州文化協會等"。對於 "是否會存在內部分化的問題"，商會的領導班子成員表示："我們最怕這個！商會成立一年後有不同層面的聲音，思路有碰撞。" 在這種情況下，商會摸着石頭過河，除了輪值會長制之外，還建立了地區聯絡主任和片區負責人制，"就是防止分化，不讓分家"（訪談記錄，惠州市福建商會會長，2016 年 3 月 16 日）。所謂 "地區聯絡主任制"，是指在惠州的下屬區域設立聯絡處，聯絡處設聯絡主任，負責本地區的聯絡、會員發展和訴求回應服務。同時實行 "片區負責人制"，這個 "片區" 不是指惠州下屬區域，而是對應福建籍貫所屬區域。根據籍貫的不同區域，設立片區負責人，地區聯絡主任與片區負責人相互交叉。

最後，會員准入制。在調研中，與珠海有眾多地級湖南異地商會不同，珠海只有一個河南商會。除了湖南籍企業家多，而河南籍企業家相對較少之外，一個很重要的原因就在於廣東省河南商會規定，只有加入廣東省各地級市的河南商會才能加入成為其會員。而廣東省河南商會有許多河南籍的大企業家，比如許家印等。廣東省河南商會的進入門檻使得珠海的河南籍企業家都選擇加入珠海市河南商會。

第五節　討論：企業家組織化的邏輯

雖然中國的政商關係長期被認為具有個人化的特徵，但是，在過去十多年中，企業家組織化無疑是中國社會組織化最引人矚目的現象。本章聚焦於企業家的正式組織，而非社會網絡和內部人圈子，以商會組織為切入點，基於廣東工商聯系統商會組織的定性和定量研究，探討在國家放開商會登記管理的背景下，處於同一套制度體系之中的商會組織為何組織化程度存在差異。本章主要研究發現如下。

一、商會組織化的資源依賴

在已有研究中，集體行動的邏輯、社會資本抑或國家中心的研究對社會組織化都做出了各自的解釋。[1] 然而，在中國背景下，社會組織化面對的挑戰並不僅僅是國家管控的問題，而更是全能主義國家轉型後社會自組織完全不存在的問題。在這種情況下，當國家管控放鬆，社會成長面對的首要問題是資源問題。本章發現，集體行動邏輯與會員邏輯難以完全解釋商會的組織化程度差異。規模只對商會的會員性有 U 型效應；同時，自主性的邏輯並不成立，商會是否會員自發組織成立在組織化的任何維度上不存在顯著差異，依靠會費生存的商會組織反而更可能由於資源短缺而降低其活躍度。形成對比的是，組織資源對於商會組織

1　Olsen, Mancur. 1997. *The Logic of Collective Action*.MA: Harvard University Press.〔美〕羅伯特・D. 帕特南：《使民主運轉起來》，王列、賴海榕譯，江西人民出版社 2001 年版。Skocpol, Theda. 1995. *Social Policy in the United States: Future Possibilities in Historical Perspective*. Princeton: Princeton University Press.

化有重要影響。國家、市場和鄉緣網絡三者都是推動企業家組織起來的組織資源：基於政治關聯以及其他政府聯繫而獲取的政府支持能夠有效地吸引會員積極參與商會活動；龍頭企業會長能夠吸引會員的加入，擴大商會的規模；行業協會的活躍度更高；含括本地或者本行業大企業會員的商會活躍度更高，會員參與商會的積極性也越高；此外，雖然異地商會並不比行業協會和綜合性商會規模更大、更具凝聚力，但是，鄉緣網絡往往成為國家資源和市場資源整合載體，推動了同鄉企業家組織的發展。

二、商會活躍度與會員性的邏輯差異

在現有研究中，商會組織機構本身的運作問題常常被等同於商會的組織化問題，研究者較少分析商會自身究竟如何組織起來並凝聚會員，更沒有區分精英俱樂部型活躍的商會和會員凝聚力強的商會組織之間的差異。本章在對“組織化”概念進行更細緻的操作化之後發現，商會的活躍度與會員性有相當不同的邏輯。商會的組織資源並不能夠解決商會的會員凝聚性問題。國家資源的注入能夠吸引會員的加入和參與，卻並不能解決商會服務和組織會員的會員性問題；市場資源能夠激活商會的活躍度，但並不能夠解決商會與會員之間的聯繫問題。相當多活躍度高的商會並非是由於會員參與度高或者商會對會員服務和聯繫好而活躍，而是由於以商會領導層為主的少數積極分子或者精英的積極參與或者以商養會而組織起來。也就是說，雖然商會組織化面對着資源飢渴，但是，資源本身並不能解決其會員性問題。

三、商會的會員性再造

國家、市場和鄉緣關係將企業家組織起來，可是，要使得商會不囿於精英俱樂部型組織而真正地提升其會員性，仍需商會內部治理的改善。在訪談中，地方對“商會”的考核並非只是為了“控制”商會，相反，國家確實在力圖出力“組織社會”；然而，這種做法依然面對着張力，即對國家負責還是對會員負責。比較而言，商會內部組織規則的完善是商會內生的需求，會長輪值制、會員聯絡制和會員准入制等都有助於商會的會員性。商會的組織資源需與商會內生的組織規則相輔相成，才能最終推動商會組織化的發展。從這個意義上而言，中國社會的組織化不僅需要國家、市場和社會的資源注入和培育，還需要推動社會自身內部協調各種利益和整合各種訴求的組織規則的建設。與國家政權建設面對的制度化挑戰一樣，社會也面對着內部組織規則的複雜化、理性化和擴散的艱巨任務。當社會自身組織規則的制度化水平不斷提升，社會的組織化才更可能逐步地成長起來。

通過對於民營企業家組織化問題的考察，可以看到，自主性問題並非是影響商會行會活躍度或者凝聚力的顯著變量，民營企業家的組織化面對到組織資源困境和內生組織規則雙重挑戰更為突出。甚至包括市場集中度更高的大型平台企業在內的互聯網企業，他們的組織化也與傳統商會行會的組織化狀態非常相似。在政策過程中，民營企業家的利益組織化及其表達仍然有待進一步的發展演進和觀察。

第七章

國企如何影響政策過程 *

以大型國有石油石化企業的環境監管為例

* 本章內容發表於：黃冬婭、楊大力：《市場轉型中國有企業與環境監管中立性：以大型國有石油石化企業為例》，《社會發展研究》2018 年第 3 期。

上面幾章我們探討了民營企業家的政策影響，當代中國的國家制度結構以及市場轉型的獨特道路都深刻塑造了企業家的政策影響及其影響力。然而，中國政商關係更大的獨特性在於龐大的國有企業的存在。國有企業內在於國家，在公有制經濟的父愛主義傳統之下，在政企不分的制度結構下，要麼政府的政策就是為了保護國有企業的利益而制定，要麼國有企業本身就是政策決策者，在這樣的情況下，國有企業的利益被高度制度化。為了更好地理解民營企業家政策影響的特徵，與民營企業的政策影響機制形成對比，本章探討國有企業如何影響政策過程。這是由於市場轉型和政企分開使得國有企業相對地獨立於政府。更重要的是，不僅制度安排上國有企業與政府相對地分割開來，而且，在目標上，兩者在一些政策領域目標也日益分離。市場轉型推動了國有企業的企業利益目標和管理層個人利益目標的不斷放大，這種目標有時候甚至壓倒了國家和政府的目標。在這種情況下，我們需要探討國有企業如何影響政策過程以實現其政策目標，從而更好地理解民營企業政策影響與國有企業政策影響的異同。鑒於此，本章選取了環保監管的案例。因為在環保監管中政府環保監管的目標與國有企業成本社會化的目標之間產生了深刻的衝突。正是在國有企業與國家目標衝突的情況下，我們考察國有企業如何影響政策及其政策影響力的根源。

第一節　監管捕獲與父愛主義

在西方市場經濟中，獨立的監管機構由立法機構授權獨立性行使其監管職能，本應中立地制定和執行監管規則而不受任何利益集團所左右。但是，研究者卻發現，監管機構並不是天然的"公共利益"代表者，相反，如伯恩斯坦（Bernstein）所言，監管是相關利益集團試圖奪取利益的政治過程。在這個過程中，每一個利益集團都試圖將其利益通過監管立法確立，從而往往導致不斷地將被監管者的偏好制度化，監管機構淪為了既得利益的保護者，他們擅用公共權力來謀求被監管者的利益。[1] 按照斯蒂格勒（Stigler，1971）的劃分，經濟監管中的捕獲所獲取的利益有四種形式，即直接的金錢補貼、控制准入、對於替代和補充的規制以及定價。[2] 而對於社會監管而言，監管捕獲的形式主要是外部性的最大化，如環境污染成本的社會化。[3]

在監管捕獲的研究者看來，監管機構中立性的喪失不可避免，因為不同利益群體的規模使得他們政策影響力存在巨大的差別。[4] 對於被監管者而言，他們往往有足夠的激勵和能力去遊說和影響監管機構而謀取自身的利益。一是遊說成本。正如斯蒂格勒提出的經濟監管中的"規模遞增而受益遞減"定律所發現的，利益群體的規模不同，從而信息成本和組織成本也不同。大眾獲取信息的高額成本往往抵消了他們可能的收

1　Bernstein, H. Marver. 1955. *Regulating Business by Independent Commission*, Westport: Greenwood Press.

2　Stigler, J. George. 1971. "The Theory of Economic Regulation", *The Bell Journal of Economics and Management Science* 2(1).

3　Reagan, D. Michael. 1983. "The Politics of Regulatory Reform", *The Political Research Quarterly* 36(1).

4　Olson Mancur. 1967. "The Logic of Collective Action: Public Goods and the Theory of Group", *Political Science Quarterly* 82(1).

益，組織的成本則隨着集團規模的擴大而迅速上升，這兩者使得遊說的成本往往快於規模的擴大。[1] 二是收益分佈。監管對象的成本和收益都更為集中，而公眾則由於收益太過分散而往往缺乏政策遊說的激勵，如果沒有公共利益團體代表公眾，那麼，監管往往就會為特殊利益集團所捕獲。[2] 在這樣的情況下，立法機構和監管機構往往缺乏足夠持久的公眾利益聯盟支持，在各種利益的支配下而向利益集團妥協。石油進口配額、農業補貼、機場補貼等等經濟監管就會隨之產生。[3]

對於監管捕獲的觀點，研究者進行了多方面的反思，比如，它被認為忽視了監管過程中的信息不對稱問題以及政治系統本身的黑匣子，從而誇大了利益集團對於監管的支配和權力。[4] 並且，經濟學的解釋假設利益集團利益最大化，政治家選票最大化，官僚收入最大化，但是政治生活與經濟生活實際上存在很大的差異。比如，第一，政治關切的偏好往往不是金錢可以衡量的。第二，政治行為做出的決策對於每個人都是有約束力的，不管他是否支持這個決策。第三，經濟學假設每個人的偏好是既定的，而政治學則關心如何改變偏好。[5] 因此，對於監管捕獲的反思認為，在傳統的經濟監管中，還有多種力量形成了與利益集團的競爭。第一，公眾影響。貝克爾（Becker）的數據證實了茲曼的捕獲模型，但是他認為茲曼的觀點是一種簡單的捕獲理論。但事實上公眾並非沒有影響，即便在很多公眾利益與利益集團明顯衝突的情況下，公眾利益也

---

1 Stigler, J. George. 1971. "The Theory of Economic Regulation", *The Bell Journal of Economics and Management Science* 2(1). Peltzman Sam. 1984. "Constituent Interest and Congressional Voting", *The Journal of Law and Economics* 27(1).

2 Schuck, H. Peter & Wilson, Q. James. 1981. "The Politics of Regulation", *Yale Law Journal* 90(3).

3 Stigler, J. George. 1971. "The Theory of Economic Regulation", *The Bell Journal of Economics and Management Science* 2(1). Peltzman Sam 1984, "Constituent Interest and Congressional Voting", *The Journal of Law and Economics* 27(1).

4 Levine, E. Michael & Forrence, L. Jennifer. 1990. "Regulatory Capture, Public Interest, and the Public Agenda: Toward a Synthesis", *Journal of Law Economics & Organization* 6；Laffont J J, Tirole J. 1991. The politics of government decision-making: A theory of regulatory capture. *The Quarterly Journal of Economics*, 106(4): 1089-1127.

5 Schuck, H. Peter & Wilson, Q. James. 1981. "The Politics of Regulation", *Yale Law Journal* 90(3).

是受到了保護的，這並不是由於立法者的仁慈，而是由於議員的利益和激勵，特別是當公眾意識和投票參與很高的情況下。[1] 因此，除了提高監管委員會的職業素養之外，通過信息公開來擴大公眾影響，改變監管委員會激勵機制，都可以使得監管機構達到本身的監管目標。[2] 第二，政治影響，總統、國會以及黨派都構成了影響監管的重要因素。研究者就發現，雖然人事旋轉門認為在出任監管者之前在產業界的任職會使得他偏向於產業界的利益。但是如果把黨派身份納入到模型中，黨派身份比職業背景更加顯著。[3] 此外，科恩（Cohen）以美國聯邦通訊委員會 1955—1974 年作為案例發現，不管是監管者之前的職業背景還是之後的就業職業，都支持了人事旋轉門的理論。不過，當總統控制和國會控制作為變量加入之後，顯著度明顯下降。這意味着“政治影響”較之於“利益集團影響”可能更為重要。[4] 對於天然氣監管的研究也發現，監管委員會的定價會隨着國會或者總統的選舉而變動。[5] 進一步的模型建構表明，根據選舉聯繫的假設，國會議員要獲取社會多種不同社會群體的支持，不管是政治捐款還是選票支持，因此，它一般很少只代表唯一的利益集團的利益，議會可以利用預算來監控監管者。[6] 甚至，研究者認為，人事旋轉門也並不一定能夠就會產生監管捕獲，相反，它可能有助於改善被監管的公共事業的績效，交錯的任期和旋轉門會降低監管的不確定性和囚徒

1　Becker Gillbert. 1986. "The Public Interest Hypothesis Revisited: A New Test of Peltzman's theory of regulation", *Public Choice* 49(3).

2　Berry, D. William. 1984. "An Alternative to the Capture Theory of Regulation：The Case of State Public Utility Commissions", *American Journal of Political Science* 28(3).

3　Gormley, T. William. 1979. "A Test of the Revolving Door Hypothesis at the FCC", *American Journal of Political Science* 23(4).

4　Cohen, E. Jeffrey. 1986. "The Dynamics of the 'Revolving Door' on the FCC", *American Journal of Political Science* 30(4).

5　Sanders, M. Elizabeth. 1981. *The Regulation of Natural Gas: Policy and Politics, 1938-1978*, Philadelphia: Temple University Press.

6　Spiller Pablo T. 1990. "Politicians, Interest groups, and Regulators: A Multiple-principals Agency Theory of Regulation, or 'Let Them be Bribed'", *The Journal of Law and Economics* 33(1).

困境。[1]

　　這些研究對於監管的獨立性的討論仍然集中在成熟的市場經濟中的經濟監管領域，而社會監管的出現和轉型經濟則使得監管獨立性的問題更加複雜。第一，社會監管的獨立性問題。許多研究者反對對於價格和准入的監管，卻更願意支持旨在克服外部性的 "新社會監管"。[2] 對於傳統的監管而言，當監管的收益集中於某一特定群體、而公眾承擔的成本卻是分散的時候，這會造成監管捕獲。而與傳統監管不同，新監管是把監管的成本集中於某一特定群體，而受益卻是分散的。傳統監管處理的是價格、產出、競爭性、准入和退出，而新監管處理的是外部性和經濟行動的社會影響。但是美國在七十年代社會監管大量成立之後，人們卻越來越認為，社會監管與經濟監管一樣可能也會存在獨立性問題。第一種觀點認為社會監管中的被監管者基本上對於監管影響甚小，社會監管一般是由政治人物發動潛在的社會支持，強調市場失靈的極端危險，這些往往造成對被監管者的嚴厲監管和高額成本。第二種觀點認為被監管者可以成功地阻礙社會監管的實施和執行。資本的可流動性，使得被監管者可以影響州層面的管轄權，讓州政府提供最好的營商環境。第三種觀點認為被監管的產業利用監管來降低他們生產的成本，並將成本強加於公眾。在那些重污染產業主導的州，往往對於環境污染的私人支出很少，而公共支出很大，這是監管成本的社會化。研究者用對於廢水治理的數據發現，污染產業往往能有效地逃避廢水處理的開支，這些開支往往並不是由污染企業承擔，而是由公共開支承擔。[3] 對於社會監管捕獲同樣的擔憂，在相當大程度上解釋了美國在社會監管領域仍然推行了所謂

1　Salant David. 1995. "Behind the Revolving Door: A New View of Public Utility Regulation", *The Rand Journal of Economics* 26(3).

2　Reagan, D. Michael. 1983. "The Politics of Regulatory Reform", *The Political Research Quarterly* 36(1).

3　Williams, A. Bruce & Albert, R. Matheny. 1984. "Testing theories of social regulation: Hazardous waste regulation in the American states", *The Journal of Politics* 46(2).

的"成本─收益分析",而非歐洲的社會監管的"預防準則"。[1] 與預防準則強調現有知識的局限性和防範民眾受到未知的傷害不同,成本─收益分析對於社會監管有更高的警惕性。比如,據計算,美國 1985 年的污水控制監管的成本大概在 180─190 億美元左右,而相應的收益卻只有 123 億左右。又如,雖然上千萬美元投入了美國生產安全準則的實施中,但是,數據卻顯示事故率卻只有微小的下降。[2] 從上個世紀七十年代開始,美國國會對監管機構的自由裁量權進行了更嚴格的控制,並且不斷擴大公眾的參與度。比如,繞過環境監管機構,通過公民訴訟直接對於違反環境監管的企業提起司法訴訟,以克服社會監管的捕獲。[3]

　　具體而言,不管是經濟監管還是社會監管,在市場經濟和西方民主體制下,被監管者影響或者說捕獲監管機構的方式主要有以下幾種。第一種是正面激勵,最重要的手段是金錢、選票和職位。其一,金錢的形式主要是競選中的資金資助和組織募捐;其二,選票包括聚集選票和分散反對黨選票;其三,人事旋轉門有兩種形式:監管者有可能來自於產業,也可能最終在產業任職,比如,軍火採購的監管者最終進入軍火產業,政府醫療政策制定者可能最終在私人醫療公司任職,稅務官可能最終成為公司的稅務顧問。這兩種形式都被認為會導致監管者制定有利於產業利益的決策。對於"轉入"監管機構而言,這主要是由於決策者已經在被監管的產業環境中社會化了,與被監管者共享基本的立場和觀點;對於"轉出"監管機構而言,它更像是潛在的賄賂,監管者決策的偏向是為了加強他們離任後在產業獲得職位的可能性。第二種是負面激勵。包括對抗、謠言,威脅等等。特別是在大眾參與度不高以及大眾支

1　Sunstein, R. Cass. 2005. "Cost-Benefit Analysis and the Environment", *Ethics*, 115(2).

2　Bardach Eugene, Kagan, A. Robert & Bacow,S. Lawrence. 1982. *Social Regulation: Strategies for Reform*, Transaction Publishers.

3　Zinn, D. Matthew. 2002. "Policing Environmental Regulatory Enforcement: Cooperation, Capture, and Citizen Suits", *Stanford Environment Law Journal* 21(81).

持不顯著的情況下，負面激勵對於監管者的影響同樣巨大。[1]

以此為參照，如果說市場經濟下利益集團通過選票、金錢和職位捕獲了監管機構，而後發展國家對於經濟發展的熱忱也為利益集團的支配提供了土壤，那麼，在中國，龐大的國有企業本身就與國家融為一體，構成了影響監管獨立性最重要的因素。裴松梅（Margaret Pearson）就認為，中國監管國家有四大特徵，即國有經濟、從計劃經濟延續而來的綜合性監督機構，從官僚體制中產生的監管機構和人員，監管機構的碎片化及其權威的模糊化。[2]其中，對於國有經濟而言，她認為，與其說國有企業在捕獲監管國家，不如說監管國家在保護國有企業，就如父母保護子女一樣。[3]甘思德（Scott Kennedy）也發現，國有企業擁有較之於其他所有制企業更大的政策影響力，它們政策遊說的方式主要是"直接接觸"。並且，這種政策遊說並非是多元主義，也非庇護主義，企業領導和政府的關係主要是由他們在體制中的位置所決定。[4]同時，他還認為，大型鋼鐵公司這樣的國企並沒有太多捲入環保監管規則的制定中，是由於主管工業部委代表了其利益去與在官僚系統中相對弱勢的環保部門討價還價。

這裏，裴松梅與甘思德的研究都指出了國家對於國有企業的"父愛主義"傳統。也就是說，這種"父愛主義"傳統不僅僅表現在計劃經濟下國家對於國有企業的軟預算約束上，而且，在監管國家的建立過程中，這種"父愛主義"傳統可能會使得監管機構在"保護"而非"監管"國有企業。在"監管捕獲"中，以企業為核心的利益集團外在於監管機構，它們從外部遊說和捕獲監管機構以實現其利益目標；而在"父愛

1　Stigler, J. George. 1971. "The Theory of Economic Regulation", *The Bell Journal of Economics and Management Science* 2(1).

2　Pearson, M. Margaret. 2005. "The Business of Governing Business in China", *World Politics* 57(2).

3　Pearson, M. M. 2007. "Governing the Chinese Economy: Regulatory Reform in the Service of the State", *Public Administration Review* 67(4).

4　Kennedy Scott. 2005. *The Business of Lobbing in China*, Cambridge: Harvard University Press.

主義"傳統下，國有企業內在於國家，它們與國家處於同樣的制度體系之中，國家本身的制度安排和政策制定都會不斷地將其利益和偏好制度化。這種父愛主義傳統被認為是中國監管國家建設最大的挑戰。[1]

雖然"父愛主義"的概念可以為我們洞察中國監管國家獨立性問題提供極具洞察力的視角。然而，在市場轉型和監管國家建設過程中，這種"父愛主義"傳統在實際運作中並非沒有遇到挑戰。一方面，國家本身監管目標和攫取經濟利益目標之間的衝突不斷增強和放大，使得國有企業不得不面對雙重目標的壓力。[2] 另一方面，市場轉型也不斷激勵和放大了國有企業與國家背道而馳的企業利益和個人利益，對於國有石油石化企業海外投資的案例研究已經揭示它們的行為並非就代表了國家戰略目標和利益，相反，很多時候它們是由自身利潤擴張所驅動。[3] 那麼，在監管目標和企業利益目標的角力中，政府對於國有企業的"父愛主義"傳統是否會受到衝擊？在中國的監管國家建設過程中，國有企業究竟是否仍然能夠地將其利益和目標凌駕於監管部門之上而支配和主導它？這需要我們考察國有企業影響監管的具體形式和機制，充分地發掘國有經濟下監管機構獨立性所面對的張力以及它與私營經濟下監管捕獲內在機制的差異性，從而揭示國有企業與民營企業在政策影響力和影響機制上的差異。

第二節　石油石化領域環保監管中立性的發展

在對國有石油石化企業的環保監管中，一方面，政企分開和環保監管的強化兩者共同奠定了國有油企環保監管的基礎。政企分開使得國有

1　Jacobs S. 2002. An OECD perspective on regulatory reform in China [J]. China in the World Economy: Domestic Policy Challenges；中國三星經濟研究院，China Business Focus, 2012.9.26，第 12—34 號。

2　國資委成立之後，國資委主任李榮融就不斷強調，央企不在本行業中佔據前三位，央企領導就調整。央企面對很大的工作實績壓力。"隱形影響力：'國企教父'李榮融"，來源，中國經濟網，2009 年 12 月 10 日。

3　Liou Chihshian. 2009. "Bureaucratic Politics and Overseas Investment by Chinese State-owned Oil Companies: Illusory Champions", *Asian Survey* 49(4).

石油石化企業原本承擔的政府管理職能剝離出去，從而讓國有企業與國家相對彼此獨立成為可能；環保監管的逐步理性化，進一步完善了監管規則和強化了監管權力，為環保監管的中立性創造了條件。另一方面，國有油企依然延續了原有的政治和經濟資本，它在政黨國家中仍然享有在政黨國家中的政治身份。這兩方面的要素為國企環保監管中的利益博弈構建了制度框架。[1]

一、政企分開

中石油、中石化和中海油的前身是三大石油石化總公司。在市場轉型中，三大國有油企面臨了兩次重大的轉折。其一是 1998 年政府機構改革；其二是旗下各股份有限公司相繼上市。在這個過程中，國有油企與各級政府在機構和職能上逐步分離開來，從而使得將其作為獨立的市場主體進行監管成為可能。

第一，在相當長的時期內，中國石油石化行業的政府管理職能與企業經營合為一體。新中國成立以來，主管部門經歷過多次更替（如表 7-1）。1988 年，石油工業部撤銷，新成立了主管石油化工、煤炭和電力等的能源綜合管理部門能源部。在政企不分的情況下，能源部內部面對着協調處理煤炭、石油石化和電力等不同產業的問題，它成立不到四年就撤銷了。此後，從 1993 年到 1998 年間，中國的石油行業管理職能由中石油、中石化和中海油承擔。

第二，國有油企政企不分的問題直到 1998 年才得以初步解決。在 1998 年的政府機構改革中，成立中石油和中石化兩大集團公司，第一次移交了各自承擔的政府管理職能。同時，1998 年，國務院決定實施石油石化戰略大重組，通過行政性資產劃撥和互換的形式，將原中國石油和中國石化按南北區域劃分、改組為兩個特大型石油石化集團公司。2000

---

1 本章所涉及到的環境監管，主要包括了環境保護機構所承擔的環境污染物排放檢測和總量減排、環境評價、環境污染處罰，以及目前由國家標準委承擔的相關產品環境污染物排放標準制定。

年到 2001 年間，兩大集團公司和中國海油分別以母公司身份，就其核心業務發起成立了中國石油天然氣股份有限公司、中國石油化工股份有限公司和中國海洋石油股份有限公司，分別相繼在海外上市（丘寶林、陳新華，2008）。在上市的過程中，三大國有油企又繼續剝離了其遺存的政府管理和社會職能。

表 7-1　石油石化主管政府部門

年份	主管部委
1955—1970	石油工業部
1970—1975	燃料化學工業部
1975—1978	石油化學工業部
1978—1988	石油工業部
1988—1993	能源部
1993—1998	1993 年能源部撤銷，石油、石化和中海油三大總公司承擔政府管理職能
1998—2001	三大總公司承擔的管理職能劃轉隸屬國家經貿委的國家石油和化學工業局
2001—2003	2001 年撤銷國家石油和化學工業局，原國家經貿委、原國家計委、國土資源部分散管理
2003—2008	2003 年原國家經貿委撤銷，管理職能劃歸了新成立的國家發改委能源局、商務部和國資委
2008 至今	國家能源局（隸屬國家發改委，2008 年成立）、商務部和國資委

來源：作者整理

　　第三，機構改革和公司上市推動了地方石油石化企業的政企分開。在相當長時期內，國有石油石化企業下屬的石油管理局都與地方政府兩塊牌子一套班子。比如，因油而生的大慶就先有企業，後有地方政府。1980 年，在大慶市委和市政府成立的同時，建立了中共大慶石油管理局委員會和大慶石油管理局，實行一套班子、兩個牌子的政企合一體制。

1984 年 1 月 1 日，大慶實行了政企分開。大慶市人民政府負責市政工作，屬黑龍江省政府領導；石油管理局負責石油生產建設，屬石油工業部領導；石油化工總廠則在 1983 年 9 月歸中國石油化工總公司管理。然而，"政企分開" 後的大慶仍實行 "三位一體" 的領導體制，主要領導交叉任職，市委書記兼任局黨委書記，市長兼任管理局局長，市委副書記或常委兼任大慶石油化工總廠黨委書記（杜顯斌，1996）。同時，大慶石油管理局是省級單位，而大慶市政府只是個地級市。石油管理局不僅承擔了教育醫療養老等社會職能，還承擔了包括環保、市場監管和公檢法等眾多職能，這種情況持續到 1998 年政企分開的機構改革和石油公司上市（國辦發〔2004〕22 號）。

二、環保監管的強化

對於國有油企而言，環保監管的強化來源於兩個方面，即環保監管體系與政黨國家內部的激勵處罰體系。這兩方面意在相互補充，以達致更有力的環保監管，在環保監管法律法規不夠完善和處罰力度不夠的情況下，通過政黨國家內部的激勵處罰體系，將環境保護的監管與中央企業負責人的任職和晉升等政治目標結合起來，從而強化國有企業的環境保護力度。

1998 年機構改革中，國家環境保護局升級為國家環境保護總局，2008 年升級為環保部。同時，國家不斷試圖強化對包括國有油企在內的中央企業的環保監管。從 2007 年到 2009 年第二任期開始，國資委將節能減排作為央企負責人任期經營業績考核的重要內容。2010 年國資委進一步頒佈了《中央企業節能減排監督管理暫行辦法》，國資委對中央企業節能減排實行分類監督管理。按照企業能源消耗及主要污染物排放情況，石油石化企業屬重點類企業。國資委將在負責人任期經營業績考核期末，將央企節能減排考核情況與企業負責人經營業績考核結果一併對外公佈。在這個管理暫行辦法中，國資委對於環境污染做出了細緻的獎懲規定，比如，節能減排數據嚴重不實，弄虛作假的；發生重大（含重大）以上環境責任事故，造成重大社會影響的；以及發生節能減排重大違法違規事件，造成惡劣影響的，對中央企業負責人經營業績考核結果予以降級處理。對未完成任期節能減排考核目標的、發生較大和一般環境責任事故的以及被國家節能減排主管部門通報，造成較大負面影響的，對中央企業負責人經營業績考核結果給予扣分處理。對節能減排成效突出的中央企業，國資委授予「節能減排優秀企業獎」，並給予適當獎勵（中國政府網，2011）。

三、政治身份

在中國，與其他央企一樣，國有油企具有體制內的政治身份。目前，在國資委管理的 100 多家央企中，副部級的央企有 54 家。中石油、中石化和中海油都屬副部級央企，集團公司的董事長相應地屬副部級。此外，時任中石化總經理和黨組書記的李毅中以及時任中石油董事長和黨組書記的蔣潔敏都曾任中央委員會委員。2002 年的十六大上，李毅中當選中央委員；2012 年的十八大上，蔣潔敏當選中央委員。同時，與西方監管國家的人事旋轉門相對比，雖然環保部門與國有油企的人事旋轉基本上不存在，不過，國有油企負責人與許多政府職能部門以及黨、人大和政協等都存在職位流動。

在擔任國有油企一把手之前，六任石油一把手中四任曾在石油工業部等政府機構任職；六任石化一把手中也有四任曾在化工部等政府機構任職。中石油總公司的第一任總經理王濤曾任石油工業部部長，第二任總經理周永康也曾任石油工業部副部長，第四任總經理陳耕曾任石油工業部勞資司副司長，蔣潔敏曾任青海省副書記副省長；在擔任中石油一把手之前，中石化第一任總經理陳錦華曾任紡織工業部副主任，輕工業部計劃組負責人；第二任總經理盛華仁在化工部、燃料化學工業部、石油化學工業部以及化學工業部都曾任職，第四任總經理陳同海曾任國家計劃委員會副主任，第五任蘇樹林曾任遼寧省組織部部長；中海油的第一任總經理秦文彩也曾任職燃料化學工業部石油勘探開發組組長和石油工業部副部長。

在離任國有油企一把手之後，中石油中石化各六任一把手中都有五任轉入政府部門或者地方政府任職。第一任中石油總經理王濤任第九屆全國人大常委、全國人大環保委員會副主任委員；中石油第二任總經理周永康官至中央政治局常委；2004年因重慶開縣井噴事件而引咎辭職的第三任總經理馬富才，此後仍然擔任了國家能源領導小組辦公室副主任（副部級），後來官至第十六屆中央候補委員，最後任第十一屆全國政協人口資源環境委員會委員；第五任一把手蔣潔敏在因腐敗落馬之前任國資委主任。在中石化，第一任總經理陳錦華後來擔任國家經濟體制改革委員會主任、國家計委主任、全國政協副主席；第二任總經理盛華仁後來擔任國家經貿委主任、全國人大常委會秘書長；第三任一把手李毅中則任國資委黨委書記、副主任，國家安全生產監督管理總局局長、黨組書記，工業與信息部部長、黨組書記，第十六屆和十七屆中央委員會委員。第五任一把手蘇樹林任福建省省長。中海油的第四任總公司總經理衛留成後來也擔任了海南省省長、省委書記，全國人大財經委副主任委員，中共十六屆中央委員會候補委員、十七屆中央委員會委員。

第三節　國有油企對環保監管中立性的影響

國有油企對於環保監管的影響與非公企業有顯著的差異。與非公企業主要通過非正式關係網絡和財稅貢獻等來規避環保監管不同，國有企業可以利用其體制內的地位，直接主導標準制定、以黨紀行政處罰規避法律法規、以專業人員內部人圈子影響環評，並且，相對於非公企業與地方政府的關係，它與地方政府的博弈更加政治化。

一、規則制定：排放標準的制定權

　　監管捕獲核心的問題在於利益集團對於監管規則制定的影響。在我國較為封閉的精英決策之下，社會利益的表達和博弈往往發生在政策執行階段，通過規避、變通和扭曲政策執行來實現自身的利益訴求。雖然民營企業已經開始逐步提升其對於規則制定的影響，但是，他們也必須通過嵌入體制之中，在體制之中進行遊說（Huang & Chen，2017）。而與他們不同，國有企業本身就處於體制之中，由於國有油企在計劃經濟時期一直承擔了行業標準制定職能，包括國外標準的中國化，每個油企也都有其隸屬的石油石化研究院。在市場化改革之後，政府對石油工業的行業管理職能則從三大總公司部分剝離出來，但是原來的專業管理力量卻全部或大部分留在各公司內。在這種情況下，國家標準委都不得不依靠它們來制定行業的技術和標準，其中就包括了行業的環境排放標準。中國的油品標準過低導致了成品油含硫量大大高於國際通行標準，在汽車保有量迅猛增加的情況下，高硫含量的燃油導致大氣中氮氧化物和細顆粒污染物增多，使得機動車尾氣排放成為空氣污染重要的污染源。油品標準的制定牽涉到很多問題，包括輕石腦油產量很低以及民營煉油廠技術水準偏低且難以承受油品質量提升的成本等，但國有油企在油品標準制定中的決定性作用也是其中核心的問題。2005 年國家標準委成立了第一屆全國石油產品和潤滑劑標準化技術委員會，2007 年成立了石油燃料和潤滑劑分技術委員會。全國石油產品和潤滑劑標準化技術委員會共計 43 名委員中的三大石油公司代表達到近 40 名，佔到全部委員的 90% 左右，並且，該委員會的秘書處就設在中國石化的石油化工科學研究院，而全國石油產品和潤滑劑標準化技術委員會秘書長，正是中石化科技開發部副主任徐惠（劉伊曼，2013）。而在石油燃料和潤滑劑分技術委員會共計 57 名委員中，我們根據名單統計發現，質檢系統代表有 6 名，汽車行業代表 3 名，研究機構代表 3 名，出入境機構代表

1 名，解放軍代表 2 名。此外，環保總局代表只有 1 名，而中石化代表有 22 名，中石油代表有 16 名，中海油代表有 3 名，三大石油石化企業共計 41 名，佔到 70% 以上。其主任委員也是中石化的石油化工科學研究院的院長，而三名副主任委員分別由中石化、中石油和中海油下屬相關部門負責人擔任，秘書長由中石化的潤滑油評定中心人員擔任。事實上，油品國 IV 標準的實際起草者即是中石化的石油化工科學研究院、中石油的石油化工研究院和中國汽車技術研究中心。在社會輿論的廣泛壓力下，油品國標 V 出台。但同時，此次油品標準制定調低了成品油標號，將標號下調至 89、92、95 號。對於油企而言，維持高標號油品會導致煉油成本上升，但是取消高標號油品卻會導致油耗加大、排放增多。與此形成對比的是，2013 年廣東省通過粵 V 標準，與國標 V 不同，它保持標號不變，為此，石油煉化企業需要投入較大的資金建設烷基化設施。可以看到，這個標準由廣東省環保廳、環境科學研究院、監測中心等起草，沒有國有油企參與（龔君楠、趙盼盼，2013）。

雖然國家近年來在不斷修改行業性環境排放標準制定的規範，強化向社會徵求意見，向行業徵求意見，多數投票以及標準制定程序等規則，但是，在國有企業仍然在行業性的標準制定分委會中佔據多數的情況下，在相關標準分委會缺乏環保部門代表以及專家委員會相對於企業難以自主的情況下，環境排放標準制定過程中的監管中立性很難得到保障。

二、污染事故處理：兩套規則系統

監管中立性不僅意味着監管機構在規則制定中享有相對於被監管對象的自主性和獨立性，還要求監管規則的適用具有普遍性，沒有被監管對象能超越規則之外。在環境監管中，除了監管法律法規的完善之外，國家還在不斷強化環保領域基於"考核"的目標責任制。這兩套體系本可相互強化。但是，在實際的執行中，考核的規則卻在一定程度上侵蝕了基於法律的監管規則，強化了大型國有石油石化企業的政治身份。在重大的環境污染事故中，對於國有石油石化企業往往適用黨紀和政紀處罰，賠償也往往由政府兜底。

國有油企生產事故常常造成重大的環境污染事故，不合理的選址佈局進一步加劇了環境污染的風險。比如，中石油下屬公司蘭州石化，就處在黃河上游，2003 年 5 月，蘭州石化原料動力廠污水處理裝置停工改造，致使約有 1 噸油污排入黃河蘭州段；2005 年 1 月，蘭州石化鐵路貨運公司油罐閥門漏油，造成黃河蘭州段污染事故；2014 年又因管道石油泄漏導致蘭州市自來水苯超標。2011 年 6 月，中海油最大國內合作油氣田蓬萊 19-3 發生漏油事故發生後，截至 7 月 11 日，除造成 840 平方公里的劣四類嚴重污染海水面積外，還導致周邊約 3400 平方公里海域由第一類水質下降為第三、四類水質（王茜，2011）。中石油大連石化公司 2010 年到 2013 年總共發生了 6 起嚴重的生產事故。對於環境污染最嚴重的是 2010 年 7 月 16 日的事故。據官方數據顯示，至少 1500 噸原油流入海洋，截至 7 月 19 日，受污染海域約 430 平方千米，其中重度污染海域約為 12 平方千米，一般污染海域約為 52 平方千米，它對大連海洋生態的影響是 "長期的、不可低估"（高重密，2011）。

雖然國有油企造成了重大污染事故，然而，它們卻往往並沒有承擔理應承擔的重大環境污染事故的成本，對於國有石油石化企業的處罰大多是降級、記過、嚴重警告。與此同時，在重大環境污染事故中，從環境污染賠償到環境治理，這些依據相關環境監管法規本應由企業承擔的污染成本，往往都由政府兜底，而不可能依據法律對企業責令關閉、停產整頓，抑或承擔所有的環境污染賠償和環境治理成本。2010 年中石油大連石化 "7·16" 污染後，中石油基本上沒有承擔環境污染的成本。責令關閉顯然不可能適用於中石油這樣的大型國企；對於污染清潔成本而言，數額巨大，漁業以及環境長久的損失更是不可估量，最終地方政府承擔了巨額的支出。據稱大連市政府出面組織了超過 3000 艘漁船參與，費用合計預計超過 5 億元（童大煥，2010）。類似地，在 2005 年中石油松花江污染事故中，據環保部有關領導對媒體稱，在此次污染治污資金中，國家而非中石油累計投入治污資金 78.4 億元。在 2013 年中石化青島輸油管爆燃事故爆發後，雖然當時青島已經在試點推廣環境污染責任險，但是由於中石化並未購買環境污染責任保險（以下簡稱 "環污險"），在企業自身逃避賠償的情況下，商業賠償的缺失導致在此次事故中受到環境污染受害者無法得到有效賠償（冷翠華，2013）。2005 年松花江污染事故中，事故的責任方中石油只被罰款 100 萬元。事後，中石油同樣未提賠償，而是以 "捐贈" 的名義給了吉林市 500 萬元治理污染。類似地，"7·16" 事故中，中石油只是以投資代替經濟和生態賠償，它在大連投資 2000 萬噸 / 年煉油、100 萬噸 / 年乙烯項目，據稱上述項目上馬後中石油在當地煉油能力將達 5050 萬噸 / 年，其產值預計將佔大連 GDP 的 1/3（張超，2011）。而形成對照的是，2005 年 4 月 7 日，葡萄牙籍 "阿提哥" 號油輪在大連發生原油泄漏，大連市政府在第一時間幫助漁民取證，法院共立案 117 件，總標的額達 11.6 億元。其後，大連市海洋與漁業局代表國家向 "阿提哥" 號提起海洋生態損失賠償訴訟（張曉琦，2010）。

三、環境評價：專業內部人圈子

環評是環境監管重要的環節，它無疑需要保證相對於環評對象的中立性。根據《環境保護法》，建設項目的環境影響報告書經批准後，計劃部門方可批准建設項目設計書。此外，2003 年，國家環保總局印發《關於對申請上市的企業和申請再融資的上市企業進行環境保護核查的規定》，化工、石化等重污染行業的申請上市和再融資均須進行環保核查。不過，可以看到，從計劃經濟以來，石油石化部門和企業就自成系統，不管是三大油企直接隸屬的研究院、還是石油石化相關協會隸屬的研究院抑或石油大學等研究機構，都有大量的石油石化領域的專家學者，擁有國內最權威的技術知識。因此，參與石油石化項目的環評專家往往要麼本身就是來自於石油石化系統內部，要麼也跟石油石化系統有長期的聯繫和合作關係。在雲南安寧石化項目環評中，項目環評方來自中石油下屬的環評公司。環保組織為了論證雲南煉化項目環評報告是否有問題，曾找過十多位專家，但最終大多數仍是石油系統內部人士，即使退休，他們也不願意在結論上署名（呂明合，2013）。

　　在這種情況下，環評過程的不透明進一步強化了國有油企的影響力。雖然環保部近年來開始推動環評受理、審批和驗收全過程"三公開"，但是環評的公共參與範圍和程度仍然非常有限，這為有巨大利益的大型油企主導環評提供了空間。2010年，中石化即發生了所謂的"環評門"。當時中石化計劃以可轉債方式再融資230億元。中石化的上市環保核查情況公示之後，三家環保非政府組織（NGO）聯合上書環保部，指出環保核查報告不實。此外，環保組織還指出核查範圍之外有11家下屬企業存在環保違規記錄，建議環保部慎重考慮中石化的再融資環保核查。11月中旬，中石化稱環保組織掌握的數據有誤，環保違規並不存在。環保部則表示將會對此進行調查（王康鵬，2010）。然而，環保組織的抗議並未發生影響，2011年中石化230億可轉債仍如期發售。2004年，茂名石化乙烯項目在尚未通過環評的情況下開工建設，並於2006年開始試運行。但是，直到2008年，項目的環評才通過環保部的審批。2009年，廣東省環保局違規審批了茂名石化的油品質量升級改造工程，2010年，國家環保部依法撤銷了廣東省環保局的環評批文，要求重新對項目進行環評（劉伊曼，2013）。

四、日常監管力度：體制內的博弈

　　地方政府是否強化對於國有油企的監管執行力度並不僅僅是取決於企業的關係或財稅貢獻。所有制本身仍然是重要因素。在監管執行過程中，較之於非公企業，國有企業因其處於國家內部，它們與地方政府及其環保監管部門的關係受體制內各種的因素影響，也即是說，對國有油企的監管與其在體制內的地位密切相關。一方面，地方的監管可能因國有油企的國家內部人身份而另眼對待；另一方面，地方也會因國有油企在體制內遇到的問題而強化其監管力度。

第一，在日常環保監管執行中，國有油企的環境污染狀況並未得到廣泛的披露，雖然有民間的抗議和環保公益組織的訴訟，但是，並未見到環保監管部門採取嚴厲的立場。但是，一個顯著的轉變發生在石油石化系統的反腐風潮之後，環保部首次廣泛披露了國有油企的環境污染狀況，隨後，各級環保部門都相繼對國有油企環境污染執行了處罰。雖然中石油曾以排名第一的成績被國務院國有資產監督管理委員會授予"'十一五'中央企業節能減排優秀企業"稱號（國資發綜合〔2011〕65 號）。但是，在公佈 2012 年度全國主要污染物總量減排核查處罰情況中，環保部第一次披露了中石油和中石化在環境保護上存在的嚴重問題。在此基礎之上，環境保護部決定對兩家集團公司煉化行業新改擴建設項目實行環評限批（武衛政、孫秀艷，2013）。這直接導致了中石化計劃在河北省曹妃甸投資 285 億元建設的 1200 萬噸煉油項目遭遇卡殼：在 2013 年 1 月，國家環保部已經公告受理了曹妃甸煉油項目的環境影響報告書等環評文件。但是，在 2013 年中環保部宣佈環評限批後，該項目報告就一直未被環保部審查通過。而按照政策規定，只有通過環保部審批，國家發改委才能最終核准新建項目（張倩怡、駱倩雯，2013）。同時，地方環保部門也相繼跟進。在安慶，在安慶石化總經理兼任安慶市委常委的情況下，安慶市環保局向中石化安慶分公司開出近 40 年來對其的第一張罰單。同時，2013 年 5 月，江蘇省南京市環保局發佈了一季度國家重點監控污染企業監督性檢測結果，中石化南京化學工業公司位於此黑名單之中。中石油吉林油田分公司松原採氣廠採油污水未經處理直排水坑被列為環保部 2013 年第四季度重點環境案件（李春蓮，2014）。2014 年，中石化旗下廣州石化、茂名石化、金陵石化以及中石油旗下大連石化、烏魯木齊石化、寧夏石化等也多次被當地環保部門通報及予以處罰。石油石化系統的反腐風潮直接推動了企業的環保整治以及環保部對油企的數據監控。2013 年 7 月，中石化集團宣佈三年 228.7 億元人民幣的“碧水藍天”的環保計劃，擬在 2013－2015 年實施 803 個環保整治項目。

第二，與石化項目不同，地方政府與國有油企在石油開採項目上往往產生巨大的利益衝突，因為對資源的開發和攫取對於地方生態環境而言是不可修復的損害，而地方政府卻獲益甚微。在這樣的情況下，地方政府不斷尋求通過強化生態補償機制來分享利益。在雙方的利益博弈中，讓國有油企從原有的強硬立場做出讓步的是政治環境的變化。由於《水土保持法實施條例》和《水土保持法》都沒有規定相關水土保持和防治費用的收取標準和使用管理辦法，而規定由財政部門、價格主管部門會同水行政主管部門制定。在礦產土地資源國有的情況下，各省市制定的水土保持相關補償費用往往按照面積計算，且長期標準相當低。最為突出的案例是陝西榆林市與中石油長慶油田的衝突。2008 年 11 月，陝西省出台《陝西省煤炭石油天然氣資源開採水土流失補償費徵收使用管理辦法》，水土保持收費項目達到三項，不僅保留了水土保持設施補償費和水土流失防治費，還增加水土流失補償費；同時，由過去按面積計徵調整為按產品產量計徵，並大幅度提高水土流失補償費徵收標準（武盾，2014）。然而，陝西水土保持補償費徵收卻遇到強大的利益阻礙，中石油長慶油田分公司一直以種種理由拒絕交納。按照陝西原油 30 元每噸的徵收標準，僅在榆林，長慶油田每年需繳納的水土流失費就在 3 億元左右。2009 年 9 月份，榆林市水土保持監督總站依法對中石油長慶油田分公司下達了行政處理決定書，要求按期交納 2009 年上半年欠交的 1.29 億元。經過行政復議程序後，中石油長慶油田分公司曾多次向國務院法制辦，國務院糾風辦，國家發改委、財政部、水利部、國資委等有關部委反映情況，2009 年 12 月，長慶油田分公司向榆陽區人民法院提起行政訴訟，結果二審均敗訴。此後，當地人民法院凍結了中石油長慶油田分公司的當地賬戶，並強制劃撥了欠交的 1.29 億元（西部網，2011）。緊接着從 2009 年下半年開始，長慶油田仍然繼續拒絕繳納水土保持相關補償費。2013 年，榆林市要求長慶油田繳納 2009 年 7 月至 2012 年 3 月期間在陝西榆林境內開採石油、天然氣水土流失補償費 7.4 億元，以及 1.1 億元的罰款，並且凍結了長慶油田 23 個銀行賬戶（中國廣播網，2013）。長慶油田又把榆林市水土保持監督總站告上了法庭，認為水保站無收費資格，且未經財政部和發改委審批和備案。此後，中石油長慶油田公司一直拒絕繳納拖欠的補償費。在與地方政府的博弈中，最終讓國有油企做出妥協的是政治性因素。2013 年，包括中石油副總裁兼長慶油田總經理冉新權在內的多位中石油高管接受組織調查。2013 年 10 月，中石油董事長周吉平、總經理廖永遠致函陝西省委書記趙正永、省長婁勤儉，之後，長慶油田公司和榆林市進行了座談，形成了書面性的會議紀要，長慶石油作出了一些加大對地方支持的承諾。最終中石油和陝西省政府合作中 "統籌解決" 水土流失補償費的問題（嚴定非，2013）。

第四節　討論：國有油企與監管中立性

　　監管中立性是監管的核心問題。與西方市場經濟國家和發展型國家不同，中國的監管國家還面對來自對國有企業的父愛主義傳統的挑戰。在父愛主義傳統中，國家的目標與企業的目標具有高度的一致性，政府與企業互為依賴和壟斷，政府給予企業稅收、信貸和補貼等各種經濟保護，而企業需要實現國家的政治目標以及養老、醫療和完全就業等社會目標。但是，在市場轉型和監管國家建設的過程中，特別是在社會監管建立和發展的過程中，國家的目標與企業的目標發生了重要的分歧。如果說在計劃經濟條件下，國有企業內在於國家意味着，國家的政治目標和社會目標可以主導和支配國有企業，國有企業服從於國家的政治目標和社會目標，甚至以犧牲經濟利益尋求政治和社會目標的實現；那麼，在市場化的背景下，國有企業的經濟目標往往反過來有可能替代國家的社會目標，國有企業利用自身的政治地位謀求企業的經濟利益制度化。也就是說，同樣是國有企業內在於國家，在計劃經濟體制的父愛主義傳統中，它導致的是國有企業服從於國家的社會目標；而在市場化的過程中，它卻導致的是國有企業利用其體制資本追求其經濟目標。

在國有油企環境監管的案例中可以看到，在過去幾十年間，兩種不同的力量形成了巨大的張力。第一，國有油企環境監管的推動力量。它主要有兩方面的要素。一方面，制度變革，它包括政企分開的改革和環境監管理性化的過程，不管是松花江污染事件後開始對於環評的真正重視，還是環評機構與環保部門的分離與透明化，以及加強對於國有油企環保數據的收集和核實，抑或即將實施的新環保法，來自國家內部的理性化改革在逐步推進，它們使得對國有油企的環保監管成為可能，使得監管機構和社會行動者可以利用可能的制度空間去遏制環境污染；另一方面，社會行動者的利益博弈，這包括公眾和媒體對因油品標準而惡化大氣污染形成的輿論壓力，環保組織對於環評真實性的揭露和上書、律師和環境污染受害者對於環境污染事故的訴訟和抗議以及鄰避運動中居民對於 PX 項目（P-Xylene，對二甲苯化工項目）的廣泛反對等，都對環保監管提供了壓力和動力。第二，國有油企環境監管的消解力量。在政治上，國有油企在體制內仍然享有政治身份和權力；在經濟上，它們擁有市場壟斷和經濟實力；在專業上，它們具有標準制定和環評的技術知識和專家。國有油企可以利用標準制定權在油品標準制定中將環保部門邊緣化，可以利用市場壟斷來推延國標油品的供應，可以在環境影響評價中由內部圈內人擔任環評專家，可以在環境污染事故中以黨紀政紀處罰代替相關法規的處罰，可以在與地方政府的利益衝突中保持強勢的姿態，並與地方政府的博弈身受政治性因素的影響。

可以看到，國有油企對於環保監管的影響力仍在相當大程度上根源於其內在作為國家內部人的體制性遺產。第一，與西方監管國家和發展型國家不同，國有油企並非主要通過選票和資金贊助方式來捕獲監管機構。同樣是人事旋轉門，其影響機制也存在差異。在西方監管國家中，私營企業可以通過提供監管者離職後的職位來換取有利於其利益的監管，而從企業旋轉入監管機構則可以使得監管者共享產業和企業的立場。而對於國有油企而言，人事旋轉並非企業可以決定並用以直接交換利益，企業在人事旋轉中往往處於被動的地位，也基本上不存在環保機構與國有油企直接的人事流動，但是，國有油企與其他部門的人事旋轉可以構建龐大的"社會網絡"來在官僚體系中討價還價的能力。第二，與非公企業不同，國有油企在體制內的政治資源是其影響力的重要根源。比較而言，中國的民營企業主要依靠非正式關係來獲取政策影響力（Wank，1995a，1995b；Yang，2002；Boisot & Child，1996），外資企業更傾向於同時依靠非正式關係和商會遊說來實現其政策影響的目標（Deng & Kennedy，2010；Gao，2006；Gao & Tian，2006）。同時，地方政府以及地方官員對於企業的財稅和政績依賴也是企業影響力的重要根源（周黎安，2007；黃冬婭，2013）。形成對比的是，對於國有油企而言，非正式關係及其可能蘊含的利益糾葛以及發展型地方政府等都是其獲取影響力的重要方式。然而，在很多情況下，國有油企的政策影響力是由其在體制內的位置所決定的，包括其擁有的本行業標準制定的權力、超越於法外的規則之適用等。特別顯著的是，在企業與地方政府發生利益衝突的情況下，與民營企業在地方政府的打擊下往往不堪一擊不同，國有油企與地方政府的博弈能力也在相當大程度上取決於其各自在體制內的政治資源。正如陝西榆林與長慶油田在水土保持賠償費上衝突所揭示，國有油企往往能夠因其政治地位而在地方政府的博弈中擁有強勢的姿態和影響力。

進而，正如國有油企環保監管案例所揭示，當前我國仍需繼續推動監管中立性的建設，並且，國有企業對監管中立性的影響及其形式與西方的監管捕獲和計劃經濟的父愛主義傳統存在相當的差異。但是，這並不意味着國有企業可以以其體制資源完全支配國家，恰恰相反，它意味着政治權力和政治權威仍然最具支配性。一方面，當有更高的政治權威和政治目標時，國有油企仍然不得不服從於政治權威。不管是反腐浪潮推動了陝西榆林紛爭中國有油氣的讓步以及環保監管執行的強化，還是政治權力主導彭州石化環評和選址，都是體制內的因素在最終產生影響。另一方面，國有油企強大的影響力正是在於它利用了這種體制地位，而使得社會力量難以與之抗衡。因此，在中國監管國家建設的過程中，試圖通過強化國有企業體制身份的努力都會在事實上侵蝕基於法治的監管，因為它侵蝕普遍主義的監管規則，還因為它強化了國有企業可資利用的政治資本。因此，不斷弱化國有企業的體制身份，不斷推動基於普遍主義和法治的監管理性化，吸納公民和社會組織的參與才將有助於中國監管國家中立性的發展。

第八章

企業家的政策影響力及其演進前景

中國的市場轉型推動了國家與社會關係的重構。市場改革和經濟增長中成長起來的企業家日漸成為國家之外的重要社會力量。作為掌有經濟財富的社會精英，企業家是否能夠構成與國家權力抗衡的政治力量？已有研究得出的基本判斷是，企業家是國家權力的盟友與夥伴，在超經濟強制和利益契合之下，在國家有力的政治吸納之下，他們形成了政治統治的聯盟。根據這種判斷，企業家被想像成為具有無法為外人知的政策影響。在一些政策領域，包括環境污染、舊城改造、土地徵用、勞資衝突和經濟監管等領域，雖然我們無法揭開政策過程的黑匣子，但是，企業往往被想像成捆綁了政府及其官員，即便有公眾的反對和媒體的監督，企業和企業主似乎仍然能夠讓政府政策服務於其利益。然而，這種推測顯然存在巨大的經驗陷阱，即中國封閉的精英決策體系中，決策過程仍然主要是政治精英主導，決策體系似乎並未為國家之外的社會行動者提供政策影響的空間和渠道，社會行動者仍然只能影響政策執行而非制定過程。那麼，企業家究竟是否開始具有了一定的對政策制定過程的影響力？進而，哪些企業家更具這種政策影響力？在封閉的精英決策體系下，這種政策影響力生成的機制何在？其發展前景如何？本研究的主要發現如下：

一、企業家的政策影響力

企業家是否開始擁有政策影響力？本研究認為，企業家不僅影響政策執行過程、而且有影響政策制定過程的訴求，並有一定的制度化渠道表達自身訴求。

第一，在中央層面，民營企業家有通過組織化和制度化渠道表達自身訴求的需求，並且也有一定的渠道進行表達。在本書的研究中，全聯不僅承擔"政府助手"的政策參謀作用，通過參加高層會議、徵求意見和來訪磋商等方式來代表民營經濟部門提出政策建議，而且還充當了"紐帶橋樑"的角色，通過政協團體提案的方式自下而上地表達政策訴求，反映民營經濟部門、行業和企業的政策訴求；這些訴求不僅僅是爭取更多的資源，而且還有相當多的是直接對現有的法律法規和政策文件提出質疑，並提出相應的法律法規和政策修改建議。雖然我們難以知曉所有提案最終的政策影響，並很難明辨政策調整是否是特定提案的直接後果，不過，我們仍可以看到的是，全聯及其政協提案可以成為企業家自下而上政策訴求表達和影響中央決策的渠道，並且，團體提案也可以獲得決策部門的回應，即便這些團體政協提案不是政策調整唯一的推動力量，但是卻也構成了施加影響的共同因素。

第二，在地方層面上，企業由於距離地方政府更近，也更可能獲取對地方政策過程施加影響的渠道。企業家可以通過迎合地方政府政績衝動，獲取巨額的經濟利益回報以及地方政府的配套政策支持，也可以依靠其經濟實力坐地要價，直接與地方主官溝通協調；也有企業通過非正式關係獲取地方政府的支持和撐腰；也有些企業通過包括仲裁、訴訟、媒體曝光等對抗性方式來處理與政府的糾紛。

第三，對於國有企業而言，雖然在監管改革中，監管國家與國有企業的目標和利益逐步發生分離，父愛主義體系在發生改變，但是，國有企業仍然在相當大程度上具有政策影響力。並且，它們的影響力不僅是通過主管部門代言或者擁有與決策部門直接接觸和溝通的渠道來獲取。相反，作為國家內部人，它們既擁有幹部體系編織的人事旋轉網絡。在一些情況下，它們本身就是本行業政策的決策者，原有的體制遺產使得它們仍然具有一部分的決策權力。

二、誰更有政策影響力？

不同企業家的政策影響力顯然存在差異：在對全聯政協提案的分析中，不同提案的政策影響力存在差異，有的提案能夠直接導致政策的修改和調整，有的提案能夠獲取與決策部門的溝通和回應，有的提案則可能毫無影響力。在地方層面，有的企業獲得了政府驚人的讓步，不僅在經濟利益上有巨額的回報和讓利，也獲取了地方很大力度的配套政策支持；而有的企業家不管是通過建立非正式關係、借力施壓還是集體抗議都難以改變政府的決策，也難以讓政府作出讓步和回應。除此之外，甚至相同的企業家在不同的情況下，他們的政策影響力也存在差異。比如：煤老闆對政策過程的影響有時十分微弱，有時卻又十分強大；有時他們在政府面前十分弱勢，礦產經營和資源使用權益無法得到維護，也沒有制度化的渠道表達自身的利益訴求，更沒有辦法確保這種利益表達對於政策過程的實質性的影響；但同時，他們有時似乎又有着通天的本事，能夠搞定政府及其官員，能夠讓國企溢價收購。那究竟哪些企業在什麼情況下更具政策影響力？

"非正式關係"和"發展型地方政府"這兩個主導的理論假設難以解釋企業家的政策影響力。第一，"非正式關係"的研究把政商之間的關係看作是未充分市場化的體制下建立在利益和交情基礎之上的交換關係，它構成了一種無形的手在影響政府政策過程。然而，首先，企業家並非總是求訴於非正式關係去影響政策，在政府對於企業的強政績依賴之下，企業無需通過人情關係或者利益疏通就可以獲得巨大的政策影響力；其次，企業家也並非總是"能夠"通過"非正式關係"來"搞定"地方政府。當地方政府要面對更加嚴厲的政治和政策監控時，由於地方政府官員對於風險和責任的權衡，會使得非正式關係的影響力大大削弱。在借力施壓的模式中，企業家即便搭建與上層官員的關係，也難以扭轉地方官員對於安全事故所帶來的保全烏紗帽的考量；煤老闆即便有通天的關係，也難以在煤改中改變省級政府的決策來維護自身的利益。第二，發展型地方政府以及"經濟增長聯盟"的研究認為，發展型地方政府構築了政府與支柱企業"榮辱與共"的關係，因此，地方支柱企業具有最大的政策影響力，而這往往也是地方政府難以有效推行環保監管等政策的重要根源。然而，在本研究的案例中，雖然地方支柱企業總是坐地要價，但是它卻也常常不滿於地方政府的推脫和冷落，那些更有政績"顯示度"的小企業卻獲得了驚人的政策影響力；同時，地方企業的做大和市場化程度的提高，可能只是使得企業更隔絕於政府；而政府如果對於企業的政績依賴度低，它就可以完全對企業的訴求置之不理。反過來說，在環保等政策領域，環境污染並不總是由於政府對於經濟績效和財稅收入的追求而無法治理，在很多情況下，重污染企業並非總是地方的支柱大企業，而往往是眾多產業鏈下游的低端小企業，它們對於地方稅收和政績顯示度等貢獻都非常低，政府之所以仍然無法有效治理這些納稅貢獻很少但卻排污總量大的企業，更多地是由於內部監控的弱化而非財稅和政績的依賴。

因此，用"非正式關係"和"財稅貢獻"解釋企業的政策影響力並不完全成立，並不是說這兩者不能給企業家帶來影響力，而是在於，國家內部都存在逆向的力量去削弱其政策影響力，使得這種影響力具有"不確定性"。這種不確定性意味着可能有時候因這二者企業都能獲得巨大的政策影響力，但有時候卻可能也無能為力。雖然政府對於企業有一定的財稅依賴，從而使得它有一定的政策影響力，特別是政策監控比較弱的時候；但是，由於這種依賴度相對於政績依賴而言較低，當自上而下政策監控度顯著加強的時候，企業難以遊說地方政府為其"破規則"，因此，政府和企業雙方雖然也有相互妥協和合作，但也存在相當的彼此不滿意和不信任。而對於"非正式關係"而言，一方面，地方政府對企業的依賴度很低，這使得它沒有與地方政府討價還價的能力，當政策監控強化的時候，它的影響力就可能受到極大的削弱；另一方面，如果企業家能夠建立起足夠"穩固"的關係網絡，他們也可以非常成功地利用監控弱化的空間去規避政府的政策；同時，在既缺乏政府的依賴性，而又可能更為強度的監控度之下，當企業家試圖利用"權力的碎片化"在上層權力部門或者官員中尋求庇護而"借力施壓"的時候，有可能因其可能給官員和上級部門帶來的風險而難以成功"借力"，不過，如果企業家能夠"找對人"，這個影響力也可能具有無可比擬的優勢。

與現有的解釋不同，本研究認為，企業家的政策影響力在相當大程度上取決於國家的制度環境。政治發展理論和市場轉型研究認為，經濟發展和市場轉型會將資源由國家轉向社會，從而賦權社會力量的成長。但是，本章的研究卻發現，國家依然是決定企業家影響力最重要的自變量。在傳統經濟部門，企業家獲取政策影響力更依賴於"在體制內遊說"。"在體制內遊說"不等同於"非正式關係"，因為後者常常只是指向企業家和官員個人之間長期或者短期的利益輸送和人情交換，而"在體制內遊說"表現在幾個方面。

第一，"在體制內遊說"不同於多元主義的利益遊說，它不是從外部向體制施加壓力以達致政策影響，相反，它需要嵌入到體制中，利用體制給予的機制、渠道和空間，才能夠表達訴求和產生影響。

多元主義必然與開放的政治結構聯繫在一起，而工商聯的政協提案顯示，中國民營企業家的政策影響機制是嵌入體制的政治吸納和政治統合架構之中，一方面，它仰賴於國家在原有的統戰組織基礎上逐步搭建具體的政策影響機制，比如，政協提案辦理工作相關程式的制度化，部委與全聯提案辦理的多元化協調溝通機制的搭建，提案辦理部委對於工商聯團體提案的政策回應性強化等；另一方面，這種體制內遊說還需要將控制與遊說的張力控制在低度的範圍之內，使得從自上而下的政治吸納和統合與自下而上的政策影響機制的雙重邏輯得以並行。

在地方層面，體制內有遊說還意味着，不同企業家的政策影響力不在於從外部施加壓力的大小，而賴於其利用體制內提供的空間，在於對於國家內部各種制度和政策的利用，包括利用了國家在"依賴性"、"監控度"和"碎片化"共同作用下所提供的空間，其中涉及到產業政策、官員政績依賴和政策監控弱化等。企業家越能夠借用權力在不同政府層級和部門之間的分割，越能夠利用政策執行監控的弱化等，越能夠獲得政策影響力。

第二，"在體制內遊說"不同於非正式關係和地方增長聯盟，因為它意味着企業家政策影響力的獲取不只在於政商之間的非正式關係、也不僅在於其提供的財稅貢獻，也就是說不完全在於其市場權力的大小，而在於它與體制目標的一致性和其體制地位。

首先，政績迎合。政績迎合並不等同於財稅貢獻。在很多情況下，政績的定義更加多元化且不斷調整。對於企業而言，如果能夠迎合政府及其官員的政績需要，往往可以無往而不克，付出極小的代價就可以獲取很大的影響力回報。在案例研究中，新能源汽車生產企業就是非常典型的代表。在幾乎沒有財稅貢獻的情況下，在與地方政府並沒有搭建極其緊密關係網絡的情況下，獲取了對於地方政府巨大的影響力，這種影響力最終轉化為利益回報和政策支持。對於地方政府和官員的政績迎合在政策監控度很弱的情況下，這種政策影響力無疑最為巨大；即便是在自上而下的政策監控度很強的情況下，相對於其他方式，它更有可能使得地方政府在強烈政績衝動下為企業規避政策監控，特別是在上下級政府政績同構的情況下，這種政策監控會進一步虛化。

其次，政策契合。政策契合是指，企業家的政策訴求應該與政府的政策目標或者政策導向不衝突，甚至相當契合。在這種情況下，企業家的政策訴求才可能產生影響力。如果與政府的政策衝突，強大的非正式關係和巨額的財稅貢獻也很難轉換為強大的政策影響力。全聯政協團體提案的影響力很大程度上有賴於它們的"政策契合"，即與中央宏觀的政策導向和方針的契合，以及與部委具體政策立場的契合。在政策契合的情況下，政策訴求更具可行性，也更可能得到部委積極的回應。在工商聯政協提案的分析中，團體提案的政策契合可以分為兩種類型，即"戴帽"和"避阻"。"戴帽"，即打着中央宏觀政策導向或者具體政策來論證自身政策訴求的正當性和合理性；其次，"避阻"，指的是政策訴求應該儘量避免挑戰性，具有可行性。政策訴求儘可能地有可行性，不要提出涉及到部委層面都解決不了的問題。在政策契合的情況下，商會提出的工商聯政協團提案更有可能產生決策影響。比如，新一屆中央決策層釋放出來的信號讓石油業商會不僅繼續要求放開原油進口，而且使得他們敢於提出一個"分拆三大壟斷企業"的激進提案，來試探政府對石油領域改革的底綫。汽摩配用品業商會改裝專業委員會 2013 年提案針對全部機動車改裝管理辦法提出政策訴求未能成功，而 2015 年的提案則改為只針對私家小轎車改裝管理辦法，迴避了公安部門最擔心的貨車大客車的超載、超寬、超長、超員的改裝問題，只針對家用小轎車改裝進行放寬政策的提案，結果得到了政府部門的回應和政策的改變。此外，在 X 省煤改的案例中，私人煤老闆從強勢到弱勢，與政府政策目標的變化密切相關。即便他們與地方政府有經濟增長聯盟，有強大的非正式關係，但是，當他們的訴求與政府以重組兼併來推動安全生產的政策目標衝突之時，他們不管是通過專家和媒體抗議，還是通過公開抗爭，都無助於改變政府的政策。

最後，體制地位。影響力的差異不僅來源於政績迎合和政策契合度，還來源於企業家自身的體制地位。同樣是大企業家，其權勢的比較往往並非完全是經濟實力的比較，而與其正式和非正式的政治權勢相關。"正式"指的是其在體制內擔任的正式職務和享有的地位,"非正式"指的是與全聯或者其他部門的領導的"非正式關係"。在工商聯政協提案的分析中,雖然直屬商會提出的提案是團體提案,但往往都有企業家的聲音傳遞。企業家越是重量級的,提案往往就會越有渠道發揮更大的影響力,該企業發起的提案或者該企業所在商會相關的提案更有可能成為重點提案,有時候還能夠以工商聯名義提出,工商聯也更加努力推動提案的辦理,從而獲得更大的影響力。同時,企業家越有權勢,越可能表達個體化的政策訴求。當企業家很有權勢,特別是能夠與領導建立強關係的時候,就可能將個別企業的訴求以工商聯或者商會的名義表達出來。這種享有"非正式"關係的企業家之所以還要通過正式的政協提案來表達訴求,是因為正式的表達為利益訴求提供了合法化的包裝和影響力。與此相應的是,在很多情況下,國有企業的政策影響力也正是由其在體制內的位置所決定的,這也屬一種"政治權勢"。在國有油企的案例中,國有油企對環境監管的影響力非一般民營油企所能比較,它們作為"國家內部人"擁有本行業標準制定的權力、適用超越於法外的規則等。特別顯著的是,在企業與地方政府發生利益衝突的情況下,與民營企業在地方政府的打擊下往往不堪一擊不同,國有油企與地方政府的博弈能力也在相當大程度上取決於其各自在體制內的政治資源。進而,就國有企業與民營企業的影響力比較而言,政治權勢也非常重要。一方面,一般而言,國有企業因其在國家內部的位置及其享有的體制性資源,較之於一半的民營企業而言,有更多的接近決策者和決策過程的機會,對政策過程的影響更大;另一方面,國有企業在體制內的影響力還在相當大程度上受限於其行政級別和黨內地位,當它們處於比決策部門更低的級別和地位時,它們也必須不越級講政治講大局,服從政策的安排;而民營企業家並不存在行政級別和黨內地位的限制,重量級的企業家可以直達高層,從這個角度而言,他們又有更大的政策影響優勢。不管是哪種情況,政策影響力與企業和企業家的政治權勢都密切相關。

第三，"在體制內遊說"還意味着企業家組織化利益表達的缺失並不完全是由於缺乏相對於國家的自主性。本研究的資料分析和定性訪談發現，商會行會組織並不是越自主，其越具有會員性和活躍度，而更重要的是企業家的組織資源和商會行會組織內生的微觀組織規則。其中，國家對於行會商會而言是重要的組織資源，雖然行會商會與政府行政主管部門脫鈎，但是，與國家捆綁在一起而不是獲取相對於國家的自主性，仍然是商會組織吸引會員的重要資源。不僅國家主動推動以區域性商會和青年商會成立，而且，商會組織還希望利用政治和行政資源來吸納和組織會員，這種政治關聯包括官員擔任商會顧問、推薦會員成為人大代表和政協委員等；這種行政資源包括政府各職能部門向商會行會組織轉移政府職能等。商會行會組織依賴這些國家資源將會員捆綁在他們可能並不想加入的商會行會中，還能用以防止組織的分裂分化。

從這個意義上而言，與多元主義將外部施壓作為政策遊說的主要形式不同，與非正式關係和地方增長聯盟將企業家的市場權力作為其影響力的決定因素不同，與社會組織化將自主性作為企業家組織化的關鍵不同，"在體制內遊說"意味着國家的權力結構仍然是影響政商關係最重要的因素，民營企業家會因為國家權力結構的開放和目標一致性而獲取影響力，也會因為國家權力空間的封閉和目標衝突而難以實現自身的訴求；企業家組織或許會因為國家的管理控制而缺乏組織化動力，也還是會被國家組織起來或者依賴於國家資源而組織起來。同時，現有研究認為，通過人大代表和政協委員等形式將民營企業家吸納進入體制，是政黨適應性和政治穩定的重要解釋。但是，我們可以看到，除了政治吸納之外，企業家的利益表達和政策影響也被嵌入到體制之中，進入體制而獲取表達渠道和影響力，這使得中國市場轉型中成長起來的民營企業家與體制捆綁起來，而仍未發展成為因其市場權力而獲得政策影響力的體制外壓力力量。

三、政策過程中政商關係演進的前景

　　政治發展理論認為，經濟發展會導致城市化、教育程度提高、社會利益多元化、階層分化和公民文化興起等一系列多米諾效應，從而推動政治發展。這個過程中社會力量會崛起，成為與國家權力相抗衡的力量。"沒有資產階級，就沒有民主"的論斷，更將在經濟現代化中崛起的企業家群體作為重要的社會力量。在實行計劃經濟的社會主義國家，市場轉型被認為是會推動資源、機會和社會控制從國家轉向社會，瓦解國家懲罰和激勵的權力；建立在公有制經濟基礎之上的全能主義國家權力範圍的收縮會導致新的社會經濟空間的出現，市場轉型中新的社會力量也隨之崛起。

　　在中國市場轉型中，民營經濟部門逐步成長。但是，在較為封閉的政治系統以及傳統民營經濟市場集中度較低的情況下，政企關係往往被認為呈現兩個特徵，即個人化和地方化。第一，"個人化"意味著政企關係經常表現為一種官商關係。在這種官商關係中，一方面，企業家與官員的非正式關係網絡是政企關係的重要形態；另一方面，企業家的個人身份特徵也是影響政企關係的重要因素。在分析政企關係之時，不僅企業家的人大代表、政協委員、黨代表和工商聯任職等個人政治身份，而且企業家的個人體制內任職經歷和個人家庭出身背景等等，都被用來測量企業的政治關聯，被認為對於政企關係及其利潤回報有重要影響。企業家的個人政治身份被認為能給企業帶來融資便利、稅收優惠和行業准入等一系列"政治租金"。第二，"地方化"意味著政企關係大量在地方層面展開。一方面，地方經濟增長聯盟是政企關係的重要基礎。政企關係在相當大程度上取決於企業對於地方經濟發展的財政和政績貢獻，地方和企業因其共同利益而被捆綁在一起。一方面，企業對於政策過程的影響主要仍然集中在地方層面。地方有相當大的政策執行變通的空間，為企業影響地方政策執行提供了渠道，也使得企業很少在中央層

面對全國性的決策施加影響力。

這種個人化和地方化的政企關係與中國碎片化的政治經濟結構密切相關。第一，經濟碎片化指的是產業集中度低。首先，國企等級產權制與低度產業集中度。與蘇聯等國企是大型現代工業企業不同，改革開放前中國的國有企業被認為存在等級產權制，全民所有制和集體所有制企業隸屬於不同行政層級的政府，上至中央政府，下至城市街道和農村集體經濟。改革開放後，大量的中小型國有企業轉制構成了大量的中小型市場主體。其次，發展型地方政府與低度產業集中度。發展型地方政府之下，財政驅動和官員個人激勵都推動了大量同質化的中小型企業的生存和發展。從簡單的家庭製造作坊，到科技型的新能源企業，民營經濟部門的集中與壟斷在中國長期均不是主流的現象。最後，中國漸進式市場改革的路徑與低度產業集中度。中國的漸進性市場改革讓無數草根企業在市場中獲得機遇成長起來；同時，制內市場之下，國家依然掌握了金融和土地等關鍵性市場資源，資本力量在相當時間內仍然不足以席捲各個產業並推動起集中化和壟斷。

第二，國家權力的碎片化。市場轉型後，不斷的國家重建使得國家權力重新滲透到新的社會經濟空間之中。然而，國家權力在相當長時期內表現出碎片化的特徵，除了部門的權威分割之外，行政發包和財政分權導致的地方政權在中國政治經濟生活中扮演了最為重要的角色。地方政府的財政激勵、地方官員的政治錦標賽以及個人經濟回報都推動了其與民營經濟部門的地方經濟增長同盟的搭建，招商引資、產業政策和土地經營等方面都發揮了關鍵的作用；同時，地方也存在大量的政策變通、政策創新和腐敗尋租行為，來為民營企業通過影響地方政策執行來表達訴求提供了大量的空間。

這兩者使得市場轉型中新興的民營經濟部門依然依附於國家權力，更重要的是，國家權力與新興的民營企業經濟主要集中在地方和個人化空間來與國家權力互動。一方面，這意味着政治發展理論和市場轉型研究所預測的經濟發展導致政治發展的論斷並非必然成為現實，相反，國家權力的重建是重要的變量；另一方面，這意味着當國家權力結構發生變化或者經濟權力發生變化的時候，這種地方化和個人化的政企關係可能就面對新的發展。

在過去十來年中，這兩方面無疑都出現了新發展。一方面，國家權力結構更加體現出了中央集權體制的特徵，國家權力內部的空間在逐步被壓縮；另一方面，新技術和資本的力量攜手猛進，平台企業頭部巨頭崛起，資本的力量推動產業結構的再造，中國民營經濟部門第一次顯示出了集中和壟斷的現象。在中國崛起的平台經濟中，與傳統民營經濟部門不同，平台企業不再單純依靠個人化和傳統化的政企關係，這在相當大程度上在於，與傳統民營經濟成長於碎片化國家權力和低度產業集中度的政治經濟結構不同，中國平台經濟所處的政治經濟結構開始發生一些變化。在這種背景之下，對於企業家的政策影響演進前景，可能有兩種不同的判斷。一種判斷是：國家會進一步馴服資本的力量，企業的政策影響力會逐步下降。國家嚴厲的反腐會隔斷政商之間緊密的利益關係，由"非正式關係"搭建的影響力渠道會被切斷。另一種判斷是：隨着企業實力的進一步發展，特別是新技術企業的崛起，以及國家面對更大的經濟發展挑戰，國家對他們的經濟和技術依賴會越來越強，會使得企業以及企業主對國家事務越來越有發言權，從而推動國家與資本力量的重塑。

在現實中，這兩種現象似乎同時存在，即國家權力的強化和資本的集中。那麼，我們如何判斷政商關係在中國的演進？我們可以看到，一方面，與美國的新經濟部門不同，中國的平台企業與傳統企業最重要的商業模式差異，即連接用戶，並沒有給它帶來更多權力。在較為封閉的政治系統下，用戶並沒有成為他們向國家施壓的政治資本；相反，在新經濟發展的過程中，國家不斷在試圖馴服平台企業，並且，國家意志和規則等構成的制度環境仍然是決定政企關係主導性的因素，國家內部總體導向的調整、監管規則的改變以及監管力度的變化，都會影響到平台企業巨大的商業利益，也會深刻塑造平台企業的政企關係。從這意義上而言，平台經濟所代表的市場集中並不意味著平台頭部企業相對於國家的自主性增強和依附性下降，並不意味著平台企業不斷做強而可以不再依靠非正式政治關聯，相反，它體現的是它們不能夠再單單依靠非正式關係。另一方面，與中國的傳統經濟部門不同，平台企業的力量又的確不斷在成長。較之於傳統企業的個人化和地方化政企關係，平台頭部企業能夠力圖依靠龐大的政府事務部門來專門與國家打交道，且與國家的關係在中央層面較為正式地展開，它們卻顯示了一種多元化力量的成長。[1]

在西方世界，國家權力的集中與市場和資本的發展攜手並進。歐洲經歷了從地方分封向絕對主義國家的權力集中，絕對主義國家將市場與資本從封建枷鎖中解放出來，絕對主義國家權力的集中成為了封建主義向資本主義轉型中的必要轉折點（伍德，2016；布羅代爾，2019；波蘭尼，2021）；美國的進步時代經歷了從政黨分贓的地方政治向強化聯邦獨立監管機構的全國性政治的轉變，行政國家為全國性市場開闢了道路（Skowronek，1982）；中國的政企關係過去長期囿於個人化地方化，民營經濟部門力量還未成長強大，且國家內部地方存在大量政企互動的空間。可以說，中國政商關係的發展從地方化和個人化關係出發，現在新方向的發展才初露端倪。集中的市場權力與整合的國家權力在突破地方化和個人化的層面如何博弈，這是我們接下來需要緊密關注和深化研究的議題。

1　參見黃冬婭、杜楠楠：《平台企業政府事務部門專門化與政企關係發展：基於國家制度環境的分析》，《社會學研究》2022 年第 6 期。

參考文獻

1. 〔加〕埃倫·米克辛斯·伍德：《資本主義的起源：學術史視域下的長篇綜述》，夏璐譯，中國人民大學出版社 2016 年版。

2. 〔美〕D. B. 杜魯門：《政治過程——政治利益與公共輿論》，陳堯譯，天津人民出版社 2005 年版。

3. 〔美〕威廉·多姆霍夫：《誰統治美國：權力政治和社會變遷》，呂鵬、聞翔譯，譯林出版社 2009 年版。

4. 〔法〕費爾南·布羅代爾：《十五至十八世紀的物質文明、經濟和資本主義（第二卷　形形色色的交換）》，顧良、施康強譯，商務印書館 2019 年版。

5. 〔美〕艾拉·卡茨納爾遜：《工人階級的形成與國家——從美國視角看 19 世紀的英格蘭》，見彼得·埃文斯等編著：《找回國家》，方立維等譯，生活·讀書·新知三聯書店 2009 年版。

6. 〔美〕亞諾什·科爾納：《短缺經濟學》，張曉光、李振寧、黃衛平譯，經濟科學出版社 1986 年版。

7. 〔美〕巴林頓·摩爾：《民主和專制的社會起源》，拓夫、張東東等譯，華夏出版社 1987 年版。

8. 〔美〕西達·斯考切波：《國家與社會革命：對法國、俄國和中國的比較分析》，何俊志、王學東譯，上海人民出版社 2007 年版。

9. 〔美〕魏昂德：《共產黨社會的新傳統主義：中國工業中的工作環境和權力結構》，龔小厚譯，牛津大學出版社 1996 年版。

10. 〔美〕楊美惠：《禮物、關係學與國家：中國人際關係與主體性建構》，趙旭東、孫珉譯，江蘇人民出版社 2009 年版。

11. 〔匈牙利〕卡爾·波蘭尼：《大轉型：我們時代的政治與經濟起源》，馮鋼、劉陽譯，浙江人民出版社 2007 年版。

12. 陳剩勇、馬斌：《溫州民間商會：自主治理的制度分析——溫州服裝商會的典型研究》，《管理世界》2004 年第 12 期。

13. 曹正漢：《從借紅帽子到建立黨委——溫州民營大企業的成長道路及組織結構之演變》，《中國制度變遷的案例研究（浙江卷）》第五輯，北京：中國財政經濟出版社 2006 年版。

14. 鄧燕華、阮橫俯：《農村銀色力量何以可能》，《社會學研究》2008 年第 6 期。

15. 杜顯斌：《大慶政企合一與政企分開體制改革的演變及其作用》，《龍江黨史》1996 年第 Z1 期。

16. 方軍雄：《政府干預、所有權性質與企業併購》，《管理世界》2008 年第 9 期。

17. 耿曙、陳陸輝：《與市場共欣榮：華北小鎮地方網絡的創造性轉化》，《問題與研究》2001 年第 3 期。

18. 樊鵬：《論中國的"共識型"體制》，《開放時代》2013 年第 3 期。

19. 樊鵬：《利維坦遭遇獨角獸：新技術的政治影響》，《文化縱橫》2018 年第 4 期。

20. 樊鵬：《新技術革命與國家治理現代化》，中國社會科學出版社 2020 年版。

21. 高重密：《中石油大連安全事故一年盤點》，《中國化工報》，2011 年 9 月 5 日。

22. 龔君楠、趙盼盼：《中石化油品升級新算盤　霧霾鎖中國地標逼國標》，《南方週末》，2013 年 9 月 12 日。

23. 管兵：《城市政府結構與社會組織發育》，《社會學研究》2013 年第 4 期。

24. 何軒、馬駿：《黨建也是生產力——民營企業黨組織建設的機制與效果研究》，《社會學研究》2018 年第 3 期。

25. 胡輝華、陳世斌：《邏輯偏離：市場內生型行業協會內部運作的組織分析——以 G 省 J 行業協會為例》，《中國非營利評論》2015 年第 1 期。

26. 胡旭陽：《民營企業家的政治身份與民營企業的融資便利——以浙江省民營百強企業為例》，《管理世界》2006 年第 5 期。

27. 黃冬婭：《企業家如何影響地方政策過程：基於國家中心的類型建構和案例分析》，《社會學研究》2013 年第 5 期。

28. 黃冬婭、張華：《民營企業家如何組織起來：基於廣東工商聯系統商會的分析》，《社會學研究》2018 年第 4 期。

29. 黃曉春：《當代中國社會組織的制度環境與發展》，《中國社會科學》2015 年第 9 期。

30. 黃曉春：《中國社會組織成長條件的再思考——一個總體性理論視角》，

《社會學研究》2017 年第 1 期。

31. 黃曉春、嵇欣：《非協同治理與策略性應對——社會組織自主性研究的一個理論框架》，《社會學研究》2014 年第 6 期。

32. 紀鶯鶯：《當代中國行業協會商會的政策影響力：制度環境與層級分化》，《南京社會科學》2015 年第 9 期。

33. 紀鶯鶯：《商會的內部分化：社會基礎如何影響結社凝聚力》，《公共管理學報》2015 年第 1 期。

34. 紀鶯鶯：《轉型國家與行業協會多元關係研究——一種組織分析的視角》，《社會學研究》2016 年第 2 期。

35. 江華：《民間商會的失靈及其矯正——基於溫州行業協會的實證研究》，《經濟體制改革》2008 年第 1 期。

36. 江華、張建民：《民間商會的代表性及其影響因素分析——以溫州行業協會為例》，《公共管理學報》2010 年第 4 期。

37. 江華、張建民、周瑩：《利益契合：轉型期中國國家與社會關係的一個分析框架——以行業組織政策參與為案例》，《社會學研究》2011 年第 3 期。

38. 康怡：《隱形影響力："國企教父" 李榮融》，中國經濟網，http://www.ce.cn/cysc/newmain/jdpd/hglc/200912/10/t20091210_19942113.shtml。

39. 郎友興：《政治追求與政治吸納：浙江先富群體參政議政研究》，浙江大學出版社 2012 年版。

40. 冷翠華：《中國太保證實未承保中國化排污險》，《證券日報》，2013 年 11 月 28 日。

41. 李寶梁：《從超經濟強制到關係性合意對民營企業家政治參與過程的一種分析》，《社會學研究》2001 第 1 期。

42. 李春蓮：《中石油再上環保部黑名單　被罰款 50 萬元》，《京華時報》，2014 年 2 月 14 日。

43. 李路路：《民營企業家的個人背景與企業 "成功"》，《中國社會科學》1997 年第 2 期。

44. 李路、朱斌：《效率邏輯還是合法性邏輯？——現代企業制度在中國私營企業中擴散的社會學解釋》，《社會學評論》2014 年第 2 期。

45. 李善同、侯永志、劉雲中、陳波：《中國國內地方保護問題的調查與分析》，《經濟研究》2004 年第 11 期。

46. 劉伊曼：《油品 "國標" 的環保尷尬》，《瞭望東方週刊》，2013 年 10 月 29 日。

47. 劉伊曼、王智亮、黃柯傑：《環保部門官員：中石油中石化邊砸錢搞環保邊揮霍浪費資源》，《瞭望東方週刊》，2013 年 9 月 10 日。

48. 劉世定：《退 "公" 進 "私"：政府滲透商會的一個分析》，《社會》2010 年第 1 期。

49. 呂明合、袁端端、馮潔：《石油系 "反綠"》，《南方週末》，2013 年 9 月 12 日。

50. 呂鵬、范曉光：《中國精英地位代際再生產的雙軌路徑（1978—2010）》，《社會學研究》2016 年第 5 期。

51. 呂鵬、房莉傑：《尋找 "座頭鯨"：中國企業是如何進行社會創新的？》，社會科學文獻出版社 2020 年版。

52. 羅黨論、劉曉龍：《政治關係、進入壁壘與企業績效——來自中國民營上市公司的經驗證據》，《管理世界》2009 年第 5 期。

53. 羅黨論、唐清泉：《政治關係、社會資本與政策資源獲取：來自中國民營上市公司的經驗證據》，《世界經濟》2009 年第 7 期。

54. 羅小朋：《等級產權制度與中國的改革》，吳國光：《國家、市場與社會：中國改革的考察研究（1993 年至今）》，牛津大學出版社 1994 年版。

55. 馬磊：《產權性質與企業間網絡的形成——對中國上市公司連鎖董事的網絡分析》，《社會學研究》2016 年第 1 期。

56. 聶輝華：《政企合謀與經濟增長：反思 "中國模式"》，中國人民大學出版社 2013 年版。

57. 〔美〕羅伯特‧D. 帕特南：《使民主運轉起來》，王列、賴海榕譯，江西人民出版社 2001 年版。

58. 錢勇、曹志來：《從脫嵌入到再嵌入：企業組織轉型的過程——基於鐵煤集團主輔分離改革的案例分析》，《管理世界》2011 年第 6 期。

59. 秦海霞：《關係網絡的建構：民營企業家的行動邏輯——以遼寧省 D 市為個案》，《社會》2006 年第 5 期。

60. 丘寶林、陳新華：《石油強國之路：石油和石化工業改革開放三十年綜述》，《中國石油報》，2008 年 12 月 24 日。

61. 宋華琳：《跨國公司如何影響中國行政規制政策》，《行政法學研究》2016 年第 1 期。

62. 童大煥：《大連漏油事故兩月後無賠償　媒體稱經濟力量勝出》，《新京報》，2010 年 9 月 15 日。

63. 汪錦軍、張長東：《縱向橫向網絡中的社會組織與政府互動機制——基

於行業協會行為策略的多案例比較研究》，《公共行政評論》2014 年第
5 期。

64. 王詩宗、宋程成：《獨立抑或自主：中國社會組織特徵問題重思》，《中
國社會科學》2013 年第 5 期。

65. 王康鵬：《中石化及下屬企業被指環保違規　環保部介入調查》，《財
經國家週刊》，2010 年 12 月 7 日。

66. 王平：《國企環保監管：不可能任務》，《國企》2013 年第 5 期。

67. 王茜：《中海油安全事故頻發　規模急擴被質疑冒進》，鳳凰網，2011 年
7 月 15 日，http://finance.ifeng.com/news/special/zhybhwly/20110715/
4271492.shtml。

68. 王紹光：《中國公共政策議程設置的模式》，《中國社會科學》2006 年第
5 期。

69. 王紹光、鄢一龍、胡鞍鋼：《中國中央政府 "集思廣益型" 決策模
式——國家 "十二五" 規劃的出台》，《中國軟科學》2014 年第 6 期。

70. 王紹光、樊鵬：《中國式共識型決策："開門" 與 "磨合"》，中國人民
大學出版社 2013 年版。

71. 王紹光：《技術革命與國家理論》，《中央社會主義學院學報》2019 年第
5 期。

72. 汪錦軍、張長東：《縱向橫向網絡中的社會組織與政府互動機制——基
於行業協會行為策略的多案例比較研究》，《公共行政評論》2014 年第
5 期。

73. 武盾：《陝西省 "煤氣油開採生態補償機制" 見成效》，《陝西日報》，
2014 年 1 月 7 日。

74. 吳清軍：《集體協商與 "國家主導" 下的勞動關係治理——指標管理的
策略與實踐》，《社會學研究》2012 年第 3 期。

75. 吳文鋒、胡戈游、吳衝、芮萌：《從長期業績看設置再發行 "門檻" 的
合理性》，《管理世界》2005 年第 5 期。

76. 武衛政、孫秀艷：《未完成 2012 年減排任務 "兩桶油"　遭環保部項目
限批》，《人民日報》，2013 年 8 月 29 日。

77. 西部網：《陝西省徵收中石油長慶油田分公司水土流失補償費取得重大
突破》，2011 年 8 月 18 日，http://www.hhsb.gov.cn/News/7631。

78. 徐家良：《賦權：中國行業協會的基本特徵》，《天津行政學院學報》
2003 年第 5 期。

79. 嚴定非：《中石油鏖戰地方，誰是受害者？水土擾榆林　補償費難

繳》，《南方週末》2013 年 9 月 12 日。

80. 楊典：《國家、資本市場與多元化戰略在中國的興衰——一個新制度主義的公司戰略解釋框架》，《社會學研究》2011 年第 6 期。

81. 楊穎超：《中國大陸新興民營企業家政治地位的初探：政治組織席次角度的分析》，《中國大陸研究》第 54 卷，2010 年第 1 期。

82. 郁建興：《在政府與企業之間：以溫州商會為研究對象》，浙江人民出版社 2004 年版。

83. 郁建興：《民間商會與地方政府：基於浙江省溫州市的研究》，經濟科學出版 2006 年版。

84. 郁建興、江華、周俊：《在參與中成長的中國公民社會：基於浙江溫州商會的研究》，浙江大學出版社 2008 年版。

85. 姚洋：《通往尋租之路？——評曹正漢《從借紅帽子到建立黨委——溫州民營大企業的成長道路及組織結構之演變》，張曙光主編，《中國制度變遷的案例研究（浙江卷）》第五輯，中國財政經濟出版社 2006 年版。

86. 余明桂、潘紅波：《政治關係、制度環境與民營企業銀行貸款》，《管理世界》2008 年第 8 期。

87. 曾繁旭、黃廣生：《網絡意見領袖社區的構成、聯動及其政策影響：以微博為例》，載張文魁等：《重塑政商關係》，《中國改革》，2012 年 7 月 6 日。

88. 張超：《大連新港漏油事件追責承包商　中石油投資換賠償》，《財經國家週刊》，2011 年 1 月 4 日。

89. 張倩怡、駱倩雯：《環保部暫停中石油中石化環評申請》，《北京日報》，2013 年 8 月 30 日。

90. 張曉琦：《大連油管爆炸案索賠無門續　當地律師不敢接案》，《中國經營報》，2010 年 9 月 26 日。

91. 趙秀梅：《NGO 在中國——中國 NGO 對政府的策略：一個初步考察》，《開放時代》2004 年第 6 期。

92. 鄭作時：《政商關係的微妙變化》，《中國經營報》，2010 年 1 月 18 日。

93. 中國廣播網：《中石油欠繳 7.4 億元水土流失費　巨額繳費單合理性存疑》，2013 年 11 月 18 日，http://www.chinairn.com。

94. 中華全國工商業聯合會：《1993—2006 中國私營企業大型調查》，中華工商聯合出版社 2007 年版。

95. 中國政府網：《中央企業節能減排監督管理暫行辦法》，2010 年 3 月 26

日，http://www.gov.cn/flfg/2010-04/12/content_1578699.htm。

96. 周黎安：《中國地方官員的晉升錦標賽模式研究》，《經濟研究》2007 年第 7 期。

97. 周雪光、練宏：《政府內部上下級部門間談判的一個分析模型——以環境政策實施為例》，《中國社會科學》2011 年第 5 期。

98. 周雪光、練宏：《中國政府的治理模式：一個"控制權"理論》，《社會學研究》2012 年第 5 期。

99. 周仲庚：《彈性政商關係的獨立需求》，《商界（評論）》2012 年第 4 期。

100. 朱斌、苗大雷、王修曉：《控制與合法化：中國私營企業建立黨組織的機制分析》，《社會學研究》2021 年第 3 期。

101. 朱光磊：《當代中國政府過程》，天津人民出版社 2005 年版。

102. 朱旭峰：《政策變遷中的專家參與》，中國人民大學出版社 2012 年版。

103. 朱旭峰：《中國社會政策變遷中的專家參與模式研究》，《社會學研究》2011 年第 2 期。

104. 朱亞鵬：《網絡社會下中國公共政策議程設定模式的轉型：基於"肝膽相照"論壇的分析》，《中山大學學報（社科版）》2010 年第 5 期。

105. Akard, Patrick J. 1992. Corporate Mobilization and Political Power: The Transformation of U.S. Economic Policy in the 1970s, *American Sociological Review*, Vol. 57, No. 5.

106. Alchian, A. A. , & Demsetz, H., 1972. "Production, Information costs, and Economic Organization." *IEEE Engineering Management Review* 62(2).

107. Allen, Michael Patrick. 1974. "The structure of interorganizational elite cooptation: Interlocking corporate directorates." *American Sociological Review*. 39(3).

108. Almond, Gabriel. 2000. *Comparative Politics Today: a World View*. New York: Longman.

109. Andersson Lina. 2006. "China's Environmental Policy Process", student paper of Department of Political Science, Lund University.

110. Bardach Eugene, Kagan, A. Robert & Bacow,S. Lawrence. 1982. *Social Regulation: Strategies for Reform*, Transaction Publishers.

111. Baron, J. N. , F. Dobbin & P. D. Jennings. 1986. "War and Peace: The Evolution of Modern Personnel Administration in U. S. Industry." *American Journal of Sociology* 92.

112. Becker Gillbert. 1986. "The Public Interest Hypothesis Revisited: A New Test of Peltzman's theory of regulation", *Public Choice* 49(3).

113. Bentley, Authur. 1995. *The Process of Government: a Study of Social Pressures.* New Brunswick,N.J.: Transaction.

114. Ben Ross Schneider and Sylvia Maxfield. 1997. "Business, the State, and Economic Performance in Developing Countries," pp.1-35, in Sylvia Maxfield and Ben Ross Schneider, *Business and the State in Developing Countries*, Ithaca, NY: Cornell University Press.

115. Ben, Sylvia M.and Ben Ross Schneider. 1997. *Business and the State in Developing Countries*, Ithaca, NY: Cornell: Cornell University Press.

116. Bernstein, H. Marver. 1955. *Regulating Business by Independent Commission*, Westport: Greenwood Press.

117. Berry, D. William. 1984. "An Alternative to the Capture Theory of Regulation: The Case of State Public Utility Commissions", *American Journal of Political Science* 28(3).

118. Bian, Yanjie and John R. Logan. 1996. "Market transition and the persistence of power: the changing stratification system in urban China." *American Sociological Review* 61.5: 739-758.

119. Boisot, Max and John Child. 1996. "From Fiefs to Clans and Network Capitalism: Explaining China's Emerging Economic Order." *Administrative Science Quarterly* 41(4): 600-628.

120. Boisot, Max and John Child. 1996. "From Fiefs to Clans and Network Capitalism: Explaining China's Emerging Economic Order", *Administrative Science Quarterly*, Vol.41, No.4.

121. Bruun, Ole. 1993. *Business and Bureaucracy in a Chinese City: An Ethnography of Private Business Households in Contemporary China.* Berkeley: University of California Press.

122. Bruun, Ole. 1995. "Political Hierarchy and Private Entrepreneurship in a Chinese Neighborhood", in Andrew G. Walder (ed.), *The Waning of the Communist State: Economic Origins of Political Decline in China and Hungary*, Berkeley: University of California Press.

123. Bräutigam, Deborah, Lise Rakner, and Scott Taylor. 2002. "Business associations and growth coalitions in Sub-Saharan Africa." *The Journal of Modern African Studies* 40(4) .

124. Campos, Nauro F., and Francesco Giovannoni. 2007. "Lobbying, corruption and political influence." *Public Choice* 131(1-2).

125. Cao, Yang and Victor G. Nee. 2000. "Controversies and Evidence in the Market Transition Debate", *American Journal of Sociology*, Vol.105, No.4.

126. Chandler,A. 1977. *The Visible Hand:The Managerial Revolution in American Busines*, Cambridge. MA:Belknap Press.

127. Chen, An. 2002. "Capitalist Development, Entrepreneurial Class, and Democratization in China", *Political Science Quarterly*, Vol.117, No.3.

128. Chen, F. 2003. Between the state and labour: The conflict of Chinese trade unions' double identity in market reform. *The China Quarterly, 176*, 1006-1028.

129. Chen, Jie and Bruce J. Dickson. 2008. "Allies of the State: Democratic Support and Regime Support among China's Private Entrepreneurs", *The China Quarterly*, Vol.196, No.4.

130. Chen, M. 2015. From Economic Elites to Political Elites: private entrepreneurs in the People's Political Consultative Conference. *Journal of Contemporary China*, 24(94), 613-627.

131. Choi, Eun Kyong and Kate Xiao Zhou. 2001. "Entrepreneurs and Politics in the Chinese Transitional Economy: Political Connections and Rent-seeking", *The China Review*, Vol.1, No.1.

132. Coase, Ronald. 1937. "The Nature of the Firm." *Economica* 16.

133. Cohen, E. Jeffrey. 1986. "The Dynamics of the 'Revolving Door' on the FCC", *American Journal of Political Science* 30(4).

134. Cohen, J. E. 2016. "The Regulatory State in the Information Age." *Theoretical Inquiries in Law* 17(2).

135. Cox, T., & Vass, L. 2000. Government-interest group relations in Hungarian politics since 1989. *Europe-Asia Studies, 52*(6).

136. Coleman, W. & W. Grant. 1988. "The Organizational Cohesion and Political Access of Business: A Study of Comprehensive Associations." *European Journal of Political Research* 16(5).

137. Culpepper, P. D., & Thelen, K. 2019. "Are We All Amazon Primed? Consumers and the Politics of Platform Power." *Comparative Political Studies* 53(2).

138. Dal Bó, Ernesto. 2006. Regulatory capture: a review Oxford Review of Economic Policy 22(2).

139. David L. Shambaugh. 2008. *China's Communist Party: Atrophy & Adaptation*. Berkeley. CA:University of California Press.

140. Deng, Guosheng and Scott Kennedy. 2010. "Big Business and Industry Association Lobbying in China: The Paradox of Contrasting Styles", *The China Journal*, Vol.63.

141. Dickson, Bruce J. 2000. "Cooptation and Corporatism in China: The Logic of Party Adaptation", *Political Science Quarterly*, Vol.115, No.4.

142. Dickson, Bruce J. 2003. *Red Capitalists in China: The Party, Private Entrepreneurs, and Prospects for Political Change*, New York: Cambridge University Press.

143. Dickson, Bruce J. 2007. "Integrating Wealth and Power in China: The Communist Party's Embrace of the Private Sector", *The China Quarterly*, Vol.192.

144. Dickson, Bruce J. 2009. "Who Consents to the 'Beijing Consensus'? Crony Communism in China", 'Washington Consensus' versus 'Beijing Consensus' Conference. www.cecc.gov/pages/roundtables/2009/20090522/DicksonCrony_CommunismInChina.pdf.

145. DiMaggio, P. & W. Powell. 1983. "The Iron Cage Revisited: Institutional Isomorphism and Collective Rationality in Organizational Fields." *American Sociological Review* 48(2).

146. Doner, Richard F., and Ben Ross Schneider. 2000. "Business associations and economic development: Why some associations contribute more than others." *Business and Politics* 2(3).

147. Duvanova, Dinissa. 2007. "Bureaucratic Corruption and Collective Action: Business Associations in the Post Communist Transition." *Comparative Politics* 39(4).

148. Evans, Peter B. 1989. "Predatory, Developmental, and Other Apparatuses: A Comparative Political Economy Perspective on the Third World State", *Sociological Forum*, Vol.4, No.3.

149. Evans, Peter. 1995. *Embedded Autonomy: States and Industrial Transformation*, Princeton, N.J.: Princeton University Press.

150. Edin, Maria. 2003. "State Capacity and Local Agent Control in China: CCP Cadre Management from a Township Perspective", *The China Quarterly*, Vol.173, No.1.

151. Fan, J. , Huang, J. , F Oberholzer Gee, Smith, T. D. , & Zhao, M. 2007. "Diversification of Chinese Companies: an International Comparison." *Chinese Management Studies* 2(1).

152. Fligstein, N. 1985. "The Spread of the Multidivisional Form among Large Firms, 1919-1979." *American Sociological Review* 50(3).

153. Foster, Kenneth W. 2002. "Embedded within State Agencies: Business Associations in Yantai", *The China Journal,* Vol.47.

154. Frolic, Michael. 1997. "State-led Civil Society", in Timothy Brook and B. Michael Frolic (eds.), *Civil Society in China*, Armonk, NY: M. E. Sharpe, pp.47-67.

155. Frye, Timothy. 2002. "Capture or exchange? Business lobbying in Russia." *Europe-Asia Studies* 54(7) .

156. Gao, Yongqiang. 2006. "Corporate Political Action in China and America: A Comparative Perspective", *Journal of Public Affairs*, Vol.6, No.2.

157. Gao, Yongqiang and Tian Zhilong. 2006. "How Firms Influence the Government Policy Decision-making in China", *Singapore Management Review*, Vol.28, No.1.

158. Goodman, David S.G. (eds.). 2008. *the New Rich in China: Future Rulers, Present Lives*, London and New York: Routledge.

159. Gormley, T. William. 1979. "A Test of the Revolving Door Hypothesis at the FCC", *American Journal of Political Science* 23(4).

160. Grant, W. 1993. "Pressure Groups and the European Community: An Overview." in S. Mazey & J. Richardson, eds, *Lobbying in the European Community*. Oxford: Oxford University Press.

161. Grasham, W. E. 1965. "Leadership in Administration." *Canadian Journal of Public Health* 56(2).

162. Gu Lixin & Sheate, R. William. 2005. "Institutional Challenges for EIA Implementation in China: A Case Study of Development Versus Environmental Protection", *Environmental Management* 36(1).

163. Guthrie, Douglas. 1998. "The Declining Significance of Guanxi in China's Transition", *The China Quarterly,* Vol.154.

164. Guthrie, Douglas. 2001. *Dragon in a Three-Piece Suit: The Emergence of Capitalism in China*, Princeton: Princeton University Press.

165. Haggard, Stephan, Sylvia Maxfield, and Ben Ross Schneider. 1997. "Theories

of Business and Business-State Relations", in Ben Sylvia Maxfield and Ben Ross Schneider, *Business and the State in Developing Countries*, Ithaca, NY: Cornell University Press, pp.36-62.

166. He, Yuanqiong, Zhilong Tian and Yun Chen. 2007. "Performance Implications of Nonmarket Strategy in China", *Asia Pacific Journal of Manage*, Vol.24.

167. Hellman, Joel S., Geraint Jones, and Daniel Kaufmann. 2000. "Seize the state, seize the day." *Policy research working paper* 2444.

168. Hellman, Joel, and Daniel Kaufmann. 2001. "Confronting the challenge of state capture in transition economies." *Finance and Development* 38.3.

169. Hellman, Joel S. 2000. Measuring governance, corruption, and state capture: How firms and bureaucrats shape the business environment in transition economies. Vol. 2312. World Bank Publications.

170. Ho, Peter. 2007. "Embedded Activism and Political Change in a Semiauthoritarian Context", *China Information*, Vol.21, No.2.

171. Holbig, H. 2006. "Fragmented Corporatism: Interest Politics in China's Private Business Sector." Paper for the ECPR Joint Sessions, Workshop 25. 'Interest Politics in Post-Communist Democracies', Nicosia.

172. Huang, Dongya, Dali Yang. 2015. "Regulatory Capture, Chinese Style:SOPEs and the Politics of Environmental Regulation in China," working paper.

173. Huang Dongya & Minglu Chen. 2017. "From State Control to Business Lobby: the Institutional Origin of Private Entrepreneurs' Policy Influence in China", prefaced by Prof.Thomas Heberer, working paper, No.118. Institute of East Asian Studies, Duisburg-Essen University, German.

174. Huang,Dongya, Minglu Chen. 2020. "Lobbying Within the Party State: Embedding Business Lobbying in Political Co-optation in China". *The China Journal* 83(1).

175. Huang, Yasheng. 1995. "Administrative Monitoring in China", *The China Quarterly*, Vol.143, No.1.

176. Hui, E. S. I., and Chan, C. K. C. 2016. The Influence of Overseas Business Associations on Law-making in China: A Case Study. *The China Quarterly*, *225*, 145.

177. Johnson, Chalmers. 1982. *MITI and the Japanese Miracle: The Growth of Industrial Policy, 1925-1975*, Redwood, CA: Stanford University Press.

178. Johnson, Chalmers. 1985. "Political Institutions and Economic Performance: the Government-business Relationship in Japan, South Korea, and Taiwan", in R. Scalapino, S. Sato, and J. Wanadi (eds.), *Asian Economic Development: Present and Future*, Berkeley: Institute of East Asian Studies, University of California.

179. Johnson, Chalmers. 1999. "The Developmental State: Odyssey of a Concept", in Meredith Woo-Cumings (ed.), *The Developmental State*, Cornell: Cornell University Press.

180. Kang, David C. 2002. *Crony Capitalism: Corruption and Development in South Korea and the Philippines*, Cambridge University Press.

181. Keister,L. 1998. "Engineering Growth: Business Group Structure and Firm Performance in China's Transition Economy." *American Journal of Sociology* 104.

182. Keng, Shu. 2002. "Growing Out of Clientelism: The Changing Government-Business Relations in Rural China, 1979-1999", *Chinese Political Science Review*, Vol.23.

183. Kennedy, Scott. 2001. "In the Company of Market: The Transformation of China's Political Economy", Ph.D Dissertation, George Washington University.

184. Kennedy, Scott. 2009. *The Business of Lobbying in China*. Harvard University Press.

185. Kennedy, Scott. 2009. "Comparing Formal and Informal Lobbying Practices in China The Capital's Ambivalent Embrace of Capitalists." *China Information* 23.2.

186. Konisky, D. M., & Teodoro, M. P. 2016. "When Governments Regulate Governments", *American Journal of Political Science*, 60.

187. Laffont Jeanjacques & Jean Tirole. 1991. "The Politics of Government Decision-Making: a Theory of Regulatory Capture", *The Quarterly Journal of Economics* 106(4).

188. Langley, P., & Leyshon, A. 2017. "Platform Capitalism: the Intermediation and Capitalization of Digital Economic Circulation." *Finance and Society* 3(1).

189. Lee Seungho. 2007. "Environmental movements and social organizations in Shanghai", *China Information* 21(2).

190. Lehmbruch, Gerhard. 1977. "Liberal corporatism and party government." *Comparative Political Studies* 10(1).

191. Levine, E. Michael & Forrence, L. Jennifer. 1990. "Regulatory Capture, Public Interest, and the Public Agenda: Toward a Synthesis", *Journal of Law Economics & Organization* 6.

192. Lieberthal, Kenneth G.and Oksenberg. 1988. Michel, *Policy Making in China: Leaders, Structures, and Processes,* Princeton, N.J.: Princeton University Press.

193. Lieberthal, Kenneth G.and Lampton, David (eds.). 1992. *Bureaucracy, Politics, and Decision-Making in Post-Mao China,* Berkeley: University of California Press.

194. Lieberthal, Kenneth. 1995. *Governing China: From Revolution to Reform,* New York: W.W.Norton.

195. Li Wanxin. 2012. "Advocating Environmental Interests in China", *Administration & Society* 44.

196. Liou Chihshian. 2009. "Bureaucratic Politics and Overseas Investment by Chinese State-owned Oil Companies: Illusory Champions", *Asian Survey* 49(4).

197. Lo, W.H. Carlos, Fryxell, E. Gerald & Van Rooij Benjamin. 2009. "Changes in Enforcement Styles among Environmental Enforcement Officials in China", *Environment and Planning,* 41(11).

198. Lo, W.H. Carlos, Yip, K. Plato & Cheung, K. Chee. 2000. "The Regulatory Style of Environmental Governance in China: the Case of EIA Regulation in Shanghai", *Public Administration and Development* 20(4).

199. Lorentzen, L. Peter, Landry F. Pierre & Yasuda K. John. 2014. "Undermining Authoritarian innovation: The power of China's industrial giants", *The Journal of Politics,* 76(1).

200. Lowery, David and Holly Brasher. 2004. *Organized Interests and American Government.* Boston: McGraw-Hill.

201. Ma, Dali and William L. Parish. 2006. "Tocquevillian Moments: Charitable Contributions by Chinese Private Entrepreneurs", *Social Forces,* Vol.85, No.2.

202. Ma, Jun. 2012. "The Rise of Social Accountability in China", *The Australian Journal of Public Administration,* Vol.71, No.2.

203. Ma Xiaoying & Leonard Ortolano. 2000. *Environmental Regulation in China: Institutions, Enforcement and Compliance,* Rowman & Littlefield Publishers.

204. Margaret Pearson. 2007. "Governing the Chinese Economy: Regulatory Reform in the Service of the State", *Public Administration Review* 67. 4: 718-730.

205. McAllister, K. Lesley. 2010. "Dimensions of Enforcement Style: Factoring in Regulatory Autonomy and Capacity", *Law & Policy 32*(1).

206. McMenamin, Iain. 2004. "Parties, promiscuity and politicisation: Business political networks in Poland." *European Journal of Political Research* 43(4).

207. McNally, Christopher A. and Teresa Wright. 2010. "Sources of Social Support for China's Current Political Order: The 'Thick Embeddedness' of Private Capital Holders", *Communist and Post-Communist Studies*, Vol.43, No.2.

208. Mertha Andrew. 2008. *China's Water Warriors, Citizen Action and Policy Change*, Cornell University Press.

209. Mertha, Andrew. 2009."Fragmented Authoritarianism 2.0: Political Pluralization in the Chinese Policy Process", *The China Quarterly,* Vol.200.

210. Mertha, Andrew. 2010. "Society in the State: China's Nondemocratic Political Pluralization", in Peter Hays Gries and Stanley Rosen (eds.), *State and Society in 21st Century China: Crisis, Contention and Legitimation,* London and New York: Routledge.

211. Meyer, J. W. , & Rowan, B. 1977. "Institutionalized Organizations: Formal Structures as Myth and Ceremony." *American Journal of Sociology* 83(2).

212. Mizruchi, Mark S., and Michael Schwartz. 1987. "The structural analysis of business: An emerging field." *Intercorporate Relations,*. New York: Cambridge University Press.

213. Moore, Mick. 2004. "Revenue, State Formation, and the Quality of Governance in Developing Countries", *International Political Science Review*, Vol.25, No.3.

214. Nee, Victor. 1991. "Social inequalities in reforming state socialism: between redistribution and markets in China", *American Sociological Review*, Vol.56, No.3.

215. Nee, Victor and Sonja Opper. 2007. "On Politicized Capitalism", in Victor Nee, Richard Swedberg (eds.), *On Capitalism,* Stanford, CA: Stanford University Press.

216. Nevitt, Christopher E. 1996. "Private Business Associations in China: Evidence of Civil Society or Local State Power", *The China Journal*, Vol.36.

217. Noakes, Press & Stephen William. 2011. Advocacy Under Authoritarianism: Transnational Networks in China. Ph.D: Queen's University Dissertation.

218. O'Brien, Kevin J. and Lianjiang Li. 1999. "Selective Policy Implementation in Rural China", *Comparative Politics*, Vol.31, No.2.

219. OECD. 2002. *China in the World Economy: Domestic Policy Challenges*, Synthesis Report.

220. Oi, Jean C. 1985. "Communism and Clientelism: Rural Politics in China", *World Politics*, Vol.37, No.2.

221. Oi, Jean C. 1995. "The Role of the Local State in China's Transitional Economy", *The China Quarterly*, Vol.144, No.1.

222. Oi, Jean C. 1999. *Rural China Takes Off: Institutional Foundations of Economic Reform*, Berkeley: University of California Press.

223. Oi, Jean C. and Andrew G. Walder. 1999. *Property Rights and Economic Reform in China*, Stanford, CA: Stanford University Press.

224. Olsen, Mancur. 1997. *The Logic of Collective Action*. MA: Harvard University Press.

225. Olson Mancur. 1967. "The Logic of Collective Action: Public Goods and the Theory of Group", *Political Science Quarterly* 82(1).

226. Orenstein, Mitchell, and Raj M. Desai. 1997. "State power and interest group formation: the business lobby in the Czech Republic." *Problems of Post-Communism* 44(6).

227. Parris, Kristen. 1999. "The Rise of Private Business Interests," in Merle Goldman and Roderick MacFarquhar (eds.) *The Paradox of China's Post-Mao Reforms*, Cambridge: Harvard University Press.

228. Parish, William L. and Ethan Michelson. 1996. "Politics and Markets: Dual Transformation", *American Journal of Sociology*, Vol.191, No.4.

229. Pearson, Margaret M. 1994. "The Janus Face of Business Associations in China: Socialist Corporatism in Foreign Enterprises", *The Australian Journal of Chinese Affairs*, Vol.31.

230. Pearson, Margaret M. 1997. *China's New Business Elite: The Political Consequences of Economic Reform*, Berkeley: University of California Press.

231. Pearson, Margaret M. 2003. "Mapping the Rise of China's Regulatory State: Economic Regulation and Network and Insurance Industries", the Association of Asian Studies annual meeting, March 27.

232. Pearson, Margaret M. 2005. "The Business of Governing Business in China: Institutions and Norms of the Emerging Regulatory State", *World Politics*, Vol.57, No.2.

233. Pearson,Margaret. 2007. "Governing the Chinese Economy: Regulatory Reform in the Service of the State", *Public Administration Review* 67. 4: 718-730.

234. Peltzman Sam. 1984. "Constituent Interest and Congressional Voting", *The Journal of Law and Economics* 27(1).

235. Perrow, Charles. 2002. *Organizing America: Wealth, Power and the Origins of American Capitalism*. Princeton, NJ: Princeton University Press.

236. Perry, Elizabeth. 1994. "Trends in the Study of Chinese Politics: State-Society Relations", *The China Quarterly*, Vol.139.

237. Perry, Elizabeth J. 2007. "Studying Chinese Politics: Farewell to Revolution?" *The China Journal*, Vol.57.

238. Peter Evans. 1995. *Embedded Autonomy: States and Industrial Transformation*, Princeton, N.J.: Princeton University Press.

239. Reagan, D. Michael. 1983. "The Politics of Regulatory Reform", *The Political Research Quarterly* 36(1).

240. Rona-Tas, Akos. 1994. "The First Shall Be Last? Entrepreneurship and Communist Cadres in the Transition from Socialism", *American Journal of Sociology*, Vol.100, No.1.

241. Salant David. 1995. "Behind the Revolving Door: A New View of Public Utility Regulation", *The Rand Journal of Economics* 26(3).

242. Sanders, M. Elizabeth. 1981. *The Regulation of Natural Gas: Policy and Politics, 1938-1978*, Philadelphia: Temple University Press.

243. Schaede, Ulrike. 1995. "The 'Old Boy' network and government-business relationships in Japan." *Journal of Japanese Studies*.21(2).

244. Schmitter, Philippe C., and Gerhard Lehmbruch, eds. 1982. *Patterns of corporatist policy-making*. Sage.

245. Schmitter, P. C. & W. Streeck. 1999. "The Organization of Business Interests: Studying the Associative Action of Business in Advanced Industrial Societies." MPIFG Discussion Paper. No. 99/1. Cologne, Max Planck Institute for the Study of Societies.

246. Schneider, Ben Ross. 1998. "Elusive Synergy: Business-Government Relations

and Development", *Comparative Political Studies*, Vol.31, No.1.

247. Schofer, Evan and Marion Fourcade-Gourinchas. 2001. "The Structural Contexts of Civic Engagement: Voluntary Association Membership in Comparative Perspective", *American Sociological Review*, Vol.66, No.6.

248. Schuck, H. Peter & Wilson, Q. James. 1981. "The Politics of Regulation", *Yale Law Journal* 90(3).

249. Selznick, P. 1948. "Foundations of the Theory of Organization," *American Sociological Review* 13(1).

250. Selznick, P. 1949. *Tva and the Gass Roots: a Study in the Sociology of Formal Organization*. Berkeley and Los. Angeles: University of California Press.

251. Sinkule, J. Barbara. 1995. *Implementing Environmental Policy in China*, Greenwood Publishing Group.

252. Skocpol, Theda. 1985. "Bringing the State back in: Strategies of Analysis in Current Research", in Peter B. Evans, Dietrich Rueschemeyer, Theda Skocpol (eds.), *Bringing the State back in*. eds., Cambridge: Cambridge University Press, p.27-28.

253. Skocpol, Theda. 1995. *Protecting Soldiers and Mothers: the Political Origins of Social Policy in United States,* The Belknap Press of Harvard University Press.

254. Skocpol, Theda. 1995. *Social Policy in the United States: Future Possibilities in Historical Perspective*. Princeton:Princeton University Press.

255. Skocpol, Theda.and Morris P. Fiorina (eds.). 1999. *Civic Engagement in American Democracy*, Brookings institution Press.

256. Skocpol, Theda, Marshall Ganz and Ziad Munson. 2000. "A Nation of Organizers: The Institution Origins of Civic Voluntarism in the United States", *American Political Science Review*, Vol.94, No.3.

257. Skowronek S. 1982. *Building a New American State: The Expansion of National Administrative Capacities*, 1877-1920, Cambridge: Cambridge University Press.

258. Shi, Tianjian. 1997. *Political Participation in Beijing,* the Belknap Press of Harvard University Press.

259. Solinger, Dorothy. 1992. "Urban Entrepreneurs and the State: The Merger of State and Society", in Arthur L. Rosenbaum (ed.), *State and Society in China: the Consequence of Reform*, Boulder, Colo.: Westview Press, pp.121-142.

260. Solinger, Dorothy J. 2008. "Business Groups: For or Against the Regime?"

in Bruce Gilley and Larry Diamond (ed.), *Political Change in China: Comparisons with Taiwan*, Boulder, Colo.: Lynne Rienner Publishers.

261. Spiller Pablo T. 1990. "Politicians, Interest groups, and Regulators: A Multiple-principals Agency Theory of Regulation, or 'Let Them be Bribed'", *The Journal of Law and Economics* 33(1).

262. Spires, A. J. 2011. "Contingent Symbiosis and Civil Society in an Authoritarian State: Understanding the Survival of China's Grassroots NGOs." *American Journal of Sociology* 117(1).

263. Stalley Phillip & Yang Dongning. 2006. "An Emerging Environmental Movement in China", *The China Quarterly* 186.

264. Stigler, G. J. 1971. "The theory of economic regulation." *The Bell Journal of Economics and Management Science* 2(1).

265. Stern, E. Rachel. 2011. "From Dispute to Decision: Suing Polluters in China", *The China Quarterly* 206.

266. Sun, Pei, Mike Wright.and Kamel Mellahi. 2010. "Is Entrepreneur-Politician Alliance Sustainable During Transition? The Case of Management Buyouts in China", *Management and Organization Review*, Vol.6, No.1.

267. Sunstein, R. Cass. 2005. "Cost-Benefit Analysis and the Environment", *Ethics*, 115(2).

268. Szelényi, Iván, and Eric Kostello. 1996. "The Market Transition Debate: Toward a Synthesis?" *American Journal of Sociology*, Vol.101, No.4.

269. Szelényi, Iván. 2010. "The New Grand Bourgeoisie under Post-Communism: Central Europe, Russia and China Compared", Working Paper No. 2010/63.

270. Tang, M.. 2019. Tencent: The Political Economy of China's Surging Internet Giant.London: Routledge.

271. Tilt Bryan. 2007. "The Political Ecology of Pollution Enforcement in China: A Case from Sichuan's Rural Industrial Sector", *The China Quarterly* 192.

272. Traxler, F. & G. Huemer (eds.). 2007. *Handbook of Business Interest Associations, Firm Size and Governance: A Comparative Analytical Approach.* New York and London:Routledge.

273. Treisman, Daniel. 1998. "Dollars and democratization: the role and power of money in Russia's transitional elections." *Comparative politics* 31(1).

274. Truman,David B. 1951. *The Governmental Process: Political Interests and Public Opinion* .Westport, Conn.: Greenwood Press.

275. Truex, Rory. 2014. "The Returns to Office in a 'Rubber Stamp' Parliament." *America Political Science Review*:1-17.

276. Tsai, Kellee S. 2005. "Capitalists without a Class: Political Diversity among Private Entrepreneurs in China", *Comparative Political Studies*, Vol.38, No.9.

277. Tsai, Kellee S. 2007. *Capitalism without Democracy: The Private Sector in Contemporary China*. Ithaca, N.Y.: Cornell University Press.

278. Tsai, Kellee S. 2008. "China's Complicit Capitalists", *Far Eastern Economic Review,* Vol.171, No.1.

279. Unger, J., & Chan, A. 1995. China, corporatism, and the East Asian model. *The Australian Journal of Chinese Affairs*, (33), 29-53.

280. Unger, Jonathan. 1996. "'Bridges': Private Business, the Chinese Government and the Rise of New Associations," *The China Quarterly,* 147.

281. Unger, J., & Chan, A. 2008. Associations in a bind: The emergence of political corporatism. *Associations and the Chinese State: Contested Spaces*, 48-68.

282. Useem, Michael. 1979. "The social organization of the American business elite and participation of corporation directors in the governance of American institutions." *American Sociological Review* 44(4).

283. Van Rooij, Benjamin. 2010. "The People vs. Pollution: Understanding Citizen Action against Pollution in China", *Journal of Contemporary China*, Vol.19, No.63.

284. Walder, A. G. 1995a. "China's Transitional Economy: Interpreting Its Significance.", *The China Quarterly* 144.

285. Walder, Andrew G. 1995. "Local Government as Industrial Firms: An Organizational Analysis of China's Transitional Economy", *American Journal of Sociology*, Vol.101.

286. Walder, Andrew G. 2003. "Elite Opportunity in Transitional Economies", *American Sociological Review,* Vol.28, No. 6.

287. Wang D , Luo X R. 2018. "Retire in Peace: Officials' Political Incentives and Corporate Diversification in China", *Administrative Science Quarterly.*

288. Wank, David L. 1995. "Private Business, Bureaucracy, and Political Alliance in a Chinese City", *The Australian Journal of Chinese Affairs*, Vol.33.

289. Wank, David L. 1995. "Bureaucratic Patronage and Private Business: Changing Networks of Power in Urban China", in Andrew G. Walder (ed.), *The Waning of the Communist State: Economic Origin of Political Decline in*

China and Hungary, Berkeley: University of California Press.

290. Wank, David L. 1999. *Commodifying Communism: Business, Trust, and Politics in a Chinese City*, New York: Cambridge University Press.

291. Warner, W. Lloyd, and Darab Unwalla. 1967. "The system of interlocking directorates." in W. Lloyd Warner, Darab B. Unwalla, and John H. Trimm (eds.), *The Emergent American Society: Large-Scale Organizations*.New Haven: Yale University Press. pp. 121-157.

292. Weder, Beatrice. 1999. *Model, Myth, or Miracle? – Reassessing the Role of Governments in the East Asian Experience*, Tokyo: New York: United Nations University Press.

293. White, Gordon, Jude Howell, and Shang Xiaoyuan. 1996. *In Search of Civil Society, Market Reform and Social Change in Contemporary*, Oxford: Oxford University Press.

294. White, H. C. 1981. "Where do Markets Come from?" *American Journal of Sociology* 87.

295. Williams, A. Bruce & Albert, R. Matheny. 1984. "Testing theories of social regulation: Hazardous waste regulation in the American states", *The Journal of Politics* 46(2).

296. Wilson,Frank L. 1983. "Interest Groups and Politics in Western Europe: The Neo-Corporatist Approach", *Comparative Politics*, 16(1) .

297. Williamson, O. E.. 1975. "Markets and Hierarchies: Analysis and Antitrust Implications: a Study in the Economics of Internal Organization." *Accounting Review* 22(3).

298. Williamson, O. E.. 1985. "Employee Ownership and Internal Governance: a Perspective." *Journal of Economic Behavior & Organization* 6(3).

299. Wright, Teras. 2010. *Accepting Authoritarianism: State-Society Relations in China's Reform Era*, Stanford: Stanford University Press.

300. Yadav, Vineeta. 2008. "Business lobbies and policymaking in developing countries: The contrasting cases of India and China." *Journal of Public Affairs* 8.1-2: 67-82.

301. Yang, Mayfair Mei-hui. 2002. "The Resilience of Guanxi and Its New Deployments: A Critique of Some New Guanxi Scholarship", *The China Quarterly*, Vol.170, No.1.

302. You, Jong-Sung. 2005. "Embedded Autonomy or Crony Capitalism?"

American Political Science Association Conference.

303. Zhan, Xueyong & Shuiyan Tang. 2013. "Political Opportunities, Resources Constraints and Policy's Advocacy of Environmental NGOs in China." *Public Administration* 91(2).

304. Zhang, Changdong. 2015. Non-Governmental Organisations' Policy Advocacy in China:Resources, Government Intention and Network, working paper.

305. Zhou, Xueguang. 1993. "Unorganized Interests and Collective Action in Communist China", *American Sociological Review*, Vol.58.

306. Zhang Xuehua, Ortolano Leonard & Lu Zhongmei. 2010. "Agency Empowerment through the Administrative Litigation Law: Court Enforcement of Pollution Levies in Hubei Province", *The China Quarterly* 202.

307. Zhu, Xufeng. 2009. "The Influence of Think Tanks in the Chinese Policy Process: Different Ways and Mechanisms", *Asian Survey*, Vol.49, No.2.

308. Zinn, D. Matthew. 2002. "Policing Environmental Regulatory Enforcement: Cooperation, Capture, and Citizen Suits", *Stanford Environment Law Journal* 21(81).

後記

2018 年完成這份書稿的時候，距離我博士畢業進入中山大學工作正好十年，也距離第一本專著《轉變中的工商所：1949 年後國家基礎權力的演變及其邏輯》出版十年。十年間，經歷了個人生活的變遷和從"青椒"到中年的成長，也經歷了中國學術界從人文哲學爭辯到社會科學化趕超式發展、從聚焦公共討論到日益專業化 GDP 化的變遷，見它高樓平地起，箇中感念自有知。十年的光陰，如白駒過隙，夾雜在工作與生活的繁瑣之中，徘徊於"閒來垂釣碧溪上，忽復乘舟夢日邊"的心境之間，沒有遠大理想的支撐，想來，不過是想要追問的學術好奇心和想要守持的職業專業，才使得這本書的研究能夠完成並付梓出版。接下來的十年，我希望，我仍然可以是一個專業的大學教師和研究者。

本書的完成感謝芝加哥大學楊大力教授、悉尼大學陳明璐老師、華東政法大學陳川慜副教授、廣西師範大學張華教授慷慨應允將合作的論文納入本書。由於研究案例的原因，本書未能收錄我和博士生杜楠楠合作探討平台企業政策影響的論文《平台企業政府事務部門專門化與政企關係發展：基於國家制度環境的分析》，頗感遺憾。

在中山大學任職的十多年間，深感大學及學人之精神氣質，讓我能夠在正道上探索研究。感謝馬駿教授、肖濱教授、譚安奎教授一直的關心和無私幫助，亦師亦友。感謝政務學院女同事們在自立、吐槽、歡笑和互助中給予的支持網絡，讓我看到女性的成長和力量。感謝中山大學粵港澳研究院何俊志院長和袁旭陽副院長對本書出版的支持。謝謝香港三聯書店王婉珠女士的細緻編輯工作。

感謝父母和我的小孩佑祺，是他們讓我感受到生活的意義，雖辛苦但有伴。

王紹光老師將我帶上學術之路。在學生心中，王老師是最純粹的學者。這本書是學生向老師提交的畢業十年學習報告。

黃冬婭

二〇二三年四月

於廣州康樂園 304 棟小紅樓

責任編輯	Freya Wang
書籍設計	a_kun
書籍排版	何秋雲

書　　名	**在體制內遊說 —— 政策過程中的政商關係研究**
著　　者	黃冬婭
出　　版	三聯書店（香港）有限公司
	香港北角英皇道 499 號北角工業大廈 20 樓
	Joint Publishing (H.K.) Co., Ltd.
	20/F., North Point Industrial Building,
	499 King's Road, North Point, Hong Kong
香港發行	香港聯合書刊物流有限公司
	香港新界荃灣德士古道 220-248 號 16 樓
印　　刷	美雅印刷製本有限公司
	香港九龍觀塘榮業街 6 號 4 樓 A 室
版　　次	2023 年 7 月香港第一版第一次印刷
	2024 年 9 月香港第一版第五次印刷
規　　格	16 開（170 × 240mm）288 面
國際書號	ISBN 978-962-04-5265-9

© 2023 Joint Publishing (H.K.) Co., Ltd.

Published & Printed in Hong Kong, China.